科学家学术成长资料采集工程丛书

中国工程院院士传记丛书

高效人生

钛群鹏传

赵亚辉 杨建峰 谢 琴 ◎著

1934 年
出生于浙江东阳

1951 年
参加土改获评
模范工作者

1961 年
筹备北航高温
陶瓷材料新专业

1986 年
牵头成立失效委任首届主任，并
任国家安全生产专家综合组组长

1999 年
当选中国工程院院士

2007 年
被教育部评为
全国优秀教师

2013 年
担任"制造质量强国战
略研究"课题组组长

2020 年
获得特种设备安全
与节能"终身成就奖"

2022 年
获得北航
"立德树人成就奖"

老科学家学术成长资料采集工程丛书

中国工程院院士传记

问效人生

钟群鹏传

赵亚辉 杨建峰 谢 琴 ◎ 著

中国科学技术出版社

·北 京·

图书在版编目(CIP)数据

问效人生:钟群鹏传 / 赵亚辉,杨建峰,谢琴著.
北京:中国科学技术出版社,2025.5. --(老科学家学
术成长资料采集工程丛书)(中国工程院院士传记丛书).
ISBN 978-7-5236-1386-3

Ⅰ. K826.16

中国国家版本馆 CIP 数据核字第 2025K9T662 号

责任编辑	李双北	
责任校对	邓雪梅	
责任印制	徐　飞	
版式设计	中文天地	

出　　版	中国科学技术出版社
发　　行	中国科学技术出版社有限公司
地　　址	北京市海淀区中关村南大街 16 号
邮　　编	100081
发行电话	010-62173865
传　　真	010-62173081
网　　址	http://www.cspbooks.com.cn

开　　本	787mm×1092mm　1/16
字　　数	310 千字
印　　张	20.25
版　　次	2025 年 5 月第 1 版
印　　次	2025 年 5 月第 1 次印刷
印　　刷	北京顶佳世纪印刷有限公司
书　　号	ISBN 978-7-5236-1386-3 / K·481
定　　价	142.00 元

老科学家学术成长资料采集工程
专家委员会

主　任：韩启德

委　员：（以姓氏拼音为序）

　　　　陈佳洱　　方　新　　傅志寰　　李静海　　刘　旭
　　　　齐　让　　王进展　　王礼恒　　赵沁平

老科学家学术成长资料采集工程
丛书组织机构

特邀顾问（以姓氏拼音为序）

　　　　樊洪业　　方　新　　谢克昌

编 委 会

主　编：老科学家学术成长资料采集工程领导小组办公室

编　委：（以姓氏拼音为序）

　　　　艾素珍　　陈维成　　定宜庄　　董庆九　　胡化凯
　　　　胡宗刚　　吕瑞花　　孟令耘　　潘晓山　　秦德继
　　　　阮　草　　谭华霖　　王扬宗　　熊卫民　　姚　力
　　　　张大庆　　张　剑　　张　藜　　周德进

编委会办公室

主　任：董　阳　　董亚峥

副主任：韩　颖

成　员：（以姓氏拼音为序）

　　　　高文静　　胡艳红　　李　梅　　刘如溪　　罗兴波
　　　　王传超　　张珩旭　　张佳静

老科学家学术成长资料采集工程简介

老科学家学术成长资料采集工程（以下简称"采集工程"）是根据国务院领导同志的指示精神，由国家科教领导小组于2010年正式启动，中国科协牵头，联合中组部、教育部、科技部、工信部、财政部、文化部、国资委、解放军总政治部、中国科学院、中国工程院、国家自然科学基金委员会等11部委共同实施的一项抢救性工程，旨在通过实物采集、口述访谈、录音录像等方法，把反映老科学家学术成长历程的关键事件、重要节点、师承关系等各方面的资料保存下来，为深入研究科技人才成长规律，宣传优秀科技人物提供第一手资料和原始素材。

采集工程是一项开创性工作。为确保采集工作规范科学，启动之初即成立了由中国科协主要领导任组长、12个部委分管领导任成员的领导小组，负责采集工程的宏观指导和重要政策措施制定，同时成立领导小组专家委员会负责采集原则确定、采集名单审定和学术咨询，委托科学史学者承担学术指导与组织工作，建立专门的馆藏基地确保采集资料的永久性收藏和提供使用，并研究制定了《采集工作流程》《采集工作规范》等一系列基础文件，作为采集人员的工作指南。截至2021年8月，采集工程已启动592位科学家的学术成长资料采集项目，获得实物原件资料132922件、数字化资料318092件、视频资料443783分钟、音频资料527093分钟，具有重要的史料价值。

　　采集工程的成果目前主要有三种体现形式，一是建设"中国科学家博物馆网络版"，提供学术研究和弘扬科学精神、宣传科学家之用；二是编辑制作科学家专题资料片系列，以视频形式播出；三是研究撰写客观反映老科学家学术成长经历的研究报告，以学术传记的形式，与中国科学院、中国工程院联合出版。随着采集工程的不断拓展和深入，将有更多形式的采集成果问世，为社会公众了解老科学家的感人事迹，探索科技人才成长规律，研究中国科技事业的发展历程提供客观翔实的史料支撑。

总序一

中国科学技术协会主席　韩启德

老科学家是共和国建设的重要参与者，也是新中国科技发展历史的亲历者和见证者，他们的学术成长历程生动反映了近现代中国科技事业与科技教育的进展，本身就是新中国科技发展历史的重要组成部分。针对近年来老科学家相继辞世、学术成长资料大量散失的突出问题，中国科协于2009年向国务院提出抢救老科学家学术成长资料的建议，受到国务院领导同志的高度重视和充分肯定，并明确责成中国科协牵头，联合相关部门共同组织实施。根据国务院批复的《老科学家学术成长资料采集工程实施方案》，中国科协联合中组部、教育部、科技部、工业和信息化部、财政部、文化部、国资委、解放军总政治部、中国科学院、中国工程院、国家自然科学基金委员会等11部委共同组成领导小组，从2010年开始组织实施老科学家学术成长资料采集工程。

老科学家学术成长资料采集是一项系统工程，通过文献与口述资料的搜集和整理、录音录像、实物采集等形式，把反映老科学家求学历程、师承关系、科研活动、学术成就等学术成长中关键节点和重要事件的口述资料、实物资料和音像资料完整系统地保存下来，对于充实新中国科技发展的历史文献，理清我国科技界学术传承脉络，探索我国科技发展规律和科技人才成长规律，弘扬我国科技工作者求真务实、无私奉献的精神，在全社会营造爱科学、学科学、用科学的良好氛围，是一件很有意义的事情。采集工程把重点放在年龄在 80 岁以上、学术成长经历丰富的两院院士，以及虽然不是两院院士、但在我国科技事业发展中作出突出贡献的老科技工作者，充分体现了党和国家对老科学家的关心和爱护。

自 2010 年启动实施以来，采集工程以对历史负责、对国家负责、对科技事业负责的精神，开展了一系列工作，获得大量反映老科学家学术成长历程的文字资料、实物资料和音视频资料，其中有一些资料具有很高的史料价值和学术价值，弥足珍贵。

以传记丛书的形式把采集工程的成果展现给社会公众，是采集工程的目标之一，也是社会各界的共同期待。在我看来，这些传记丛书大都是在充分挖掘档案和书信等各种文献资料、与口述访谈相互印证校核、严密考证的基础之上形成的，内中还有许多很有价值的照片、手稿影印件等珍贵图片，基本做到了图文并茂，语言生动，既体现了历史的鲜活，又立体化地刻画了人物，较好地实现了真实性、专业性、可读性的有机统一。通过这套传记丛书，学者能够获得更加丰富扎实的文献依据，公众能够更加系统深入地了解老一辈科学家的成就、贡献、经历和品格，青少年可以更真实地了解科学家、了解科技活动，进而充分激发对科学家职业的浓厚兴趣。

借此机会，向所有接受采集的老科学家及其亲属朋友，向参与采集工程的工作人员和单位，表示衷心感谢。真诚希望这套丛书能够得到学术界的认可和读者的喜爱，希望采集工程能够得到更广泛的关注和支持。我期待并相信，随着时间的流逝，采集工程的成果将以更加丰富多样的形式呈现给社会公众，采集工程的意义也将越来越彰显于天下。

是为序。

总序二

中国科学院院长　白春礼

由国家科教领导小组直接启动，中国科学技术协会和中国科学院等12个部门和单位共同组织实施的老科学家学术成长资料采集工程，是国务院交办的一项重要任务，也是中国科技界的一件大事。值此采集工程传记丛书出版之际，我向采集工程的顺利实施表示热烈祝贺，向参与采集工程的老科学家和工作人员表示衷心感谢！

按照国务院批准实施的《老科学家学术成长资料采集工程实施方案》，开展这一工作的主要目的就是要通过录音录像、实物采集等多种方式，把反映老科学家学术成长历史的重要资料保存下来，丰富新中国科技发展的历史资料，推动形成新中国的学术传统，激发科技工作者的创新热情和创造活力，在全社会营造爱科学、学科学、用科学的良好氛围。通过实施采集工程，系统搜集、整理反映这些老科学家学术成长历程的关键事件、重要节点、学术传承关系等的各类文献、实物和音视频资料，并结合不同时期的社会发展和国际相关学科领域的发展背景加以梳理和研究，不仅有利于深入了解新中国科学发展的进程特别是老科学家所在学科的发展脉络，而且有利于发现老科学家成长成才中的关键人物、关键事件、关键因素，探索和把握高层次人才培养规律和创新人才成长规律，更有利于理清我国科技界学术传承脉络，深入了解我国科学传统的形成过程，在全社会范围内宣传弘扬老科学家的科学思想、卓越贡献和高尚品质，推动社会主义科学文化和创新文化建设。从这个意义上说，采集工程不仅是一项文化工程，更是一项严肃认真的学术建设工作。

中国科学院是科技事业的国家队，也是凝聚和团结广大院士的大家庭。早在 1955 年，中国科学院选举产生了第一批学部委员，1993 年国务院决定中国科学院学部委员改称中国科学院院士。半个多世纪以来，从学部委员到院士，经历了一个艰难的制度化进程，在我国科学事业发展史上书写了浓墨重彩的一笔。在目前已接受采集的老科学家中，有很大一部分即是上个世纪 80、90 年代当选的中国科学院学部委员、院士，其中既有学科领域的奠基人和开拓者，也有作出过重大科学成就的著名科学家，更有毕生在专门学科领域默默耕耘的一流学者。作为声誉卓著的学术带头人，他们以发展科技、服务国家、造福人民为己任，求真务实、开拓创新，为我国经济建设、社会发展、科技进步和国家安全作出了重要贡献；作为杰出的科学教育家，他们着力培养、大力提携青年人才，在弘扬科学精神、倡树科学理念方面书写了可歌可泣的光辉篇章。他们的学术成就和成长经历既是新中国科技发展的一个缩影，也是国家和社会的宝贵财富。通过采集工程为老科学家树碑立传，不仅对老科学家们的成就和贡献是一份肯定和安慰，也使我们多年的夙愿得偿！

鲁迅说过，"跨过那站着的前人"。过去的辉煌历史是老一辈科学家铸就的，新的历史篇章需要我们来谱写。衷心希望广大科技工作者能够通过"采集工程"的这套老科学家传记丛书和院士丛书等类似著作，深入具体地了解和学习老一辈科学家学术成长历程中的感人事迹和优秀品质；继承和弘扬老一辈科学家求真务实、勇于创新的科学精神，不畏艰险、勇攀高峰的探索精神，团结协作、淡泊名利的团队精神，报效祖国、服务社会的奉献精神，在推动科技发展和创新型国家建设的广阔道路上取得更辉煌的成绩。

总序三

中国工程院院长　周　济

由中国科协联合相关部门共同组织实施的老科学家学术成长资料采集工程，是一项经国务院批准开展的弘扬老一辈科技专家崇高精神、加强科学道德建设的重要工作，也是我国科技界的共同责任。中国工程院作为采集工程领导小组的成员单位，能够直接参与此项工作，深感责任重大、意义非凡。

在新的历史时期，科学技术作为第一生产力，已经日益成为经济社会发展的主要驱动力。科技工作者作为先进生产力的开拓者和先进文化的传播者，在推动科学技术进步和科技事业发展方面发挥着关键的决定的作用。

新中国成立以来，特别是改革开放 30 多年来，我们国家的工程科技取得了伟大的历史性成就，为祖国的现代化事业作出了巨大的历史性贡献。两弹一星、三峡工程、高速铁路、载人航天、杂交水稻、载人深潜、超级计算机……一项项重大工程为社会主义事业的蓬勃发展和祖国富强书写了浓墨重彩的篇章。

这些伟大的重大工程成就，凝聚和倾注了以钱学森、朱光亚、周光召、侯祥麟、袁隆平等为代表的一代又一代科技专家们的心血和智慧。他们克服重重困难，攻克无数技术难关，潜心开展科技研究，致力推动创新發展，為實現我國工程科技水平大幅提升和國家綜合實力顯著增強作出了傑出貢獻。他們熱愛祖國，忠於人民，自覺把個人事業融入到國家建設大局之中，為實現國家富強而不斷奮鬥；他們求真務實，勇於創新，用科技為中華民族的偉大復興鑄就了輝煌；他們治學嚴謹，鞠躬盡瘁，具有崇高的科學精神和科學道德，是我們後代學習的楷模。科學家們的一生是一本珍貴的教科書，他們堅定的理想信念和淡泊名利的崇高品格是中華民族自強不息精神的寶貴財富，永遠值得後人銘記和敬仰。

通過實施採集工程，把反映老科學家學術成長經歷的重要文字資料、實物資料和音像資料保存下來，把他們卓越的技術成就和可貴的精神品質記錄下來，並編輯出版他們的學術傳記，對於進一步宣傳他們為我國科技發展和民族進步作出的不朽功勳，引導青年科技工作者學習繼承他們的可貴精神和優秀品質，不斷攀登世界科技高峰，推動在全社會弘揚科學精神，營造愛科學、講科學、學科學、用科學的良好氛圍，無疑有著十分重要的意義。

中國工程院是我國工程科技界的最高榮譽性、諮詢性學術機構，集中了一大批成就卓著、德高望重的老科技專家。以各種形式把他們的學術成長經歷留存下來，為後人提供啟迪，為社會提供借鑒，為共和國的科技發展留下一份珍貴資料。這是我們的願望和責任，也是科技界和全社會的共同期待。

周濟

钟群鹏

作者赵亚辉（左）、杨建峰（右）与钟群鹏院士合影

采集小组合影
（左起：有移亮、谢琴、张江龙）

序 一
"问效求真" 忆华年

许多熟悉钟群鹏院士的人，都会称他为"大先生"。

最初，我对于这一称谓并没有太深的理解，认为这不过是大家对老科学家的一种尊称。钟群鹏是中国工程院院士，他在北航教书育人六十余年，在失效分析领域具有相当的成就，被誉为中国失效分析及预测预防分支学科的开拓者，敬称其一声"大先生"，当不为过。

但是，当我开始为钟群鹏院士撰写传记，进而更深入了解钟院士九十年的人生经历之后，才真正理解先生之"大"，不在于荣誉之多、学校之大、职称之高，而在于先生的学问之深、品德之高、格局之大。

先生之"大"，首在于学问之深

作为第一批进入北航的学生，在与北航共同成长的过程中，钟院士打下了坚实的学业基础，在材料科学与工程方面积累了渊博的知识，在失效分析领域有更为精深的研究。

所谓"失效分析"，是对机械设备、机电产品的失效模式、原因、机理进行分析，找出事故（故障）原因，以防类似事故（故障）再次发生的一种技术分析和管理活动。钟群鹏开始研究失效分析时，中国在这一领域还处于初期发展的阶段。其后六十余年里，他在这一领域进行了系统性和开创性的研究。一方面,专注于失效案例的分析和预测预防工作,先后参与或主持了500多起各类安全事故的分析诊断和预测预防工作。另一方面,致力于失效模式的研究和规律的探讨,对失效分析的分支学科进行了研究、规划和设计,为我国失效分析和预测预防工作的开展和提高,以及这一交叉综合技术体系雏形的建立和发展作出了重要贡献。

不仅如此,在2010年之后,随着研究的日趋深入,钟群鹏开始思考"失效学的哲学理念"问题,对失效学的认识论、矛盾论、系统论和方法论进行了阐释,从中提出一些要点,并对失效学哲学理念在失效分析技术中的应用提出建议,为深化失效学的哲学理念探讨奠定了基础。提出失效是"从失败入手,着眼于成功与进步的科学;是从过去入手,着眼于未来与发展的科学"。这些理念不仅真正确立了失效分析学科的系统架构,更促使失效分析跨越学科,由产品质量、企业安全向国家安全领域延伸,实现了学科在更广阔领域的起航。

钟群鹏在失效分析预测预防体系建设方面,特别提出"重大事故的预防预测要前移,应当由风险分析、故障源的分析和控制向质量控制工程转移,产品质量是失效分析预测预防的源头"。这一理念在后来中国工程院启动的"制造强国战略研究"重大咨询项目中,得到了整个行业乃至国家的认可,并最终成为一项国家发展战略。

在失效分析领域,先生学问之深,影响力之广堪为典范,是当之无愧的大家。

先生之"大",还在于品德之高

"君子九德,忠、信、敬、刚、柔、和、固、贞、顺",用来形容君子忠直、诚信、谦逊、坚强、善良、宽厚、自信、坚定、豁达等美好的品德。而这些,我们在钟群鹏身上都能感受到。

从毕业之初面临创建一个新专业的重任,一穷二白,筚路蓝缕,却毫不言退,到"文化大革命"期间遭遇重重阻力,甚至被造反派抨击为"沉渣的浮起",却坚持复课。我们看到的是一个忠直之士,不惧艰难险阻,始终忠诚于自己的职责和使命。

从无数次深入一线，不畏艰险，亲力亲为，深入探索失效事故真相，到即便面临巨大压力，甚至影响院士评选，仍旧坚持真理，坚持科学论断。我们看到的是一个坚定自信的学者，坚守原则，敢于面对艰难险阻。

从 1951 年土改时立下誓言，刻"俯首甘为孺子牛"激励自己，到临危受命，担任北航学术委员会主任，以身作则，倡导师道规范，树立学术新风，再到殚精竭虑，为北航"空天信"战略出谋划策。我们看到的是一位诚信谦逊的带头人，秉笔直书，以身作则，俯仰皆为孺子牛。

从六十余年执教生涯，坚持教学，培养出 50 余名研究生的经历，到先后三次捐出 200 余万元设立奖学金，再到与弟子们建立深厚情谊，甚至在生死危难之际还能相互扶持的真情。我们看到的是一位谦谦师者，善良宽厚，时刻为学生着想，立德树人育桃李。

退休之后，钟群鹏仍旧发挥余热，为新冠疫情出谋划策，为国家安全询谋咨度，为家乡建设添砖加瓦。我们看到的是一位爱国爱家的老者，顺应时代大潮，豁达而执着，桑榆微霞尚满天。

先生之"大"，更在于格局之大

古语有云"为国为民，国之大者"，又所谓"海纳百川，有容乃大"。作为一个大科学家，不仅要有家国天下的大格局，还要有融通万物、天地与我合一的大胸怀。钟群鹏正是这样一位有着大格局的学者。

钟群鹏在介绍自己的时候，会特别强调"我是一名老共产党员"，他常说"党的需要就是我的志愿"。作为一名 1954 年就入党的老党员，为国为党的家国情怀已经渗透到了骨血中。2005 年，钟群鹏作为党员代表参加了"全国保持共产党员先进性教育活动与党的先进性建设理论研讨会"并发言，表示要努力工作，为共产主义献出一切。

正是有了这种家国天下的大格局和共产主义信仰，钟群鹏无论遇到怎样的困难，都能矢志不渝，攻坚克难。曾经，钟群鹏一家蜗居在 9 平方米的陋室，冬冷夏热，他却甘之如饴，坚持科研，不改其乐。钟群鹏是用"一只眼睛、一个肾、一条腿"在工作——因工伤罹患青光眼，左眼视力已经为零；右肾先天性偏小，只有枣核大小；一条腿在"五七"干校劳动受伤，肌肉萎缩，走路非常不稳。日常工作，困难重重，但他却说："这是工作需要，只要我还能走路，我就会坚持走下去。"

钟群鹏的格局之大，还体现在对多学科专业的融会贯通，是公认的跨学科的科技工作者。失效分析，最初是以航空和材料技术为基础进行的航空航天失效和空难事故分析工作。20世纪七八十年代，他将工作范围扩展到特种设备和机械工程领域，21世纪初又拓展到质量领域，并开始进行失效分析哲学理念的研究。

大格局还体现在钟群鹏特别善于高屋建瓴、协调总结。例如，他负责的"制造质量强国战略研究"课题组包括35个单位、69位专家。如此繁杂的工作，他总能提纲挈领，抓住要害，最终成功完成任务，展现了出色的协调、组织和领导能力。

钟群鹏在90岁时总结了自己的人生感悟："智慧来自勤奋，创新基于实践；成功在于坚持，毅力源于理念；做人先于成才，素质优于博才；力量系于集体，功绩归于团队；事业始于足下，伟大寓于平凡；精英出自少年，世界属于青年。"他还以"成人、成才、成事"为目标，提出了"三学""三会""三成"的成才理念，并多次与北航研究生会座谈交流；对于北航建设"双一流"高校，他提出了"一稳四求一变"的路线图。

如今，钟群鹏院士年逾九十。回顾过往经历，特别是在失效分析领域的学术成长脉络，我们会发现，作为一位"大先生"，在学问、品德、格局之外，钟群鹏还有一种执着的"问效求真"的精神。一方面，在学术上，钟群鹏一直秉持着"问效求真"的精神，从失败中求成功，从失效中问高效，探索事物本质和客观规律，从而促进相关产业更高效地发展；另一方面，"问效求真"也是他对待国家、对待事业、对待生活的一种严谨的科学态度。任何时候，他都秉持求真求实的原则，不怕失败，勇于实践，善于总结，在与失效和失败作斗争当中，不断地成长、壮大和成功。

如果要用一个词来概括钟群鹏先生的人生经历，我想"问效求真"应该是其最好的写照！

赵亚辉

2024年9月25日

序 二
钟群鹏院士小传

钟群鹏者，何许人也？

先生生于上虞，诗书传家。以鹏为名，寓以"抟扶摇而上者九万里"，有鲲鹏之志。少经家国离乱，胸怀大志，好读书，性坚忍。及长，适逢中华重建，赤县新彰，遂以弱冠之年，投考北航，以申科学救国之初心。及至登科，求学五载，学业初成，留校为师，历任助教、讲师、副教授、教授，六十余载，立德树人[①]，桃李无数。

当是时，"失效分析"之学初兴，屡有飞机失事、卫星爆炸、机械故障之虞，海内方家，初研"失效"之机理。鹏以为，"失效分析"之学，乃"以失败求成功，以过往预未来，以相对真理揭客观真理，以硬科学之法融软科学之辨"，可以"释机械失效之理，彰科学兴国之道，求安全、促质量"，及至助力中华"由弱及强、由贫而富"之复兴大业，亦有不可测之功。

由是而定"失效分析"大业，教学之余，求真问效，深研至理，兴断口训练班，创失效委员会，联海外大学，办国际会议，征程曲折，探索维艰。解密失效，五百余事故分析丰功赫赫；问道求真，四十载理论研究成

---

① 2022 年，钟群鹏获得北航"立德树人成就奖"。

果连连。成失效哲学之雏形，砺安全预测之新业。汇章聚典，编机械产品失效丛书；沉谋重虑，纂制造强国战略文集。垂名迹于丰碑，遂成中国工程院院士；彰精神于史简，即为失效开拓者先锋。

及至功成名遂，古稀之年，再添使命。"单目"[①]上任，继北航学委主任之重责；一纪[②]躬行，开高校管理服务之新章。秉笔直道，倡师道规范；春风化雨，育时代新人。询谋咨度，时有治校之猷；立科兴学，屡呈空天之策[③]。不拘一格，引时代之精英；倾力资助，立成才之大奖[④]。

耄耋之年，功成身退，犹不忘家国大事。新冠来袭，八易其稿写就疫情防控对策；安不忘危，五项谋略纵议国家安全新观。投身机械工程，荣膺特别贡献[⑤]，助力特种设备，获颁终身成就[⑥]；乐于奉献，获评优秀党员。苍松巍峨，一生感动北航[⑦]。

若夫鲐背之年，远年近岁，抚今追昔，云程接力，境界再攀。敢竭鄙怀，恭疏短引。一言均赋，双韵俱成。赞曰：

矫矫苍松凛巍峨，问效求真忆华年。
凭君莫问安危策，尽写时代锦绣篇。

杨建峰

2024 年 9 月 25 日

---

① 2002 年，钟群鹏做青光眼手术后，戴眼罩参加北航学术委员会换届会议。
② 钟群鹏任北航学术委员会主任前后共 12 年。
③ 2009 年，北航确立"建设空天信融合特色的世界一流大学"发展目标。
④ 钟群鹏向北航材料学院捐赠 100 万元，设立"成才金奖"奖学金。
⑤ 2018 年，钟群鹏荣获中国机械工程学会"特别贡献奖"。
⑥ 2020 年，钟群鹏荣获中国特种设备安全与节能促进会"终身成就奖"。
⑦ 2024 年，钟群鹏获评第七届"感动北航"榜样人物。

目　录

图片目录

导　言

　　钟群鹏是我国著名的失效分析及预测预防专家，中国工程院院士，北京航空航天大学教授、博士生导师。

　　1934年10月28日，钟群鹏出生于浙江省东阳县佛堂镇（今隶属于浙江省金华市义乌市），祖籍为浙江省绍兴市上虞区丰惠镇。其家族世代书香门第，祖父钟佰友是清末的秀才，父亲钟骏元毕业于国民党中央警官学校。钟群鹏于1950年1月9日在浙江金华作新中学加入中国新民主主义青年团（中国共产主义青年团的前身），从此走上了革命的道路。1951年9月，钟群鹏作为优秀团干部参加中央团校第四期短训班。短训班毕业后，参加了团中央土地改革实习队，在江苏省宿迁市桃园公社参加两期土改，土改结束时，被评为模范工作者。1952年5月，在北京工业学院干部补习班补习，1952年9月，考入清华大学航空工程学院。当时正值全国院系调整，钟群鹏转入新成立的北京航空学院（北京航空航天大学的前身），成为北京航空学院第一届本科生。1955年11月，大三的钟群鹏被调到航空冶金材料系，成为在职研究生。1957年7月15日，以全优的成绩研究生毕业。

　　20世纪70年代，钟群鹏开始从事失效分析和预测预防领域的科学研究、工程应用、人才培养和学术交流工作。先后举办各种类型的断口分析和断裂机理训练班，组建失效分析全国学会筹备组，成立中国机械工程学会失效分析工作委员会，把失效分析提到学科分支高度，提出分支学科体系和哲学理念雏形。先后主持或参与了 500 多起失效事故的分析诊断和预防决策项目，力争让每一例失效分析得出科学结论，经得起历史检验。

作为我国失效分析领域的开拓者之一，钟群鹏推动失效分析从传统的生产安全领域向新冠疫情、国家安全、质量强国等领域发展。发表了《新冠病毒诱发肺炎的关键和重要问题的一点思考》《对总体国家安全观的几点认识和思考》等文章，还担任了中国工程院重大咨询项目"制造强国战略研究"下设的综合课题"制造质量强国战略研究"负责人，为我国的高质量发展奠定基础。

1999 年，钟群鹏当选中国工程院院士。他曾担任北京航空航天大学学术委员会主任，中国－加拿大失效分析和预防人才培训中心主任，中国机械工程学会等 5 个学会（协会、促进会）的副理事长，国家安全生产专家综合组组长，国防工业质量与可靠性专家组组长。编著了《机械产品失效分析丛书》《中国材料工程大典》《质量强国战略研究丛书》《断口学》《裂纹学》《失效分析基础》《材料失效诊断、预测和预防》等多部著作。获国家科学技术进步奖 2 项、省部级一等奖 7 项，享受国务院政府特殊津贴。荣获中国机械工程学会"特别贡献奖"、中国特种设备安全与节能促进会"终身成就奖"。被评为航空航天工业部有突出贡献专家、北京市优秀教师、北京市优秀共产党员、全国优秀教师。

2018 年 6 月，"钟群鹏院士学术成长资料采集工程"正式启动。采集小组先后采访钟群鹏院士及相关人员 40 余人，并走访传主家乡和工作单位，查阅大量档案材料，采集到大量音视频、文字、照片、实物等资料。其间受到新冠疫情的影响，但采集工作一直没有中断。2021 年 6 月，项目顺利通过采集工程终期答辩，答辩成绩为"优秀"，这为撰写本书奠定了坚实的基础。

《问效人生：钟群鹏传》以钟群鹏院士学术成长经历为主线，依据采集小组采集到的大量资料，详细介绍了钟群鹏院士的家庭背景、成长经历、求学历程、学术成就与贡献、人才培养、管理与服务工作等内容，以求系统梳理钟群鹏院士学术成长脉络，真实反映他的世界观、人生观以及学术思想。

本传记按照钟群鹏院士成长的关键节点和重要事件，共分为八章。

第一章讲述了钟群鹏的家族事迹和童年经历。钟群鹏的童年正值抗日战争时期，为了躲避日军轰炸，他随父亲离乡避祸，颠沛流离，受尽苦难。因此，钟群鹏从小就在心中种下了爱国的种子：有国才有家，有家才有我。

第二章讲述了钟群鹏少年时期的求学经历。钟群鹏的父亲坚守"科学救国，从事科学工作，振兴中国"的家训，即便身处战乱、生活艰苦，也没有耽误钟群鹏的学业。新中国成立之后，钟群鹏的兄弟和姐姐都参加了革命工作。受此影响，少年钟群鹏也努力学习，积极投身革命，因表现出色，被团中央选中，以调干生的身份投考北京航空学院。

第三章讲述了钟群鹏的大学生涯。1952 年，钟群鹏成为北京航空学院首届本科生。在校期间，他刻苦学习，本科期间一直担任团支部书记。后被调配到航空冶金材料系，作为在职研究生，受苏联专家亲自指导，并以全优成绩毕业，用五年时间完成了七年半的学业。这一时期，钟群鹏进一步完善了自己的共产主义人生观，更奠定了坚实的学术基础。

第四章讲述了毕业执教和"文化大革命"期间的成长经历。从毕业留校到"文化大革命"结束的 20 年时间，是钟群鹏学术奠基的关键时期。这一阶段，他白手起家筹办高温陶瓷材料专业，并经历了实验室实践技能的淬炼和多门功课的教学实践，业务能力有了长足进步。"文化大革命"期间也初心不改，一边接受劳动锻炼，一边坚持科研教学。20 年的锻炼，厚积薄发，为之后在失效分析领域的创业打下了基础。

第五章讲述了钟群鹏从 20 世纪 70 年代初开始进行失效分析创业的经历。他积极举办各种训练班，成立中国机械工程学会失效分析工作委员会，参与编写《机械产品失效分析丛书》；承接失效分析诊断和预防工作，把失效分析提到学科分支高度，提出分支学科体系和哲学理念雏形；积极参加"安全科学与工程"一级学科的筹建工作。因为在失效分析领域的出色成绩，钟群鹏被业界誉为中国失效分析及预测预防分支学科的开拓者和中国失效分析学会组织的主要创始人之一，并在 1999 年当选中国工程院院士。

第六章介绍了钟群鹏参与的几个著名的失效分析案例。20 世纪 70 年代末以来，钟群鹏主持或参与了 500 多例失效事故的分析，几乎每一次都得出了科学、客观的结论，被誉为中国最知名的机械"法医"。这些骄人的成绩无疑是对他严谨求实的工作作风和公正无私的人格精神的最好诠释，同时，也展现了他善于处理复杂事务和关系、总领全局的高超管理能力。通过这些具体案例的分析，钟群鹏也确立了自己在失效分析领域的"大师"地位。

第七章讲述了钟群鹏担任北航学术委员会主任期间的工作经历。他积极参与学校发展战略规划，调查和处理多起学术不端事件，制定北航教师道德规范；组织全校的系统咨询，参加学校的战略规划，确定学校的发展方针，为学校的重大战略决策和战略规划制定作出了贡献。

第八章讲述了钟群鹏的晚年经历，回顾并总结他从教 60 多年的教育成就。退休之后，钟群鹏仍然在发挥余热，不仅保持乐观健康的状态，还关心国家大事，积极参加国家和学校的重要咨询工作。在向学生传播知识的同时，他非常重视对学生思想品德的培养。从教 60 多年，共培养研究生 50 多名，绝大多数都成为所在单位的科研攻关骨干力量。

《问效人生：钟群鹏传》全景展示了钟群鹏院士的成长经历和学术生涯，更展示了一名老共产党员以一颗赤诚之心，为中国航空航天事业创新和失效分析学科发展矢志不渝的拼搏精神。我们希望，更多人通过阅读本书，不仅了解一名老科学家的人生经历，更为其为国献身的精神所感动。

第一章
苦难童年——风雨如磐暗故园

风雨如磐暗故园。钟群鹏的童年正值抗日战争时期，为了躲避日军轰炸，他随父亲离乡避祸，颠沛流离，受尽苦难。因此，钟群鹏从小就在心中种下了爱国的种子：有国才有家，有家才有我。

花间一壶鹏抟居

1934 年 10 月 28 日，钟群鹏出生于浙江省东阳县佛堂镇。佛堂镇素来商业繁荣、文化昌盛，被誉为"浙东四大重镇"之一。

钟群鹏的祖籍在浙江省绍兴市上虞区丰惠镇，距佛堂镇 150 多公里。上虞是历史文化名城，"上虞"之名最早见于殷商甲骨文，由"舜与诸侯会事讫，因相虞乐"得名。传说这里是舜帝的出生地，也正是在此地，尧帝将"允执厥中"四个字传授给舜帝。公元前 222 年，秦王嬴政置上虞县，此后上虞文明续传，名人辈出，史不绝书。近代以来，上虞更是涌现了一批名人雅士，如著名社会活动家胡愈之、国学大师马一浮、气象学家竺可桢、"中国民营经济之父"经叔平、"当代茶圣"

图 1-1 1943 年，少年时代的钟群鹏（钟群鹏提供）

吴觉农、著名电影导演谢晋、"中国奥运之父"何振梁……而最令人称道的是，近代以来受"西学东渐"之风影响，上虞科学之风昌盛。新中国成立至今，上虞籍的两院院士多达 18 人，其中唯一出自丰惠镇的就是钟群鹏。

丰惠镇位于上虞区东南部，原名上虞城，自唐长庆二年（公元 822 年）至 1954 年，一直是上虞县治所在地，地位远高于乌镇、西塘等古镇。钟群鹏的老家就在丰惠古城南门大池头钟家道地。六岁之前，钟群鹏一直生活在丰惠镇的祖居——鹏抟源。

鹏抟源之名由钟群鹏及其族人所取。"鹏抟"出自庄子《逍遥游》："鹏之徙于南冥也，水击三千里，抟扶摇而上者九万里。"此名寓意家族兴旺繁盛，如大鹏一般坚毅强大，有"水击三千里"的志向。按照钟群鹏自己的说法，就是取"振翅高飞、报效国家"之意。实际上，钟群鹏自己的名字也取自《逍遥游》，父亲用"鹏"给他取名，寄予了男儿当鲲鹏展翅、有所作为的殷切期望。祖居名和钟群鹏的名字，寓意相近，一脉相承。

据考证，鹏抟源最初由钟群鹏的祖父钟佰友筹建。辛亥革命后，钟佰友得祖上传承，广有地产；民国年间，他受新学思想影响，支持三个儿子求学和成家立业，遂决定扩建祖宅。钟佰友在自家屋后整理空地，并出资换房请隔壁亲友让出一块地，从而拓展兴建出一座宽敞

图 1-2 修整后的鹏抟源（钟群鹏提供）

漂亮的小院，后来门牌号标为"大池头钟家大厅53号"，这就是今天的鹏抟源。当年的小院设计精巧，建造精良，后兴建的房屋与前院浑然一体，相互倚靠形成了三座小院合聚一体之势。但其后历经风雨，旧宅失其大部，如今鹏抟源的规模已不复当年。

近年来，上虞文物保护单位一直在积极进行古镇建筑群落修缮和名人故居保护的工作。丰惠镇也在征求专家、当地乡贤意见的基础上，对丰惠老街的街面、桥、两侧老宅等进行修缮，并计划将老街与附近的名人故居串联起来，以便更好地传承乡村文脉，开拓旅游资源。在这样的背景下，钟群鹏和几个兄弟及子侄出资重修祖居。他还邀请绍兴老乡、时任中国工程院常务副院长的潘云鹤院士撰写了"鹏抟源"和"钟群鹏祖居"的匾额。

修整后的鹏抟源虽不似当年规模，但白墙黛瓦的古宅风范依旧，院门房檐饰为瓦片拼接的漏窗图案，匾额周边辅以淡雅的绘画和砖雕，进门小院种植玉兰和龙爪槐迎客，石质大水槽靠院墙承接着寒来暑往经年的雨水。依次看进去，院落整洁、堂屋敞亮、楼梯小巧、家具古雅，宽敞的厨

图1-3 2010年，钟群鹏（右4）和家人于老宅前（钟美珍提供）

房保留了大户人家的七星大灶和两孔小灶，旁边的木质橱柜安有精致的细木格，自带碗碟的沥水功能。

每每回到故居，路过房前屋后的溪流小径，看着屋里的一草一木、一砖一瓦，钟群鹏都感到亲切和思恋。钟群鹏的童年经历了很长一段时间的颠沛流离，在鹏抟源的生活几乎成为他童年美好回忆的全部。这种情感，别人是很难理解的，但被钟群鹏的好友、国家一级美术师郝竞存敏感地捕捉到了。故居修缮后，钟群鹏请郝竞存参观，这位善于"用笔墨留住中国民居美学文化"的艺术家，以中西合璧的手法创作了《钟群鹏先生故居宅前之秀色》。整幅画将传统的中国画元素与现代的油画技法相结合，既有山水画的空灵意境，又有油画丰富的明暗色彩对比和画面表现上的细腻逼真。在画家笔下，鹏抟源及周边的小溪、古桥、茂林、飞鸟，形成了一种"结庐在人境""带月荷锄归"的田园风光；而"花间一壶酒，还思故乡人"的题词，也隐喻了钟群鹏对故乡深厚的情感和思恋。整幅画虽无人物出现，却能让人感受到主人（钟群鹏）在暮色四合之际，带着微醺之意，和乡亲们荷月而归的画面，一种思乡之情跃然纸上。而这，也恰恰是钟群鹏对故乡和故居最深厚的一种感情体现。

如今，这幅祖居图就悬挂在北京航空航天大学院士楼钟群鹏家客厅

图1-4 2013年，郝竞存所作《钟群鹏先生故居宅前之秀色》（钟群鹏提供）

的正中。一推开家门就映入眼帘，是这个简朴的家中最醒目的所在。如今，钟群鹏年事已高，无法常回故乡，这幅画作就成为他寄托乡思的慰藉。

当然，鹏抟源之所以受到当地文物保护部门的重视，不仅是因为钟群鹏作为院士带来的"名人效应"，更为重要的是，上虞钟氏在丰惠镇也算得上名门望族。据《上虞钟氏宗谱》记载，上虞钟氏于南宋年间定居会稽山，后入赘姚家迁居上虞，"簪缨累世，瓜瓞蕃衍至数传"，遂成虞山望族。宗谱记载，钟氏祖先中出过解元3人、进士4人，入仕高官达20人。

到了清末民初，钟氏一族开枝散叶，依旧兴旺发达。据《丰惠老台门探秘》一书披露："上虞古县城（今丰惠）有几个大姓很有名，钟氏也是其中之一。"[1]《丰惠老台门探秘》盛赞钟氏后人："承祖宗之美德，启时代之伟业，继往开来，福泽绵长！"根据近年续写的《上虞钟氏宗谱》，到钟群鹏这一代已历32代，家谱蔚为壮观。[2]

谈起自己的家族，钟群鹏引以为傲，他常常说："我的家族是书香门第，我的兄弟姐妹和后代人才辈出，这跟家族数百年的文脉传承和深厚积淀是有很大关系的。""是爷爷的爷爷增福公公传下来了整个家族和自己的家教。"

钟家存有增福公公一幅画像，现珍藏在侄女钟美珍那里。画像中，增福公公面容清瘦，颇具威仪，身着清朝官袍，胸前绣有仙鹤，这是清朝一品文官的装束。他养育了三个男孩，老大钟立青、老二钟立富、老三钟小富。钟立青的儿子钟佰友就是钟群鹏的祖父。钟佰友是个秀才，育有三子，老大钟骏城、老二钟骏地、老三钟骏元，钟骏元是钟群鹏的父亲。骏字辈的三兄弟各有子孙，人多的时候总计56口，目前健在的也有40多人。钟家不仅子孙繁茂，成才率也极高。据钟群鹏自己统计，几代人中有离休干部、大学教授、院士等，也有人在企业、医院、学校担任关键岗位，真

---

① 中共丰惠镇委员会，丰惠镇人民政府：《丰惠老台门探秘》。杭州：浙江工商大学出版社，2018年。

② 徐芳：上虞钟氏宗谱续修启动。《上虞日报》，2016年11月25日。

可谓是"忠厚传家久，诗书继世长"。钟寿鹏之婿胡金友撰《鹏抟源记》时就此写道，钟家"每鹏及康寿之下人丁兴旺，大小事业有成，此全赖先祖修德积善也"。

栗果飘香孺慕情

1939 年之前，钟群鹏都生活在老家丰惠镇，在这里度过了一段美好的童年时光。童年的生活对于钟群鹏坚毅性格、善良品质的养成，以及科学救国志向的形成，有着十分重要的影响。其中，对他影响最大的当属父亲钟骏元和母亲徐勤。

钟骏元，别名钟鼎丰，20 世纪 30 年代考入中央警官学校。这所学校当时与黄埔军校齐名，是国民党培养重要军政人才的地方。钟骏元在警校受到了良好的教育，毕业后曾先后担任浙江省平湖县平湖镇、新埠县某镇、东阳县佛堂镇的公安分局局长。钟骏元性格刚烈、疾恶如仇，作为高等警官学校毕业的高材生，在国民政府军政工作，既不攀附权贵，又不参加国民党。每到一处任职便抓赌抓嫖、打击土豪劣绅，所以往往在一地任职不久便被人诬告去职，不得不失业回家再谋差事。这种情况一直延续到 1946 年左右，钟骏元因一次犯人越狱事件被撤职查办，此后就再也没在国民政府警察部门任职。后来，钟骏元还在国民党金华市政府充当田粮处督征员（科员），新中国成立后在学校当过历史教员、总务主任等职。退休后回老家丰惠镇担任农村小队记工员。1970 年左右，因肾炎离世，享年 70 岁。

钟骏元的仕途一直不顺，常常要靠典卖地产度日，家中原有的千亩良田，新中国成立前只剩四分。加上抗战艰苦岁月尝尽人情冷暖，有志不得申，逐渐形成了火爆的脾气，对子女的家教也非常严格。回顾这段岁月，钟群鹏常说："父亲耿直、刚直不阿的性格对我影响很大，所以我一辈子讲真话、讲实话，不愿意违心办事。"另外，也许是对国民政府彻底失望，钟骏元不愿孩子涉足政治，并留有"科学救国，从事科学工作，振兴中国"的家训。受父亲影响，钟家兄妹几乎都从事科学教育工作。大哥钟一鹏毕业于浙江大学化学工程系，毕业后弃教参军；二哥钟幼鹏毕业于武汉河海学院航海航空专业，后来参军在汉口军管委交通部工作；弟弟钟寿鹏早年辍学参加革命，新中国成立后曾在福建海军部队担任舰艇艇长，职衔为准尉；姐姐钟康寿则在中学毕业以后当了小学教员。至于钟群鹏自己，也曾经放弃到团中央办公厅工作的机会，选择考大学，这无疑也是受到父亲的影响。

童年时期，父亲常常离家在外，母亲徐勤对钟群鹏的影响更大。据考证，徐勤一族祖籍也在上虞，是官宦人家，非常兴旺。钟群鹏外公叫徐彩云，据说是广州惠州府的知府。徐彩云家境优渥，因生女无儿，渐次娶有五房妻妾，最后才生出了一个小儿子。徐勤是大房所生。徐彩云并不轻视对女儿们的教育，延请私塾老师教她们学认字、识礼仪，女儿们个个通晓文墨、知书达理，具有大户人家的闺秀风范。受现代思想影响，徐彩云对女儿们并未搞封建联姻那一套，而是任其自择婚姻。徐勤也因为自小自由成长且家境富裕，择偶的眼光有些高，拖来拖去，到了27岁还未婚嫁。

此时钟骏元已经18岁，机缘巧合之下，经人介绍认识了徐勤。初次见面，钟骏元对徐勤倍觉亲切，特别是她性情温和、心地善良，令他印象深刻。徐勤也觉得两人可以处得来，尽管钟骏元未及弱冠之年，两人相差9岁，但感觉钟骏元见识不俗，并不显幼稚，特别是谈吐大方、个性正直，更是给人以好感。交往就此开始，次年徐勤便嫁入钟家。这段婚姻在当地颇为震动，一是因为两人是得风气之先，自由恋爱终成眷属；二是两人老妻少夫，这在仕宦家族当属少见。大婚之时，八抬大轿抬着新娘，其后嫁妆挑子延绵长街，号称"十里长龙相送"，轰动一时。

婚后，钟佰友便把鹏传源分给小儿子当婚房。夫妻两人一直琴瑟和谐，关系融洽。徐勤依钟家惯例，轮值侍奉公婆，十分得体。当时，国民政府允许官员娶姨太太，但钟骏元夫妇平时恩爱有加，钟骏元一辈子未曾再娶，这在当时也是极为难得的。

图 1-5 钟群鹏父母（钟群鹏提供）

钟骏元在婚后断断续续很多年一直在外工作，与夫人和孩子们聚少离多。徐勤更多是在丰惠镇老家伺候公婆、养育子女。钟群鹏出生后也一直待在老家。小时候，钟群鹏身体柔弱，一两岁时常在饭堂号哭，不愿吃饭，折腾得身体更显瘦弱。小一岁的弟弟反倒长得比他结实高大。也许是因为身体瘦弱，钟群鹏性情乖巧温顺，颇得父亲关爱，挨打的事一般轮不到他，就算和弟弟一起淘气惹事，事后挨打的也常常是弟弟。依性格而言，钟群鹏更像妈妈，聪慧温顺，弟弟则更像爸爸，坚毅果敢。

小时候的钟群鹏非常依恋母亲。他总是像"跟屁虫"一般跟着母亲，他喜欢听母亲讲故事，讲大禹治水、曹娥投江，有时边讲边唱，比如讲"书生悄声夜读，新娘纺纱陪伴"的故事，就会夹杂唱上两句："半夜三更纺什么纱，吹灯熄火睡了吧。"[1]晚上，小群鹏也是"捧着妈妈的脸睡觉"[2]。那时候，家里上有老、下有小，5个孩子都要操心，还时不时要接济家里的亲戚朋友，父亲的收入又不稳定，渐渐地，家里有些入不敷出，但信佛的母亲仍然尽力帮助别人。回忆这段日子，钟群鹏感慨地说："经常是愁了这个愁那个。"母亲陪嫁的首饰或用品，亲戚有需要了，也是借的借、给的给，不经意间就散出去了。甚至要饭的赶着饭点来了，她也会放下碗筷先给人家拿吃的。母亲的善良、勤劳、隐忍、坚韧，对钟群鹏产生了潜移默化的影响，让他从小就接受了爱和善良的教育。

尽管家境在走下坡路，但毕竟是大户，有些积淀。钟群鹏这个时期过得还是相对惬意的。闲居无事，又不用上学，他经常带着年纪相近的弟弟在外面淘气玩耍，不亦乐乎。回忆起那段生活，钟群鹏至今仍觉得其乐无穷。

家乡的各种吃食，更是让钟群鹏留恋不已。地处江南水乡，各种河鲜

---

① 钟美珍访谈，2019年3月1日，上虞。资料存于采集工程数据库。

② 钟群鹏访谈，2018年11月16日，北京。资料存于采集工程数据库。

自不必说。丰惠古镇老街两边，各种店铺一间挨着一间，都挑着布帘样的招幌，吃穿住用一应俱全。哥俩经常挨家去看，有时在亲戚家的店里玩，有时给家里跑腿买点香干、豆腐、霉千张。在家里能吃到母亲做的煎带鱼、烧肉、炒小菜，茴香豆、冲管糖、桂花糕、烤年糕等零食更能满足馋嘴的小孩子，腌笃鲜、霉苋菜梗、笋干菜也是餐桌上的美味。家里还有捣臼，过年的时候用来捣年糕，现捣的年糕又热又黏。每年春天，母亲和妯娌在院子里晒笋干和梅干菜，是用毛笋和芥菜做原料腌制的，晒成干菜拌在一起，带着特有的酱香和酸菜香味儿，可以蒸肉、红烧或煮汤，配各种食材都能活色生香。钟群鹏至今还好这一口。

当然，所有的吃食里，最让钟群鹏记忆深刻的，莫过于母亲为自己做的炒栗子了。每到栗子成熟的秋天，钟家小院的板栗树枝繁叶茂、硕果累累，一个个毛嘟嘟的小球在树叶间探头探脑地摇晃，似乎要轻叩旁边小楼的木窗。阳光照进二楼，细格栏的木窗半开着，母亲的身影从窗口移过。她沿着堂屋后面的小楼梯走下来，到厨房端一盘香喷喷的烤栗子出来，摆到院子里的小桌上。每到此时，都是钟群鹏和弟弟一年中最快乐的时刻：在栗子树斑驳的光影中，凉爽的秋风吹拂而过，两个小男孩依偎在母亲的怀中，品尝着母亲剥开的栗子。圆圆的板栗被烤得焦了皮、裂了口，外焦里糯，热乎乎的，每一口都透着香甜。这一刻，也成为钟群鹏终生难忘的儿时幸福记忆，以至于成年之后，午夜梦回，能记起的常常是"满树栗花如银串，栗香四溢满心怀"的场景。

也许是因为此后的童年生活都是在逃难和与日军的周旋中度过的，苦难无穷，在家乡的那段平安舒适的时光，就成为钟群鹏对乡愁最深刻的执念。"老家门口的栗子树，我在树下面吃栗子，这个情景梦见多次。"忆起这段日子，钟群鹏常常感慨万千。后来重回祖居，他还问弟弟："栗子树哪去了，怎么不见了？"得知那棵寄托了无数情思的栗子树已经被伐掉了，钟群鹏为此失落良久，似乎儿时对父母的孺慕之情，对家乡的缱绻之思，从此就少了一份寄托。

在故乡的小院，钟群鹏度过了无忧无虑的 6 年时光。在父母的影响下，钟群鹏坚毅、善良、正直的性格已经初步形成。而江南水乡的柔和灵动，也造就了他刚柔并济、善于思考的性情。尽管从小离开上虞，老家的村容街貌已多次变迁，但仍然常常勾起他深沉的回忆。对此，钟群鹏曾满含深情地写道："故乡，是我朝思暮想之地、行动奋斗之力和叶落归根之所。我虽然只有童年的 6 年在老家，但后来曾多次回老家探亲访友，我对家乡有深厚的感情。"①

烽火狼烟离故园

1937 年 7 月 7 日，全国性的抗日战争正式开始。战火迅速蔓延，上虞成为浙东遭受日军侵略的重灾区之一。淞沪会战爆发仅仅两天后，8 月 14 日，日军就轰炸了上虞曹娥白米堰机场。其后，日军战机多次轰炸上虞。1938 年 4 月 6 日，日军在上虞崧厦至百官一带投弹 20 余枚，炸死、炸伤 105 人。1938 年 5 月 6 日，道墟镇民众正在进行迎庙活动，日军投下重磅炸弹 4 枚，炸死、炸伤五六百人。1939 年 3 月 27—28 日，日军连续两天轰炸上虞百官镇、小越镇，共投弹 177 枚，炸死 52 人，炸伤 87 人，炸毁房屋 652 间。更为恶劣的是，日军还对上虞使用了生化武器。1939 年 6 月 13 日，日机向上虞沥海所一带散投大量白色粉末，内含白喉、破伤风、肺炎杆球菌。②

这一时期，尽管日军还未从陆上进袭上虞，但时不时的轰炸还是让上虞的百姓们惶惶不可终日，钟群鹏短暂而快乐的童年也就此一去不返。见多识广的钟骏元对上虞的前景并不看好，想找个更偏僻的地方以避战祸。1939 年，钟骏元谋到了乐清县（今浙江省乐清市）看守所所长的职位，便决定带家小离开丰惠古城，南下乐清避难。

具体搬离老家的日期已不可考，钟群鹏只记得那是一个冬日的早上，钟骏元带着一家收拾了一些随身细软，把家具等大件物品寄存到亲戚

① 钟群鹏写给上虞乡贤会会长的信，2019 年 3 月 7 日。资料存于采集工程数据库。
② 60 多年前燃烧在乐清的抗战烽火。浙江在线新闻网站，2005-08-31。

家，还将一些私人用品埋在了百灵山下，就此开启了将近六年的逃难离乱生活。

离乡当日，钟骏元一家人要到离家较远的码头坐船离开。没有车马代步，钟群鹏和弟弟年岁尚小，不堪远行，家中一个远房亲戚叫乔工叔叔的，便把两个小孩分装在一担箩筐里，晃晃悠悠挑到了码头。小孩子懵懂尚不理事，在小箩筐里新奇地张望着大小船只，只顾招呼哥哥姐姐赶快跟上；妈妈迈着小脚，挎着个布包袱艰难地跟着，一路直抹眼泪。就在箩筐的颠簸中，钟群鹏告别了童年，开启了自己的少年时代。

幸好钟群鹏家及时撤离了，丰惠镇后来果然落下了雨点般的炸弹。钟骏元的二哥钟骏地刚刚在丰惠老街上开了一家米店，还未开张，日军的飞机就呼啸而来，投下炸弹把米店给炸了。上虞丰惠镇胡愈之家也未能幸免，1940年4月28日，上虞遭日军飞机轰炸，当天在丰惠镇炸死炸伤居民80多人，炸毁商店29家、民房44间，其中就包括胡愈之的老宅。1941年5月24日，日军第一次进袭丰惠镇，当天将县国民政府机关全部用房烧毁，共计483间。1941年10月10日，日军再次袭击丰惠镇，国民党当局闻风而逃，不打自退。当日，上虞沦陷。此后，日军在上虞各地烧杀奸淫，横行无忌。①

此时，钟骏元已经带着家小在乐清安顿下来，担任了乐清县看守所所长。尽管乐清比上虞更为偏远一些，但覆巢之下，岂有完卵，不久乐清也开始遭到日军的轰炸。1938年，日军汽艇开始侵入乐清湾海面，进行游弋侦察活动。1939年4月19日，日军舰艇对乐清湾沿岸乡镇发动炮击，继而又用舰载飞机进行轰炸，直至1943年3月，连续5年时断时续狂轰滥炸，乐清湾沿岸各乡镇至乐清县城甚至内地部分乡镇深受其害，民无宁日。

1942年6月2日，日军开始从陆上进袭乐清。当日，4艘日军军舰驶抵东山埠外，日军50余人分别从清江渡头和上埠头登陆，肆行抢劫财物，焚烧街市民房，2小时后撤走。其后在7月16日，200余名日军又从永嘉

---

① 绍兴抗战大事记。抗日战争纪念网，2017-10-23。

乌牛入侵乐清瑶头、白象等地，四处抢掠，奸淫妇女，杀人放火，至 8 月 10 日撤离，历时 20 余日，史称"七一六"事变。

尽管笼罩在战争的阴云之下，但诗书传家的钟家在搬到乐清之初，还是没耽误钟群鹏的学业。1941 年 1 月，钟群鹏在浙江省乐清县私立乐成小学就读，开始了少年求学生涯。但好景不长，到 1943 年，由于日军已经数次登陆乐清，国民政府机构决定成建制地一起搬迁。钟群鹏父亲就职的看守所与国民政府的各部门一起，在 1943 年初夏开始整体撤离。钟骏元一家随政府机构辗转近百里，来到了较为偏僻的乐清东北部的大荆镇，在此暂住了一年多。

在大荆镇刚刚站稳脚跟，钟群鹏便插班至当地的大荆小学，读了三、四年级。大荆小学是由当地贤达曹文升先生于 1902 年创立的现代小学，20 世纪二三十年代，大荆小学开设了十多门课程，教育教学质量很高，被浙江省教育厅传令嘉奖。1943 年前后，随着逃难者纷至沓来，学生人数骤增。钟群鹏入学时，学校有 6 个年级 500 多人，开设国语、算术、自然、社会、艺术、音乐、体育等科目。在学校，教师蒋天骏作词的校歌经一年传唱，已经风行校园："我学校背山面水，风景天然好。大家来聚首一堂，求学趁年少。愿同学精神奋发，志气要崇高。须知道国家兴亡，责任在吾曹。"催人奋进的歌曲，给流亡中的钟群鹏以激励；校园里的金桂和罗汉松，给忐忑中的钟群鹏以抚慰。

回忆起那段日子，钟群鹏印象最深的有两件事情。一是学校考务管理松懈，有"神通广大"的小学生买通印考卷的门房老师，偷拿一张考卷出来，自己不会做，就请钟群鹏替做。当时钟群鹏文科不好，数学却是拿手，替做数学卷子往往能得高分。二是钟群鹏有个叫小阮的同学，胆子很大，敢从高高的桥上直直地跳下河去。这让钟群鹏十分佩服，于是自己也开始悄悄下河，自学游泳，后来几次溺水，差点出大事。

1986 年，念旧的钟群鹏曾回到大荆探访昔日的小学，追思过往岁月，校园自然已经物是人非、面目不同了。他给校长写了封信，表明了烽火年代的老校友对母校的情谊。2002 年秋，大荆小学百年校庆之时，钟群鹏被列在早期校友名单中。① 他应邀为大荆小学百年校庆纪念册题词，欣然写下"教育的典范 人才的摇篮——庆贺乐清市大荆中心小学百年华诞"的由衷之语。

短暂的校园生活很快就又被战争打断。1944年的一天，忽然传来一个消息："日本人到了虹桥②，正在往周边挺进。"虹桥区与钟家所在的大荆镇仅几里之遥，消息在大荆镇引起一片恐慌，人们纷纷逃离。钟群鹏一家匆匆收拾一下，也开始往山里更偏僻的乡村跑。出门时已是半夜，一家人相互扶携，在田地里深一脚浅一脚地奔走。灯也不敢点，黑暗之中不时有人跌倒，几乎人人带伤。尤其是钟群鹏的母亲，旧时裹过脚，尖尖的小脚插在田里，一会儿就鲜血淋漓，简直不知道是怎么走过来的。父亲因为抽烟时常咳嗽，尽力憋着可也憋不住，静夜中咳得人心惊肉跳。钟群鹏紧张得睡意全无，颠着碎步跟着走，生怕黑灯瞎火里掉队。后来听说，日本人就从附近的田里经过，钟家几乎是和日本人擦肩而过，真算得上是死里逃生。

总算是逃了出去，来到黄岩边上一个叫"湖边"的地方。一路逃难，缺衣少食，一家人在山里风餐露宿，夜里打地铺睡觉，卫生条件很差，全家都得了疥疮，皮肤溃烂，浑身瘙痒得睡不着觉。

屋漏偏逢连夜雨。夜半逃难之后，回到大荆镇，钟骏元又受命押解看守所的犯人进行迁移。大荆镇本来就是暂住之地，看守所条件极为简陋，战乱之中，转移罪犯谈何容易？整个转移过程一片混乱，路上不时有犯人越狱潜逃。钟骏元派人去追，大半逃无所踪，即便抓回来一些，瘫坐在地，衣衫褴褛，抱头痛哭，情状凄惨。再加上被押犯人许多只是普通乡民，因无钱交税而坐牢，钟骏元看着实在可怜，于是又给放了。战后，钟骏元因犯人越狱一事遭到政府弹劾追责，最终又丢了差事。这下又没了收入，乱世罹难之际，一家人再次陷入衣食无着的境地。

---

① 大荆镇中心小学。《百年校庆纪念册》，2002年。内部资料。

② 虹桥镇，隶属于浙江省温州市乐清市，地处乐清市中部。

离魂尤有算筹策

俗话说，人离乡贱。从 1939 年离开丰惠镇来到乐清，在战争阴云的笼罩下，钟群鹏一家的生活极不安定。回忆起那段时期的生活，钟群鹏脑中显现更多的就是"苦难"二字。而这个"苦难"不仅指时不时的轰炸和几次惊险万分的逃难，还包括几件几乎伤及自己性命的事。

第一件事就是小时候的一次"发疯"经历。

1940 年春，刚搬到乐清不久，还没上学的钟群鹏和弟弟整天在附近的田野山沟玩耍。这一天，他们在家旁边的一条大沟边玩，钟群鹏偏要逞能跳过这条大沟，可人小腿短，一不小心掉进沟里，脑袋磕在石头上，鲜血直流。县里缺医少药，只做了止血消炎的处理，看钟群鹏还能说话走路、意识清醒，家里并未意识到这一摔其实已经让钟群鹏得了严重的脑震荡。

"严重到什么程度呢？就疯了，疯了一个多月。"[1] 对于这一摔，钟群鹏至今想起来还是心有余悸，"6 岁多脑门上那个伤，到现在摸上去，依然鼓起来一块、凹下去一块，还有痕迹。"

此后，钟群鹏便开始"发疯"了。不过，钟群鹏这种疯是"文疯"不是"武疯"。日常也没有什么打人咬人的暴力行径，只是常常发呆，迷迷糊糊，还老是跑到野外跪着，好像在求神拜佛。钟群鹏这种反常的行为让家人担心不已，赶紧为他寻医问药，请了当地的西医来问诊。大夫看完也是连连摇头，说这孩子恐怕要"废了"，临走时偶然说了一句："也许这孩子练练数学，脑子能好些。"

大夫的一句戏言却让家里人如聆福音，开始鼓动钟群鹏学习数学。当时没人教，母亲就让他练习数数。于是，钟群鹏就从 12345 数起，之后再练加减乘除，几乎走到哪儿练到哪儿。过了一个多月，脑震荡竟然奇迹般地康复了！从此，他对数学演算乐此不疲。

---

[1] 钟群鹏访谈，2018 年 11 月 16 日，北京。资料存于采集工程数据库。

后来，钟群鹏还跟着大哥钟一鹏学数学。大哥比他年长 12 岁，成绩优异，非常努力，从百年名校春晖中学毕业后，考入浙江大学化工系。一次，上大学的大哥假期回来在家做作业，身边放了一本微积分的课本，钟群鹏看到就好奇地问："大哥，你的书里面蝌蚪一样的是什么东西？"大哥逗他说："这是微积分的符号，大学生才学的哦，你要啊？我给你一本。"钟群鹏捧着这本"天书"翻来覆去地看，但不知道什么意思、怎么个算法。大哥便指点他说："所有东西摞在一起是积分，所有东西越分越小是微分。"大哥抽空教他一些公式、算法。这段经历不仅激起了钟群鹏对数学的强烈兴趣，还为他奠定了坚实的数学基础。后来，钟群鹏考上大学，一次数学考试考二元积分算面积，他错看成了三元积分，于是算了旋转体体积。当时的辅导老师叫袁博纯，改完卷子就叫钟群鹏单独谈话。钟群鹏当时还有些惴惴不安，以为有什么麻烦事，谁知袁老师却说："你已经超过我们教的了，应该得 5+！"①

第二件事就是小时候接连三次溺水的危险经历。

乐清临海，又有两条河绕城而过，孩子们下水游泳是家常便饭。刚到乐清，钟群鹏就经常在水里嬉戏。没人教游泳，全靠自己瞎扑腾。刚刚学会"狗刨"，就不知深浅地往深水区游。一次，人到深水区一不小心就沉入河底，此时周围空无一人，真是危险万分。幸好钟群鹏心里还算淡定，知道岸的方向在哪儿，他就站在水底，一步步往岸边走，终于走出来了。

后来逃难到大荆镇，有一次，弟弟钟寿鹏在深水潭溺水，钟群鹏情急之下想也没想，立刻跳入深潭去救弟弟，可他也是"泥菩萨过河自身难保"，还没游到弟弟身边已经支撑不住了。姐姐钟康寿在旁边，也立即跳了进去，结果也被困在水中危在旦夕。眼看三姐弟命悬一线，此时恰好有人路过，跳进水里把他们都救了出来。面对救命恩人，孩子们吐完水强撑起来磕头作揖，真是都吓坏了。救命恩人回家后，发现手表坏了，父亲还赔了钱。此后，这块"救命"的手表放在钟家很多年。

---

① 钟群鹏访谈，2018 年 11 月 23 日，北京。资料存于采集工程数据库。

1948 年，举家迁往金华的途中，钟群鹏第三次在水里遇险。那时路过青田县，他又下河游泳，却被水带离岸边，怎么也游不回来，于是便顺着水流漂，后来漂到河流宽阔处，离岸流没那么强的时候，勉强才游回岸边，再次死里逃生。

钟群鹏后来回忆这三次溺水经历，心里颇多感慨。"艰难困苦，玉汝于成"，也许正是多灾多难的儿时经历造就了钟群鹏坚毅沉稳、百折不挠的性格，也为他后来在失效分析领域的成功创业奠定了坚实基础。

当然，在乐清的生活也不全是艰苦，点缀其间的也有"少年不识愁滋味"的欢乐瞬间。

乐清县虽小，但历史却极为悠久。远在四千年前，东瓯先民即在此繁衍生息，留下很多石器文物。晋宁康二年（374 年），分永嘉郡之永宁县置乐成县，属永嘉郡，乐清建县从此开始。靠山面海，乐清物产丰富，尤其海产品多，钟家餐桌上经常有鱼吃："小时候聪明、记忆力好，可能跟这有关系。"

在乐清的几年，大人也没空管孩子，各家都是"放养"。钟群鹏经常和弟弟在县城到处乱跑，打鸟捉蟹。哥俩的弹弓尤其打得熟练，准头很好，有时打伤的鸟儿挣扎着。母亲见了批评他们："阿弥陀佛，造孽啊！"后来，他们就收敛了些。有一次，小群鹏听见很高的树上有一只布谷鸟在叫，小小年纪眼疾手快，一个石子打上去，布谷鸟噗啦噗啦掉下来，脑袋开了花。他想起母亲的话，又想起自己"开过花"的脑袋，突然觉得这小鸟好可怜，此后就不打鸟了。

哥俩捉鱼摸虾的本事也不小，常常是把小河两头用泥堵起一段，拿盆泼干净里面的水，然后瓮中捉鳖抓鱼蟹。有时半夜三更起来抓虾，把竹签用绳子扎紧捆成一排，悄声到河里，虾很多，夜里会到河埠头觅食，哥俩一打灯，突然用竹签扎下去，就能扎上虾来。

由于小时候成天在外面瞎跑，钟群鹏的皮肤被晒得黝黑。后来有人问他为什么这么黑，他还煞有介事地逗人家说："劳动人民嘛，土改、'四清'在农田劳动晒黑的。""四清"那时候确实也没少晒，但归根结底还是从小就黑呀！

寄身佛堂历风雨

1944年9月9日，日军由金华南下占领温州。11月16日，乐清县城沦陷。这时，钟群鹏一家已经逃到大荆避难。1945年6月下旬，日军败退撤离了乐清县城，钟群鹏一家随后重返乐清。9月2日，钟群鹏走在街上，突然听到令人振奋的消息说："抗日战争胜利了！"又见有人在路上手舞足蹈狂喊："日本鬼子投降了！"乍听之下，钟群鹏和街上的行人一样感到难以置信，猛醒之后，心里那个高兴，跳啊乐啊，让泪水恣意流淌，让心绪高高飘扬。

抗战虽然胜利，苦难的日子却远没有结束。刚回乐清，战时犯人越狱的事情还未被人告发，钟骏元重操旧业又当了县看守所所长。此时乐清一片狼藉，民生凋敝，钟俊元的住所已荡然无存，一家人无处可居。亏得钟俊元此前与城隍庙住持有些交情，得主持接济，让他们在此借住。从1945年到1948年，整整三年，钟家一直借住在乐清的城隍庙。

乐清城隍庙建于何时，史无所载，寺庙原址坐落在乐清凤凰山麓、西溪汇头北首，香火一直鼎盛。抗战期间，城隍庙侥幸得以保存，但也残破不堪。钟群鹏记得，城隍庙后面有两排厢房，住持带着夫人和两个儿子住一套，钟家住一套。钟家的厢房有两间卧房，平时父母一间，钟群鹏和弟弟住一间，一旦哥哥姐姐们回来，一家人住不下，就得挤在过道打地铺。

住处虽然逼仄，但总算稳定下来，父母就开始考虑孩子们的学业了，安排钟群鹏重新进入私立乐成小学读书。1947年2月，钟群鹏从乐成小学毕业，

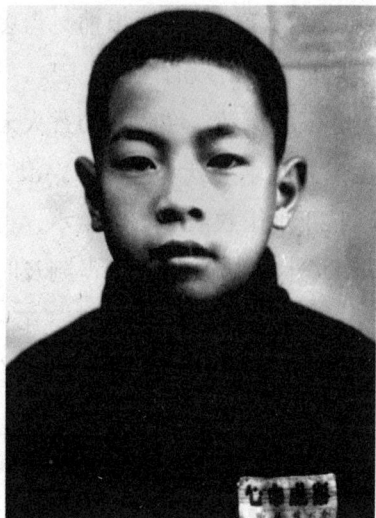

图 1-6　1947年，钟群鹏小学毕业照（钟群鹏提供）

随后又考入乐清县私立乐成中学就读，直到 1948 年 7 月上初二时，钟群鹏一家随父亲迁往浙江金华为止，整整三年，钟群鹏的学业一直没有中断。

对于寄住城隍庙这三年的经历，钟群鹏有着深刻的印象，他后来回忆说："我的别名叫怀佛。住在寺庙，也许就是让我增加历练，更加心怀佛家慈悲之心。"① 事实上，钟家一直有用出生地给孩子起别名的习惯，钟群鹏大哥钟一鹏出生在上海又名怀申，二哥钟幼鹏出生在北京又名怀京，都是根据出生地取的别名。钟群鹏因为出生在佛堂镇，因此父亲给他起了个别名叫怀佛，这个名字既有怀念出生地佛堂镇的寓意，也时时提醒着他要慈悲为怀。钟群鹏的母亲是虔诚的佛教徒，一生信佛向善，受母亲影响，钟群鹏自小也有慈悲之心。冥冥中似有天意，让钟群鹏有了寄住佛堂三年的特殊经历。而这三年，让钟群鹏更加接近劳苦大众，让他不仅看清了旧社会腐朽的本质，更种下爱国、自立和善良的种子。用钟群鹏自己的话说："三年的生活感受无穷！"

城隍庙里供奉着城隍神，有保城护民、惩恶扬善、祛除灾厄之职能，越是多灾多难的时代越是香火鼎盛。战争之后，积贫积弱，疾病流行，老百姓得了重病无钱医治，有的就来求城隍爷，找住持求个好签，没钱买药，只是用纸包着些香灰带回去。钟群鹏住在庙中，好奇心重，还跟着住持学做法事。这样的事情见得多了，也知道香灰无用，怜悯这些求神拜佛人之余，也对政府愈发失望。

民生凋敝，城隍庙的香火无法维持日常生活，住持便也务农，当有施主来烧香求神就念经画符，没人来就下地干活。1946 年，乐清霍乱蔓延，住持下地干农活时喝了生水，得了霍乱病。当时乐清虽有教会医院，但只有两位医生，住持没有得到及时的救治，病情发展极为迅速，在屋里躺了一天，第二日就不幸病逝。第一次见到一个活生生的人在自己面前死去，这件事对钟群鹏内心有着极大的震撼，这让他对这离乱的旧社会的失望更重了几分。

住持病逝，他的家人更是悲痛不已。住持的老婆为了生计，便想让自

---

① 钟群鹏访谈，2019 年 4 月 25 日，北京。资料存于采集工程数据库。

己的小儿子接班，负责庙里的营生。小儿子才12岁，比钟群鹏还小一岁，一个不谙世事的孩子，哪里想过要子承父业当什么住持。但架不住母亲的哭哭啼啼、连打带骂，无奈之下小儿子心不甘、情不愿地成了城隍庙新的住持，从此穿着老住持宽宽大大的道袍，失去了在外玩耍的少年稚气，照葫芦画瓢地模仿他爹的做派，时不时念念经、派发香灰，替家里挣点香火钱。看着这个平时一起玩耍的小伙伴一板一眼地做起了法事，钟群鹏开始还觉得好笑，可笑过之后内心却满是苍凉。乱世求生，一个小小孩童懵懂无知，自身都难保，如何去保佑那些求神拜佛的香客呀！

钟群鹏于1986年重回乐清故地时，还专程去寻找当年的城隍庙小住持。可惜城隍庙早已搬迁到了隐龙庙，小住持也于十年前英年早逝。钟群鹏寻访旧友、追忆少年时光的打算落空。看着物是人非的城隍庙，已身为教授的他感叹人世沧桑：城隍庙的小住持，你为别人做法事消灾祛病，为何没有保护好自己？

不过，回乐清故地访友，也并非一无所获。城隍庙寄住三年，钟群鹏跟后山上的小庙结了一份善缘。那时，城隍庙后山的小庙住着一个和尚，常常衣食无着，钟群鹏有时便伙同弟弟，瞒着父母把家里的米"偷"些出来，给庙里的和尚送去。1986年重回乐清，小住持没找到，却找到了当年后山的小庙，庙中的和尚幸而还健在，已然80多岁了。当时，钟群鹏高兴地拉着老和尚的手问："还记不记得当时有两个孩子给你米吃？"老和尚说："你是谁？"钟群鹏露出当年一样稚气的笑容说："我就是那个送米的孩子。"老和尚使劲握着他的手，感动地说："施主啊，你慈善为怀啊，你菩萨保佑啊！"[①] 久别重逢的一刻，无比亲切，令人感怀。

钟家在乐清一住就是8年，虽然其间也经历了到大荆镇和黄岩乡村的再次逃难，但多数时间都住在这个相对荒僻的小县城里。钟群鹏视乐清为第二故乡，在那里他从小学上到初中二年级，度过了少年时期。

在乐清的这些年，一家人艰难度日，生活单调清苦。钟群鹏除了日常和弟弟以及同龄的小朋友结伴嬉戏、漫山遍野地玩耍之外，几乎就没有参

---

① 钟群鹏访谈，2018年11月23日，北京。资料存于采集工程数据库。

图 1-7　1986 年 4 月，钟群鹏（左 5）重回乐清时与老师们合影（钟群鹏提供）

加过什么文艺活动，唯一的一次就是看了场京戏。戏台上演员那醒目的脸谱几乎就是儿时生活最亮丽的色彩。另外，每年还有三天庙会，吃的玩的东西很多，热热闹闹的场景让他十分开心。地处偏僻小县，那时的钟群鹏还谈不上什么眼界见识，长到 14 岁，他还没吃过香蕉，没看过火车。"火车是后来去金华才看见，香蕉是二哥去海事学校后带回来一挂才第一次吃到。"

　　不过，钟群鹏历经抗战岁月，心中已经有了家国情怀，加之父亲总在教育子女"科学救国"，钟群鹏心中也有学好科学的强烈念头，只是究竟要学什么，心里还没个定数。当时县政府警卫班里有辆开不动的汽车，每个月推出来，在县政府门口洗洗晒晒。他就去围观，感觉很好奇，心中隐隐约约有了学习机械报效祖国的念头。只是那时的钟群鹏还没有想到，金属、机械、材料会真的成为自己毕生奋斗的领域。

第二章
激情少年——韶华不负青云志

富有远见的父亲坚守"科学救国，从事科学工作，振兴中国"的家训，生活再艰苦，也没有耽误家里孩子的学业。新中国成立之后，钟群鹏的兄弟和姐姐都参加了革命工作。受此影响，少年钟群鹏也努力学习，积极投身革命，因表现出色，被团中央选中，以调干生的身份投考北京航空学院，圆了自己从小立下的科学救国的青云之志。

乐中学习是起点

1948 年，钟群鹏一家再次遭遇重大变故，不得不从已生活 8 年之久的乐清搬离，远赴金华求生。

事情还要从 1944 年钟骏元带领看守所犯人转移说起。当时，在兵荒马乱的逃难途中，发生了多起犯人越狱的事件，由于是战时，国民政府无暇顾及。战后不久，乐清县政府重整秩序后，这件事情就被挖出来秋后算账，钟骏元也因此被撤职查办。

事实上，战争期间类似的事情很多，而钟骏元却因此受到惩治，恐怕与他平时疾恶如仇的脾气秉性和糟糕的人事关系分不开。1948年前后，国共两军正兵戎相见，打得火热，而在国民政府工作的钟骏元对于内战却颇有微词，而且日常对政治斗争和机巧钻营也没有兴趣。他虽于国民党高级警官学校毕业，却一直没有加入国民党。日常工作，与当地乡绅关系又不好，热衷于抓赌抓嫖、打击乡绅，不知道得罪了多少人。虽然工作勤勉，却总是被多方弹劾，在哪一个地方都干不长久，职务也是越来越低。这次的犯人越狱事件，就被人抓住把柄。1947年前后，钟骏元被撤职查办期间，还不断遭遇各种调查、批评、检查，甚至还被起诉到了法院，由国民政府温州市永嘉法院和检察院审理其渎职案。钟骏元也因此前往温州接受调查、说明情由，眼看就要有牢狱之灾。

幸好，钟骏元在中央警官学校还有一二好友，在关键时刻为其说情，说："虽有过错，但无故意，情非得已，情有可原。"当时，类似的事情多如牛毛，有人说情，上面也就顺水推舟，免于起诉，给了个"撤职查办"的处分，此后就再也没有在国民政府军警部门任职。父亲丢了差事，对家里打击颇大。

钟骏元被撤职查办，在乐清已无法立足，只好另想办法求职谋生。当时，钟骏元和金华一个县长有些交情，便决定举家前去投奔。随后，一家人开始变卖家产做迁居金华的准备，而准备期间最重要的事情之一，就是给还在乐清上初中的钟群鹏和钟寿鹏办理转学手续。

此时，已经是1948年6月。钟群鹏当时正在乐清县私立乐成中学上初二。7月1日，乐成中学为钟群鹏开具了转学证明，盖了校长王亦文的章，列出的三学期所学初中课程，有国文、英语、公民、算学、地理、历史、音乐、国画、博物等科目，最高分是算学、历史，都得过87分，国文、国画最低，都得过63分。

钟群鹏对乐成中学还是很有感情的，因为这是钟家四子女都就读过的学校。他在学校不太活跃，没交什么好友，但老师却都认得他。记得有一次考地理，监考老师看到他错漏较多，忍不住说："群鹏啊，你这地理可没幼鹏学得好。"数学老师倒是对他大加赞赏，说："你这数学最有天分，咋学的呢？"他记得音乐老师教唱20世纪30年代的歌，《渔光曲》唱得如泣如诉、余音绕梁，仿佛浮现出优美动人的海景，亦有贫寒和悲伤流淌，令他感到同病相怜，久久难忘。老师也用音乐进行革命启蒙教育，铿锵有力地指挥童声演唱："你你你，你这个坏东西，市面上日常用品不够用，你一大批、一大批囤积在家里，只管你发财肥自己……"①

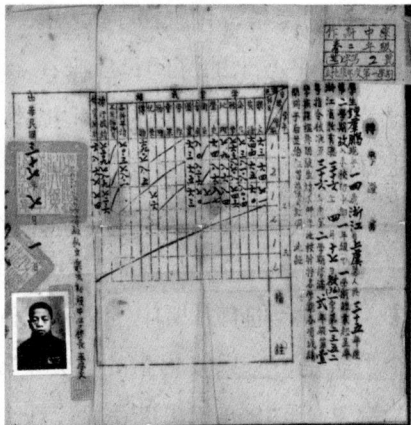

图 2-1　1948 年 7 月 1 日，乐成中学为钟群鹏开具的转学证明（钟群鹏提供）

2019 年底，乐清中学（前身为乐成中学）80 周年校庆之际，校领导一行七人来到钟群鹏家，请他为一栋教学楼题名为"三好楼"。钟群鹏兴之所至，还吟了两句打油诗："兄姐四人皆校友，乐中学习是起点。"对他而言，乐成中学算得上是之后考上大学、科学救国之路真正的起点。

做好了一切准备，钟骏元一家五口（大哥此时已经大学毕业，在丽水中学当化学教员，二哥在武汉工作）从乐清出发，先坐船后坐车，经青田、丽水、永康到了金华。

钟骏元最初到金华是去投奔县长，但他还有熟人在福建省政府当官，于是临时把家小安置在金华一个小旅馆里，远赴福建寻找机会。福建的朋友倒是愿意帮忙，想委任他当公安分局局长。但钟骏元此时已对国民党军警系统彻底失望，不愿赴任，没接委任状就回了金华。而此时金华的朋友也因为一些原因没法给他安排工作，钟俊元一时无事可做。后来，好歹寻了个差事，是在国民政府下辖的一个田粮处担任督征员（相当于科员的职务），要到乡下催粮催款。快 50 岁的人了，钟骏元还要挨村挨户、跋山涉水地去征收粮食和税款。国民党税多，被讽刺为"万税"，本来就遭村民讨厌、诸事难办，钟骏元腿脚又不利索，遇到抗缴拖缴的尤其难缠，这份工作真是又危险又辛苦，但好歹也算是勉强有一份微薄的工资可以养活全家。

---

① 钟群鹏访谈，2018 年 11 月 16 日，北京。资料存于采集工程数据库。

初到金华，钟家搬了 5 次家。最初住在半座墙立在江里的小旅馆，一家住 11 平方米的房间；后来在金华几个牌坊间搬家，住宿条件也是越来越差。其中主要租住在三牌坊 49 号，一间小房里摆三张床，全家只有一张方台吃饭用，其他什么也没有。他们还和老百姓合住过过道房。

波折再多，好歹也是安定下来，家人又开始张罗钟群鹏和弟弟的学业。此时，钟群鹏该上初二，弟弟也要上初一，两人要在金华择校插班读书。当时金华有几所中学，金华省立中学是名校，但不接受插班生。还有个中学是一所只收男生的教会学校，叫"作新中学"，是当地最早的"洋学堂"，于 1898 年由美籍女传教士李福丽创设，教学质量比较高，可以接收插班生。于是，钟群鹏和弟弟参加作新中学入学考试。学校要求较为严格，考试的科目有数学、化学、语文、英语等，择优录取，想考进去并不容易。对这次考试，钟群鹏印象很深：

> 我语文成绩不好，靠了数学高分，平均下来才好一点，勉强合格。我们哥俩同时去插班考试，我考上被录取了，弟弟却落了榜。家人说了各种理由想让学校收下弟弟，求了好久，学校就是不收。弟弟本来脾气就大，这时更是生气，当下就走了。[①]

后来弟弟进了农机学校，钟群鹏则于 1948 年 8 月插班入学作新中学，续读了一年半的初中。

作新中学这一届有两个班，钟群鹏隶属甲班。由于是走读，下课了他就匆匆回家，还经常一边走一边看书，视力逐渐下降。钟群鹏在学校不爱说话，结交的朋友也少，初来乍到对当地方言听不懂，也讲不好。他在乐清 8 年学会讲一口比外语还难懂的温州话，金华的同学自然也听不懂。插班到教会学校，课业难度增大，他努力听讲，一心投入学习，成绩逐渐提高，毕业时已经名列前茅。毕业时按成绩排名，钟群鹏排在第 8 名，毕业证的编号也是 8。

---

① 钟群鹏访谈，2018 年 11 月 23 日，北京。资料存于采集工程数据库。

解放初期就建团

1949 年 5 月 7 日，中国人民解放军第二野战军第 3 兵团第 12 军所部抵近金华，金华县宣告解放。新旧政权交替之时，钟群鹏家也发生了几件大事。

第一件事就是父亲钟骏元再次失业。

新的人民政府刚成立，类似钟骏元这样历史复杂又当过国民党军政要职的人，自然属于清查之列，被辞退了工作，赋闲在家。这下，钟家又少了收入来源，日子越发难过。姐姐钟康寿从乐成中学毕业后，先是到乐清农村一个小学当教员，后随父亲来到金华，在国民政府谋了个小职员的岗位，新中国成立后被新政府继续留用，属于县政府工作人员。当时是供给制，钟群鹏一家全靠姐姐每月 100 斤小米的工资度日，家里经常揭不开锅。

第二件事倒是喜事，钟家的孩子们都积极要求进步，新中国成立后纷纷参加革命工作。

大哥钟一鹏毕业于浙江大学化学工程系，在丽水中学教书三年后，于 1949 年 5 月丽水解放时弃教参军，跟随新入城的解放军南下战斗，隶属第二野战军。二哥钟幼鹏也是军人身份，从海事学校毕业后在武汉地区军政大学工作过，1949 年 5 月解放军强渡长江、解放武汉后，钟幼鹏作为领导秘书在武汉水利系统长江局（称为汉口军管委交通部）工作，隶属第四野战军。农校的弟弟钟寿鹏也弃学从军加入了 35 军，隶属第三野战军；35 军于 1950 年 1 月撤销番号，军部调归海军，钟寿鹏在福建海军部队担任舰艇艇长，职衔为准尉；复员后转到金华军管会卫生部工作，后来去上海海军卫生部疗养队参加学习，后调入绍兴塑料厂当工人。由于三兄弟都是新中国成立前参加工作的老革命，在退休后都享受了离休待遇。

金华县政府曾于 1949 年 10 月发给钟家军证，即革命军人家属证，并于 1953 年 2 月 18 日给钟家写来证明信一封，再次证明钟骏元家"长次幼

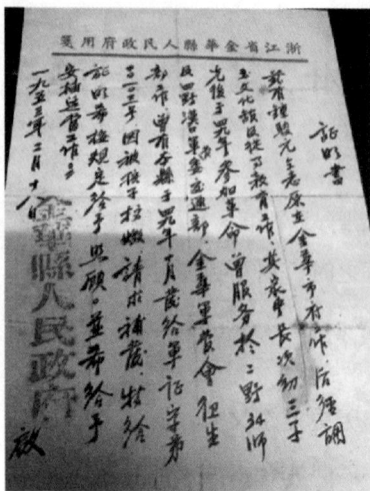

图 2-2　1953 年，金华县政府给钟家的军属证明信（钟群鹏提供）

三子先后于 1949 年参加革命，曾服务于二野 34 师及四野汉口军管委交通部、金华军管会卫生部"。金华市政府还给钟家颁发了"光荣之家"的牌匾，上书钟一鹏、钟幼鹏、钟秀鹏（弟弟后改名秀鹏）三兄弟的名字，被父亲视为珍宝，走到哪儿带到哪儿，至今依然高悬于鹏传源祖居。

第三件事就是钟群鹏于 1950 年 1 月 9 日，在浙江省作新中学加入中国新民主主义青年团，也成了家里的革命积极分子。

尽管还是一名初中生，但受时势感召和哥哥姐姐的激励，钟群鹏的心中也萌动了革命的热情。1949 年底的一天，他在学校看见一个布告，上面写着要建立中国新民主主义青年团，有兴趣的年轻人可以去某个小楼上参加座谈会。这可是一个好机会，钟群鹏参加了座谈会，在会上还作了发言，列举了哥哥姐姐追求进步的相关情况，说"我们家都革命了，就我吃白饭"，并表示"我也要参加革命"。当时，金华团市委的组织员叫刘保淦，在座谈会上看中了这个朴实的小伙子，对钟群鹏说："你还行，你们家也不错。"就让钟群鹏填了入团申请书。1950 年 1 月 9 日，钟群鹏正式加入新民主主义青年团。① 如今，钟群鹏还在家里保留了一枚团徽，他一直

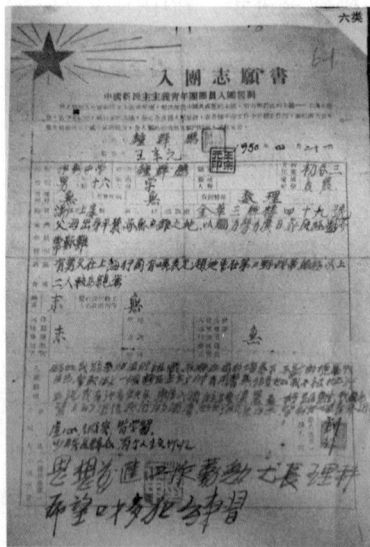

图 2-3　1950 年，钟群鹏入团志愿书（资料来源：北航档案馆）

---

① 钟群鹏访谈，2018 年 11 月 16 日，北京。资料存于采集工程数据库。

记得这是自己人生成长的起点。

发展了新团员，作新中学成立了首届团支部，钟群鹏荣任宣传委员，算是加入革命者的行列，这让他有了一份小小的成就感。当时共青团员流行戴学校的"青锋"纪念章，意为有志争当青年先锋，钟群鹏心心念念也想要一枚"青锋"章当作毕业和入团的纪念。纪念章需要用 30 斤小米换，父母开始觉得太贵不舍得，但最后还是被钟群鹏说服了，为他换了这枚纪念章。

入团的当月，钟群鹏也正式从作新中学毕业。尽管在作新中学只上了一年半的学，但这里是他从事革命工作的起点，他对作新中学充满了感激之情。1986 年钟群鹏还曾经回母校参观，此时作新中学已经更名为金华县第五中学。2018 年金华五中 120 周年校庆之际，钟群鹏还欣然提笔写了一首打油诗，最后几句是：

解放初期就建团，首届支部当委员；
青锋徽章常怀念，成长道路做起点。

第四件事是钟群鹏参加金华地区的团干部训练班，为家里挣了一袋小米。

从作新中学初中部正式毕业后，钟群鹏开始放寒假。此时家里已经是上顿不接下顿，钟群鹏觉得待在家里吃白饭不是个事，也想为家里出一份力。恰在此时，一个机会来了，金华地区要举办团干部训练班，作为团员骨干他可以报名参加，而训练班是供给制，管饭。钟群鹏便报名参加了金华地区的团干部训练班。

报到的那天，钟群鹏傍晚才到达干部训练班，已经错过了饭点。他一个人坐在空荡荡的饭厅，吃了父亲给他带的一个咸鸭蛋。少年第一次独自离家，在陌生的环境里一个人吃饭，百感交集，边吃边哭。结果被干部训练班的政委看见了，整个训练班仅有 40 多人，政委很快就记住了这个一来就哭鼻子的小男孩。

训练班主要是进行团知识的学习，每天都能吃饱饭，钟群鹏心里很

图 2-4 1950 年 1 月，钟群鹏初中毕业证书
（钟群鹏提供）

舒坦。每天早上还合唱《东方红》《大海航行靠舵手》等革命歌曲（如今他一听这些歌就倍感亲切，想起干部训练班）。两天以后，政委找他谈话。政委是个老干部，很关切地问道："看你身体弱、年龄小，在这里过得还适应吗？将来想干什么呀？"

钟群鹏这时也才 16 岁，并不懂如何得体地表达，只是老老实实地回答说："这里好啊，有饭吃，能学习提高。现在家里没米下锅，我来弄几口饭度过这个寒假，以后还要回去上学。"团政委说："咱们这个训练班是培养干部的，以后要到地方上工作当干部，你愿意吗？"钟群鹏此时很有主意地说："我上完学以后再来当干部。"

没过几天，钟群鹏便被告知让他先回去继续学习，以后有机会再来参训，实际上是把他从训练班辞退了。这次参加团干部训练班，一共也才培训了一个礼拜。但是考虑到钟群鹏的实际困难，临走经政委批准，领导贴心地送给他一袋米。背起这袋米，钟群鹏走得很兴奋，回到家他告诉父亲："这一袋米是干训班挣的工资。"实际上是干训班发给他家的救济粮。不过，这袋米可算是救了急，钟群鹏因此安度了一个寒假。[1]

第五件事是钟群鹏寒假过后，考入浙江省金华县省立中学高中部，并于 1950 年 3 月正式入学。

省立金华中学创办于 1902 年，是现在金华一中的前身，培养过很多杰出人才，当时是金华人心中最心仪的学校。[2]钟群鹏当时以第 25 名的成绩考入金华中学。刚一入学，由于学习成绩好，又参加过干训班，钟群鹏受到重用，担任了整个高中部的团支部书记。此后，他又参加了第二次团干部训练班，是金华、衢州、丽水三个专区的团支部骨干训练班。在干训

---

[1] 钟群鹏访谈，2018 年 11 月 16 日，北京。资料存于采集工程数据库。
[2] 金华市教育志编撰委员会：《金华市教育志》。杭州：浙江人民出版社，1993 年。

班里，钟群鹏还当了个组长。在此期间，他较为系统地学习了党和团的知识，政治思想觉悟不断提升。在担任组长期间，还锻炼了演讲、总结的能力，这对此前性格腼腆、不善言辞的钟群鹏来说，具有极大的帮助。

在担任金华中学团支部书记期间，钟群鹏处处以身作则，得到了全方位的锻炼。他不仅学习成绩始终出色，而且积极参加各种劳动。他义务参加修建金华运河工程，在工地干活十分努力，工程结束时还被评为勤工俭学模范。

团校培训志更坚

高中期间，由于积极参加团的各项活动，钟群鹏初步树立了革命人生观，有了报效国家的思想。1951年暑假，由于朝鲜战争的需要，军方在金华中学招收飞行员。受抗美援朝的宣传和保家卫国思想的影响，钟群鹏带着一腔豪情，毅然带头报名。不过，热血豪情抵不过现实残酷，由于身体原因，钟群鹏遗憾落选。此时，他的眼睛已经有了200度的近视，额头上还有明显的疤痕，这显然不符合招飞的基本条件。尽管钟群鹏软磨硬泡，一再表示愿意参加革命积极从军，但招飞的工作人员一点也不通融：身体不行，哪怕你是团支书，政治条件再过硬，也通不过。钟群鹏满腔的报国热情无处可施，既懊恼又无奈。

然而，没过多久，事情就有了转机。暑假刚过，钟群鹏就接到通知，浙江省保送优秀团干部去中央团校培训。据说，接受培训后，国家会安排工作，为国效力。听此消息，钟群鹏因招飞失败而有些失落的心立刻又昂扬起来。这可是个好机会，他立刻报了名，并且成功入选。这次团校培训，实际是共青团浙江省委推荐优秀团干部到中央团校短训班学习，金华地区只有1个名额，浙江省一共4人，绝对算得上是"优中选优"。钟群鹏能够入选，也从一个侧面体现出那时的他已经是优秀的革命后备力量了。

1951 年 9 月，钟群鹏启程赴京参加团中央短训班。此时的他刚刚 17 岁，高中仅读了一年半。远赴北京，是他真正意义上的第一次独自离家远行。坐在火车上，望着送行的父母，他忍不住泪流满面。此时的钟群鹏还没有意识到，自己此后 70 多年都鲜有归家的机会。后来，90 岁高龄的钟群鹏将自己的一生归纳为几个数字——童年上虞 6 年、少年乐清 8 年、青少年金华 3 年，成年之后就是长长的 73 年北京之旅。

钟群鹏先到杭州中转，再赴北京。毕竟是年轻人，到了杭州，钟群鹏的情绪很快就高涨起来。浙江省团委招待此次赴京的 4 人在杭州住了三天，钟群鹏第一次住高级宾馆，游览了西湖和灵隐寺，吃得好、玩得好，内心对未来中央团校的学习充满美好的憧憬。

进京之后，培训正式开始。钟群鹏参与的这期培训班称为"中央团校第四期短训班"，校址设在东城区宽街 3 号院。据来自杭州的学员陈士章后来回忆："第四期短训班有 112 名学员，年龄最大的 24 岁，最小的 16 岁。"来自全国各地 13 个省市的 100 多名团干部分为 15 个组，钟群鹏被任命为 11 组组长。这次培训，钟群鹏轻装简行，没带什么像样的衣服，就写信向大哥求助。大哥钟一鹏当时在黑龙江省鹤岗市军工厂当技术员，给他寄了一件新衬衫。钟群鹏就用这件质地优良的衬衫，到自由市场上换了一件此时正流行的中山装。他穿着这件中山装上了团校，当了组长，还参加了国庆大典。

参加国庆大典是团校开学以来的第一件大事。据团校的同学李广业回忆：

凌晨四五点钟集合，我们参加了中直机关的仪仗队，800 面红旗组成大方阵队伍，1600 人轮换执旗，我们迈着整齐矫健的步伐行进到天安门主席台前，高呼："中国共产党万岁！毛主席万岁！"这时喇叭中传出毛主席的呼声："工人阶级万岁！机关工作者万岁！"看见毛主席在天安门城楼中央向游行的队伍招手致意，我激动万分，感到这是人生的最大幸福。晚上，我们还参加了盛大的焰火晚会，在天安门广场尽情地唱歌跳舞。

转眼到了十月底，天气渐冷，像钟群鹏这样南方来的同学有的还光着脚、穿着短裤，组织上便分批给大家发了衣服和被子。此时物资匮乏，大家你谦我让，将衣物先给最需要的同学。参加团校学习，学校免费提供食宿，同时还会发津贴。钟群鹏记得自己第一个月领了4万元津贴（相当于1955年币制改革之后的4元钱），买了牙膏、牙刷、毛巾等日用品就用完了，再想买钢笔等学习用品就显得捉襟见肘。当时，钟群鹏用的是老式的蘸水笔，写两笔蘸一下墨水，速度慢，还容易污染纸张，上课记笔记完全跟不上。钟群鹏只得再次向大哥求助，大哥给他寄了一支用过的"关勒铭"牌钢笔。这是当时最知名的钢笔，写字流畅，非常好用。钟群鹏一直小心使用，用心珍藏，以至于最后断了杆都还留着。

在中央团校的学习紧张而又充实。当时一切都是因陋就简，没有教室和课桌，学员就坐在饭厅的长板凳上听课。当时来团校讲课的有许多名人，例如团中央书记兼团校校长冯文彬、团中央书记李昌、团校副校长张凡、新华社社长吴冷西等，课程包括马列主义毛泽东思想、科学社会主义、中国革命和中国共产党、唯物辩证法、青年工作修养、革命人生观、土地法大纲等。课业紧张，大家都如饥似渴地学习，丝毫不敢松懈。讲课之余，团校有时还会请一些名人和学者来作报告，比如有一次邓颖超作报告，从青年人要树立正确的恋爱观讲起，生动活泼地讲到了要树立革命人生观，还讲了《婚姻法》以及自己与周恩来的恋爱故事。

团校的学习采取统一听课、分组讨论的方式。对于这种学习方式，团校辅导员徐锦昆在自己的日记里有详尽的描述。1951年9月7日，他在日记中写道："按照昨天孟主任对政治经济学教研室主任讲授革命人生观的讨论要求，我们几位辅导员分别到各组与学员们一起参加学习讨论。"他们坐在男生宿舍铺着厚厚草垫的地铺上，学员们围绕"一个革命青年应该树立什么样的人生观"各抒己见，一个一个发言，对于升官发财、父母报恩、超阶级思想、个人英雄主义等错误观点，进行了帮助分析，明确了"革命青年必须树立全心全意为人民服务的革命人生观"。讨论结束后，"从学员们嘹亮的歌声中，可以看到他们精神上得到升华后的喜悦心情"。据说有的小组讨论时，"大家南腔北调争着发言，听不懂就打手势加笔谈"。

回忆起这段团校的学习生活，钟群鹏曾在一篇纪念文章《革命的熔炉，成长的起点》中写道："团中央的短训班是我革命的起点""从此，我就把自己交给了党，投向那轰轰烈烈的革命熔炉"。他得到了革命的熏陶，得到了有益的锻炼，尤其在思想上发生了重大转变：

> 我从什么叫人生观学起，到立志树立革命的人生观；从只知道一点书本知识，到决心投入革命的大熔炉；从只看到眼前的局部利益，到决心把自己的命运与党和人民事业联系在一起。总之，使自己从一个不懂事的孩子，到立志做一个革命者。这一个多月的学习，时间虽短，但它却成了我们以后 40 多年学习、工作、生活和斗争的一个重要的里程碑。[①]

团校的培训时间只有一个多月，1951 年 10 月 15 日，同学们在学校大礼堂参加隆重的毕业典礼。青年团中央团校教育长宋养初刚讲完话，主持人接过话筒激动地宣布："报告大家一个好消息，朱总司令接见我们来了！"会场上立刻爆发雷鸣般的掌声，鼓乐齐鸣。朱总司令穿着解放军棉布军装，在冯文彬陪同下登上主席台，语重心长地说："毛主席和我们老

图 2-5　1951 年 10 月 15 日，中央团校第四期短训班毕业合影（五排左 5 为钟群鹏，钟群鹏提供）

---

① 钟群鹏：革命的熔炉，成长的起点。见：袁天锡，李宝国主编，《青春如歌：中央团校五十周年纪念文集（1948-1998）》。北京：国家行政学院出版社，1998 年。

一代人给你们打下了天下，现在我们老了，你们可要好好干。你们是给你们自己干哩！干好了你们享受，你们的儿女们享受。"

尽管短训班时间不长、所学有限，但正如钟群鹏在回忆文章中所说，这是这批年轻人提高认识、开阔眼界、确立人生观的一个重要里程碑。正是通过这次培训，钟群鹏进一步坚定了自己为国献身、为共产主义奋斗终身的人生信念。

图 2-6　1952 年，中央团校第四期短训班纪念章（钟群鹏提供）

中央团校于 1985 年更名为中国青年政治学院，1998 年 10 月 50 周年校庆时，钟群鹏同其他一起参加 1951 年第四期短训班的老校友在当时的辅导员辛克高的主持下回校志庆，追忆似水年华，畅叙绵长情谊。同学们结伴走在校园中，一如当年充满激情、充满好奇地走在听课路上，欢欣而感慨。

参加土改成模范

1951 年 10 月，短训班刚一结束，中央团校便成立了土地改革实习队，由短训班班主任孟亚洲担任大队长，带领 120 人左右的队伍，来到了皖北宿迁县（今江苏省宿迁市）桃园区参与当地土地改革运动。短训班大部分学生参加了这个土地改革实习队。根据中央团校保留的档案"短训班参加土改队学员名册"显示，共有 96 名短训班学员参加了此次土改，当时记录着钟群鹏是 18 岁。

土地改革，实际就是中国共产党领导广大农民废除封建半封建性的土地所有制，实行农民的土地所有制的革命运动。1946 年，中国共产党领导的土地改革运动就已经轰轰烈烈地开展起来，并在解放区取得了良好的成效。但新中国成立时，还有占全国人口一多半的新解放区尚未完成土地改革，为此中央于 1950 年 6 月 30 日公布了《中华人民共和国土地改革法》，随后便开始在全国掀起规模更大的土地改革运动。钟群鹏他们所到的宿迁县，由于连年遭灾，并且是淮海战役的战场，解放初正在初步恢复民生，并未进行土改。直到 1951 年，农业生产稍有恢复，新政府才决定进行土改。所以，这个地区也是新中国最后一批参加土改的地方之一。不过，此前由于全国范围的土改已经开展了很多年，到 1951 年 10 月钟群鹏他们来到宿迁参加土改时，已有成熟经验可借鉴。

土改工作虽然有经验可以借鉴，但土改过程的艰苦，尤其是当地生活的艰苦，还是让钟群鹏始料未及。刚到一期土改驻地，区委招待他们吃饭，钟群鹏第一次见识了传说中的烙饼卷大葱，大葱辣、大饼干，吃得他直掉眼泪，心想这简直没法吃。省委、区委的人却对他说："你呀，身在福中不知福，这是我们最好的饭。"后来事实验证了这句话，烙饼卷大葱确实是好饭。钟群鹏后期参加土改，就再也没吃过比烙饼卷大葱还好的食物了。另外，当地农村的贫困也是超乎想象。钟群鹏到东坪乡大岳村小岳家土改，当地有户人家多达 11 口人，没有被褥，常年睡在草里，全家总共只有一条棉裤，谁出门谁穿。

钟群鹏他们下乡土改，只许在贫雇农家吃饭，每餐交饭费 1 千元（即后来的 1 毛钱）。一天三顿都是玉米、稀饭加白薯，而且都是稀汤，根本吃不饱，钟群鹏半年都没吃到肉。1952 年春节即将到来时，老百姓说有肉吃，钟群鹏高兴得不得了。吃饭时，只见老乡端上来一个大黑碗，里面装

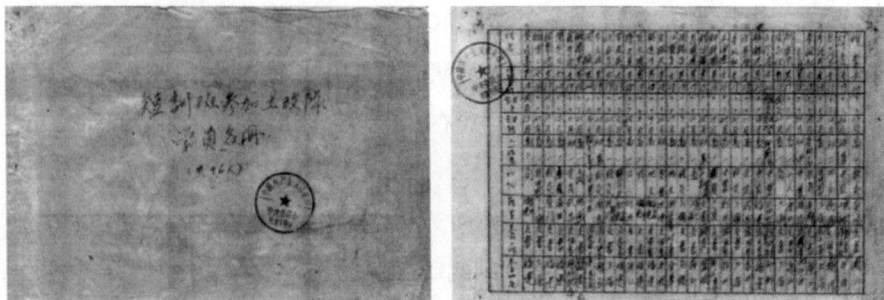

图 2-7　1951 年，短训班参加土改队学员名册（资料来源：团中央档案馆）

着白花花的"肉",拿起筷子夹起来一吃,原来是发霉长毛的冬瓜。当地人吃不起肉,就把冬瓜切成片放在坛子里发酵、发霉,过年的时候拿出来当肉吃。

即便如此,有同学的遭遇比钟群鹏还差。一个叫陆菊华的同学在村里一日三餐吃的是红薯叶煮红薯片,过年才看到红薯块上沾了几颗米粒;睡的床是草绳绑的,铺着秫秆和枯树叶,结果身上长了虱子,臀部长了疖子。一个叫孙明德的同学,曾经和房东一家吃过用棉籽做成的"丸子"。从1951年10月一直到1952年4月,吃了半年的稀汤寡水,几乎所有队员都在忍饥挨饿,钟群鹏也严重营养不良,整个人非常消瘦,还晕倒了很多次。记得当时开会,大家都蹲在灶台边,边烤火边开会,钟群鹏经常开着会就晕倒在地,有一次倒在锅灶上,磕得满脸鲜血直流,差点丢了小命。

艰苦的生活让钟群鹏体会到贫雇农的疾苦,他在思想汇报中写道:

> 自己在阶级立场上有了提高,在感情上开始仇恨剥削阶级、同情贫苦农民和被压迫者。以前,总认为农民愚笨、无用、好吃懒做而且脏,而有些地主其实比较开明,比如读书的时候曾经到隔壁的地主家为学校募捐建筑费,地主就慷慨地比一般人捐得多。土改中,通过有效的动员发动了访苦诉苦斗争会,因而也打破了对地主阶级的幻想。[①]

生活虽然艰苦,但土改工作进行得很顺利。土改工作队分为大队、中队和小队。三个团中央短训班的土改实习队员组成一个小队(或称小组),驻扎一个村。一期土改钟群鹏属于第八组,负责一个村。第二期土改,钟群鹏所在的东坪乡共有八个村,每个小组负责两个村。具体到个人,基本是一个人负责一个自然村。

土改期间,倡导队员们跟贫下中农"三同"——同吃、同住、同劳动。钟群鹏住在老乡家,晚上跟他们同盖一条被子睡,白天一同劳动。不管同

---

① 1951年10月土改工作鉴定表:钟群鹏个人思想小结。存于北京航空航天大学档案馆。

种公田还是私田，学员们没有人偷懒，干活都出力气。晚上劳动归来，还要辛苦地进行扎根串联。钟群鹏按部就班开展访贫问苦、忆苦思甜、划阶级、登记田地、斗地主、分田地，完成了整个阶级斗争的一套程序。

经过一段时间的锻炼和摸索，钟群鹏已经有了较高的动员能力，他讲话注重政策性、思想性、动员性、启发性，而且由于自身就有苦难的身世和访贫问苦的经历，土改的时候他一讲话，常常能让老百姓听得潸然落泪。在土改实践中，他既能按照政策，准确划分当地村民的成分，按各自成分进行分田。"没有人走后门，或者说给谁家分好一点，一律一视同仁"。田地根据质量分为好田和坏田，好田和坏田搭配在一起分，分到田地的老百姓个个欢欣鼓舞，极大地改善了生存状况。钟群鹏说："当时我主张文明，违反政策的事不能做。"总之，他们的土改工作进展很顺利。

这段时期，钟群鹏自觉从感情上已经与群众结合起来了。而当地老乡对他也很亲切和关心，下大雪的时候给他大衣穿，在他晕倒时给他药吃，安慰他睡下休息，在夜晚散会时不停地喊着"老钟，老钟"，确认他没有走错路。

回想当年，钟群鹏觉得土改不仅仅是土地革命，更是对农民精神的一种解放。轰轰烈烈的土地改革运动，消灭了封建土地制度，打碎了几千年来套在农民身上的封建枷锁。

> 土地改革的影响是非常深远的，但是共产党就是靠分田地、提觉悟、闹革命这样发展起来的。土改使得亿万农民在政治上、经济上和精神上都获得了解放，迸发出了难以估量的革命热情。[1]

1951 年底至 1952 年初，在第一阶段土改工作结束时，队员们集中在桃园区做小结，钟群鹏被评为模范工作者。他的热情和自信心大为增强，向领导提出，要求到最艰苦的岗位去。此后，他果然在最艰苦的岗位经受住了考验。1952 年 4 月，中央团校土改实习队完成了第二阶段的土改

---

[1]　钟群鹏访谈，2018 年 11 月 16 日，北京。资料存于采集工程数据库。

工作，回到桃园区政府总结和集训。钟群鹏回忆："土改半年的工作对我是生活上的磨炼、精神上的锻炼、意志上的坚强训练、政治上的提高。"组员们评价他的工作是"暴露思想较好，比较关心同志，生活上较艰苦朴素，工作比较热情，做事比较细化"。辅导员徐锦昆是团第二分支书记，给钟群鹏的土改鉴定书上写道："该同志工作积极热情，生活比较艰苦，对同志也能关心。"缺点是"个人英雄主义""害怕困难，工作深入得不够"。①

　　土改结束，回到桃园区，钟群鹏找医生诊看晕倒的毛病。检查后说是严重的营养不良症。医生开的药就是鱼肝油。那时条件艰苦，药品匮乏，鱼肝油属于高级营养品更是不敢多开，只给了钟群鹏7颗。不知是运气好还是年轻身体自愈能力强，总之吃了这7颗宝贵的鱼肝油后，他的身体竟然奇迹般地恢复了。

图2-8　1952年7月，短训班土改结束后在颐和园合影（五排左8为钟群鹏，钟群鹏提供）

---

① 1952年4月中央团校土地改革实习队鉴定书。存于北京航空航天大学档案馆。

科学救国梦初圆

1952 年 4 月土改结束后，中央团校开始对第四期短训班的学员进行工作分配。

中央团校自成立以来，一直肩负着为党的青年群众工作教育培养优秀骨干人才的重要使命。新中国成立后，学校为社会主义革命和建设事业培养了一大批具有共产主义觉悟和一定理论水平、熟悉青年工作业务、活泼开朗、朝气蓬勃的青年干部。党中央对中央团校十分重视，1949 年 7 月 4 日，毛泽东还参加了中央团校第一期学员的毕业典礼，并发表了热情洋溢的讲话。

中央团校的毕业生，大部分被分配到祖国各地，充实团省委的干部力量，也有一些表现极为出色的毕业生，被分到团中央办公厅工作，还有一些学员继续到大学深造。第四期短训班的学员大致也是这样安排：

> 一九五二年夏返京，开始分配工作，有二三十位同学被保送到大学深造；少数同学留团中央和中央直属机关工作；大多数同学先后被分配到祖国边远地区长期从事艰苦而光荣的开辟建设工作。①

钟群鹏因培训期间学业优秀、表现出色，被分配到团中央办公厅，但他并没有去团中央，而是选择上大学继续深造。对于这一事关人生发展方向的重大事件，钟群鹏至今想起仍然是印象深刻，历历在目：

> 记得学校是通过辅导员徐锦昆带的口信，我去见了班主任孟亚洲，这才得知自己被选中留下来了。当时一个班只有 4 个留团中央的名额，这份荣誉和信任是难得的。班主任孟亚洲在和我的谈话中说：

---

① 前言。见：袁天锡，李宝国主编，《青春如歌：中央团校五十周年纪念文集（1948-1998）》。北京：国家行政学院出版社，1998 年。

"你早期填过志愿，愿意到工厂工作、愿意当革命干部，我们今天满足你的愿望，调你到团中央办公厅工作，慢慢锻炼自己……"①

留在团中央其实也是钟群鹏曾经预想过的一种选择，成为国家干部、为新中国建设出力，也算是圆了自己为国效力的革命初衷。但是，真到抉择的时候，他却犹豫了。一来，家里素来有"科学救国，从事科学工作，振兴中国"的家训，两位兄长也是大学毕业后投入新中国的建设。二来，从本心来说，钟群鹏也想继续深造，在科技上有所建树。三来，钟群鹏自觉性格不太适合从政。犹豫再三，他拒绝了去团中央工作的安排。钟群鹏对孟亚洲和辅导组组长辛克高说：

感谢组织的信任，但我的第一志愿是到工厂，就是想搞技术的，从小一心想学技术，太热爱科技了。自己高中的书还存着，大哥的微积分书还有呢。要是能改分配的话更想去上学。

孟亚洲听了钟群鹏的话有些意外，劝他慎重考虑。但钟群鹏主意已定："现在国家建设急需科技人才，我选定了技术作为毕生的追求，以后也能发挥所长，报效祖国。"

看钟群鹏态度坚决，孟亚洲很快就改了分配方案，让他去补习文化课考大学。对此，有人不理解或不以为然，而钟群鹏此时已很坚定地知道自己想要什么，在他心里，技术比政治更有探究的兴趣，也更能发挥自己所长。

最终，团中央调整了分配安排。1952年5月，钟群鹏与土改归来的队员李崇谟、李介水等一行50多人来到北京工业学院参加干部高考补习班，准备参加当年的全国高考。

北京工业学院前身是1940年成立于延安的自然科学院，历经晋察冀边区工业专门学校、华北大学工学院等办学时期，1949年定址北京并接收

<hr>

① 钟群鹏访谈，2018年11月16日，北京。资料存于采集工程数据库。

中法大学校本部和数理化三个系，1952 年定名为北京工业学院，1988 年更名为北京理工大学。当时，恰逢我国第一个五年计划着手编制，又正是国家开始学习苏联，大力投入重工业建设的时期，到处都急需专业人才，因而中央团校拟选派一批有生力量支援国家经济建设，让他们投考大学。据说当时北京有三个这样的高考补习班，北京工业学院是其中之一。钟群鹏他们这批有干部身份的学生称为"调干生"，是指国家从国家机关、国有企事业单位和部队调派一部分出身好、政治过硬的人员，进入高校学习的学生。

和钟群鹏一起参加北京工业学院干部高考补习班的学生共有 100 多人，钟群鹏被分到干部二班，并被任命为班长和数学课代表。调干生是带薪学习，没有后顾之忧，大家都学得非常刻苦。钟群鹏作为班长，更要以身作则，加之自己高中都没有毕业，自知基础较差，因此学得尤其辛苦，每天都在努力，从来没有休过哪怕一个周日。

国家对于这批学生也极为重视，机械工业部部长几次来补习班作动员报告，说新中国百废待兴、急需建设国家的高科技人才，鼓励大家发奋学习。同学们也被鼓舞得热情高涨。补课的老师也都是北京工业学院派出的精兵强将，主要教高中数理化，还担任各班班主任。

补习班的这拨调干生从 1952 年 5 月补习到 8 月，随后于 8 月 15—17 日参加了新中国第一次高考，考试科目包括语文、数学、物理、化学和政治，作文题是《记一件新人新事》《我投入祖国怀抱》，没考外语。补习班的同学基本都考上了大学，录取到国家急需和更为看重的工科专业，只有个别人去了人大等文科班。

对于大学到底学什么专业，钟群鹏早已心中有数。小时在乐清看到开不动的汽车，他感觉很好奇，就想长大了学汽车机械；到了金华，看见火车又大，跑得又快，就想学造火车；后来到了北京大开眼界，他看到了飞机，此前又有抗美援朝报考飞行员的经历，对于航空事业心存向往，心想："都是学机械，飞机在空中飞多气派，比汽车、火车好多了，就得学造飞机呀！"于是，就报名清华大学航空工程学院。最终，钟群鹏和叶家康、李崇谟、赵敬世成功考上了北京航空学院。

1952 年大学生录取总数并不多，全国总计 5 万人，首次高考发榜是件大事，录取名单刊登在各地报纸上。钟群鹏盯着《光明日报》，在密密麻麻的人名中细细寻找，终于在"北京航空工业学院（暂设在清华大学）"的校名下找到了自己的名字，列在第一部分华北区。校名下写着共录取了 250 名学生，名单分为 6 个区，钟群鹏这批从北京工业学院干部补习班录取的同学都名列华北区。当时《人民日报》《光明日报》公布的"北京航空工业学院"的校名尚在商榷之中，后来并没有被最终采用，而是正式命名为"北京航空学院"。

实际上，1952 年大学生考试报名时，北京航空学院还在筹备中，尚不具备招生资格，北航的学生分别由清华大学和北京工业学院代招。另外，《光明日报》同时公布的北京工业学院的学生有 249 名，后来也归到北航。北航校史馆曾经展出过胡诰同学捐赠的 1952 年新生录取通知书和注册须知，落款是北京工业学院学生科，时间是 1952 年 9 月。据参加了北航筹备工作的贺云庆介绍，通过清华和北京工业学院航空系招来的这两拨学生，都是由北航进行政审的。

不过，上述学校招生代招代培的情况十分复杂，报名的学生并不知道

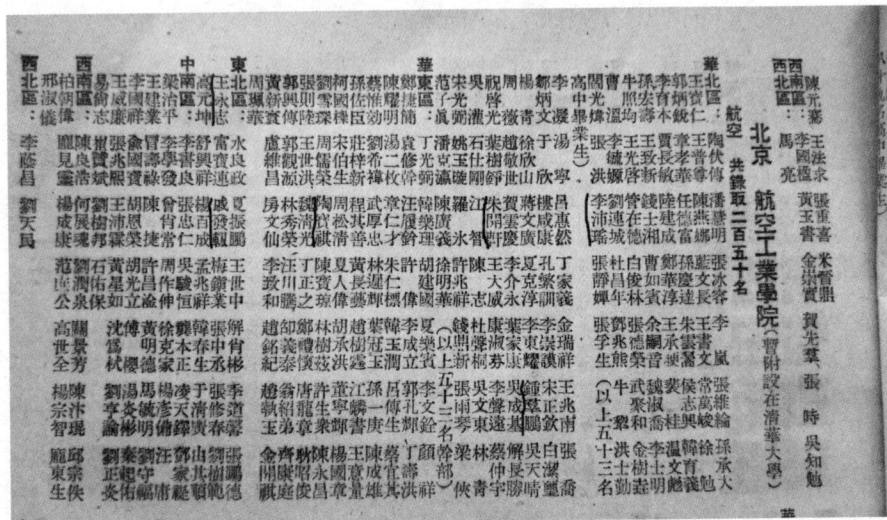

图 2-9 《光明日报》刊登的《全国高等学校 1952 年暑期招考新生录取名单》（资料来源：北航档案馆）

其中缘由。另外，除了钟群鹏这些调干生，当年高考还有许多地方的考生是报名清华大学航空工程学院后被录取到北航的。比如著名的中国载人航天工程总设计师王永志，1952年大学录取时在老家辽宁接到了信件，内装清华大学的录取通知书。2004年，清华成立航天航空学院，聘请王永志当院长，据说他还把录取通知书找出来进行展示。

由于这一批很多录取在北航的同学是由清华代招的，而且其后还在清华借读了一年多，因此很多人都被同时认定是清华大学和北京航空航天大学两所大学的校友。而钟群鹏的情况更为特殊，他是由北京工业学院代培、由清华大学代招、在清华借读一年多后正式转入北京航空学院。按钟群鹏自己的说法，他在北京航空学院、清华大学和北京工业学院都上过大学。后来，钟群鹏被上述三所大学都认定为校友，原因也正在于此。

第三章
大学生涯——鹏抟初起身许国

大学生涯，钟群鹏先入清华，后归北航。在校期间，他刻苦学习，本科期间一直担任团支部书记。后被调配到北航航空冶金系，作为在职研究生，在苏联专家指导下完成毕业设计，并以全优成绩毕业，用五年时间完成了七年半的学业（本科五年、研究生两年半）。北航五年，钟群鹏进一步完善了自己的共产主义人生观，更奠定了坚实的学术基础，犹如鲲鹏初起，为之后报效祖国奠定了基础。

清华北航两相宜

1952 年 10 月 8 日，钟群鹏提着简单的行李步入清华大学，正式开始了自己的大学生涯。

对于自己被北京航空学院录取，却来到清华大学上学，钟群鹏并不是特别清楚其间的原委，只是模模糊糊地了解到，当时北京航空学院还在筹建中，自己是先到清华大学借读。

实际上，新生报到日是 10 月 18 日，钟群鹏所在的干部补习班就在北京，近水楼台，钟群鹏就提前进校报到了，并且担任了接待新生报到的学生志愿者。新生报到工作主要由清华分部学生支部书记张凝负责，钟群鹏等志愿者在他的组织下，在校门口迎接新生，然后带着他们到学生科和总务处、教务处、政治辅导处等相关部门办理手续。

新生报到当日，穿着各色衣着、操着各地乡音的年轻人陆陆续续来到清华，校园里热闹非常。新中国成立初期，资源匮乏，新生们大都穿着朴素，年轻的脸上都充满着笑容，昂扬着一股勃勃生机。偶尔有学生带着腼腆和紧张的神情，或者是离家的悲伤情绪，支部书记张凝就会摆出一副知心大哥的模样，或拍拍肩膀，或摸摸头顶，开玩笑地说："想家了吗？哭了吗？别哭啊！"一下子就打消了新生的紧张情绪。

钟群鹏此时虽然才19岁，但由于是调干生，有过土改的经历，待人接物还算成熟，对新生接待工作可谓是游刃有余。接待新生细致热情，还不惜力，掂行李、扛被褥，忙得不亦乐乎，给许多入学新同学留下了美好的记忆。比如后来去了火箭专业的富宝连同学，对于报到日钟群鹏的热情以及帮他把行李一直背进宿舍的事情记忆犹新。两人也因此结下了深厚的友情，毕业至今，光阴荏苒，他们始终保持着联系和互助。

入学第一天，一切都是美好的，但对钟群鹏和很多同学来说，这一天最值得回忆的就是在清华大饭厅吃的第一顿饭。这顿饭有鱼有肉，米饭馒头敞开供应，这对于许多经常饿肚子、一年到头见不到荤腥的同学来说，就是一顿豪华大餐，人人吃得嘴角流油。吃饱之余，很多人心里不免有些受宠若惊，私下嘀咕："早听说清华的伙食好，但也不能好到这个程度吧？""这不会是清华为装门面，头三板斧装给我们看的？"然而以后的餐食几乎都保持了这种水准，餐餐有肉，节假日和考试期间的伙食更是可以让人大快朵颐，如北航的鹅脖（腐皮包肉）、每人一条的大黄鱼、清蒸大对虾等，颇有几分"每逢佳节再加餐，欣逢考试快朵颐"的感觉。

后来才了解到，这是毛主席的特别关怀，党校体恤钟群鹏这批经院系调整后的首届大学生，把津贴提高了一倍多（币制改革后为12.5元），要让这些大学生吃饱饭、吃好饭，在保证主食的基础上，特别增加了副食供应。对此，学生们无不心怀感激。

报到一周后的 10 月 25 日，和许多新生一样，还在适应大学生活的钟群鹏突然被通知作为优秀学生代表，参加北航成立大会。一头雾水地被拉到北京市内东黄城根的北京工业学院礼堂（原中法大学旧址），懵懵懂懂中见证了北航成立这一具有重大意义的盛会。

钟群鹏记忆中的建校大典，相对有些简陋，场地不大，形式也十分简单。大礼堂有雕花的吊顶和阶梯式的座椅，由于没有足够的凳子，钟群鹏和几个同学就在石头台阶的过道上席地而坐，听领导们次第讲话。教育部、第二机械工业部、军方、北京市以及北航、清华、京工等院校的各路领导汇聚一堂，对学校的发展寄予厚望。建校大典特别回顾了北航的建校历程，钟群鹏听后才算是真正了解了北航肇始的因由，以及北航与清华大学、北京工业学院等学校之间错综复杂的关系。

1950 年，朝鲜战争爆发。抗美援朝战场上，敌我空军力量悬殊。战争的迫切需求推动了新中国航空工业从修理向制造过渡，国家急需办一所航空大学。1951 年，中央对国内大学原有的航空工程系（科）作了初步调整，决定将北洋大学（现天津大学）、厦门大学、西北工业学院（现西北工业大学）三校的航空系并入清华大学，成立清华大学航空工程学院；将云南大学航空工程系并入四川大学航空系；将西南工业专科学校航空专修科并入华北大学工学院航空工程系。1952 年，重工业部、教育部、国家财经委员会及中央军委商定，设立北京航空学院，由北京工业学院航空系（1951 年 11 月 18 日，华北大学工学院更名为北京工业学院）、清华大学航空工程学院、四川大学航空系合并成立。可以看出，新中国第一所航空航天科技大学——北京航空学院，实际上包含了全国八所院校的航空系（科）。其后，在 1988 年，北京航空学院正式更名为北京航空航天大学。

全国的航空力量集结到北航，可见国家对中国未来航空航天事业的关注。建校大典上，钟群鹏也感受到了国家对航空科技人才的重视和渴望，身上不由得多了几分压力。实际上，不仅是钟群鹏，当时同样参加了建校大典的同学钱士湘[1]也是深有体会，他在后来的一篇回忆文章中写道：

> 成立大会上，印象最深的是一位部队首长的讲话："我们就像大汉盼娘子那样，盼你们早日毕业。"回男生宿舍后，有好事者即戏呼对方为"娘子"，答曰："你在首长眼里不也是娘子吗？"相视莞尔一笑。[2]

实际上，当时的形势的确严峻，国家对科技人才的需求也真的如"大汉盼新娘"一样迫切。此时，第一个五年计划正在编制，周恩来总理在1954年第一届全国人大一次会议上作政府工作报告时谈到，第一个五年计划的方针就是"集中主要力量发展重工业，建立国家工业化和国防现代化的基础"，而集中发展的重工业"即冶金工业、燃料工业、动力工业、机械制造工业和化学工业"。他还指出，"我国在第一个五年计划期间新建和改建的重大工业建设项目约有六百个""苏联协助我国建设的141个项目就是其中的骨干"。据《当代中国的航空工业》记载，苏联援建的141个（后来增加到156个）项目中，航空工业项目有13个，包括飞机制造厂、航空发动机制造厂和机载设备制造厂，构成了航空工业的第一批骨干企业。这些企业成立后都需要大量人才，因而，航空工程专业的学子们都被寄予了无比的希望。

参加完北航成立大典，回到学校，紧张的学习生涯就此开始。据钟群鹏后来回忆，他最初考取的是清华大学航空工程学院的飞机施工专业（即飞机制造专业），但不久，由于国家的专业调整，转到刚成立的北京航空学院飞机工艺专业学习。据了解，当时清华大学为北京航空学院招收的航空工程的学生，专业全部被定为工艺专业；北京工业学院招收的航空工程的学生，定为设计专业。当时共计有327名新生在清华开始了

---

① 钱士湘（1934-2022），江苏省南京市人。1952年加入中国共产党。北京航空航天大学计算机专业资深教授，高等理工学院奠基人、资深顾问。

② 钱士湘：在北航生活的第一年。见：北航文化与艺术传播研究院编，《精神的见证》。北京：北京航空航天大学出版社，2012年。

学制 5 年的航空工艺专业的学习。根据北航校志，其实这其中有过一次微调，1952 年招生时原定设计专业学制 5 年，而工艺专业为 4 年，转年将工艺专业也延长为学制 5 年。那时在业内的认知中，施工工艺的难度似乎比设计更大，由清华大学的"种子选手"担纲领衔，这其中就包括钟群鹏。

借读清华趣事多

　　初入清华，钟群鹏这一批刚入校的 327 名学生被编成了 11 个小班，即"航施 101—111 班"，钟群鹏被分在第 11 班，同学大多来自四川的西南航专，人称"小四川班"。由于是优秀的调干生，并且有丰富的团委工作经验，钟群鹏被任命为 11 班的政治课代表，不久就转而担任了班级团支部书记，自此直到正式入党，钟群鹏当了三年多团支书。

　　新中国成立之初，清华大学已经是全国闻名的高等学府，体制健全，建设完善，师资雄厚。钟群鹏在清华借读的一年多时间里，充分感受到了学校在各方面的优势和厚度。钟群鹏是调干生，带工资读书，自此也告别了困扰多年的吃饭等基本生存问题，在清华的学习自然是心情愉悦，干劲十足。2012 年北航 60 周年校庆时，钟群鹏撰文《我和我的母校——北航》，文中写道："我是党一手培养出来的调干生，可能是最早或者比较早的'工农兵学员'了吧！"[1] 按照当时调干七等五级（科员）待遇，他每月津贴 25 元，当时的伙食非常好，伙食费 10.5 元，剩下 14.5 元买些日用品仍绰绰有余，生活是十分富裕的。

　　钟群鹏在清华的衣食住行都很优厚，和同学相处还有许多值得回忆的趣事。

　　先说住宿，刚入校，钟群鹏被分配到新第四宿舍第 11 室。这是位于清

---

　　① 钟群鹏：我和我的母校——北航。北京航空航天大学新闻网，2022-03-23。

华大饭厅旁边的一个简易的筒子楼。筒子楼并没有建成一间一间的独立宿舍，每层各有一个大通间，一面是火墙，另一面是连通的三个房间，虽有两堵矮墙隔断但并不通到屋顶。三个房间分别住上每个小班的全体男生，铺位按上下铺设计，由于隔断不及屋顶，在上铺即可俯视全班，绝对的"通透"。对此，钱士湘后来回忆说："宿舍里白天各地方言不绝于耳，入夜更是热闹非凡，梦呓声、呼噜声、咬牙声甚至是浊气输出声此起彼伏，宛如听'杂技交响乐'。"环境虽略显嘈杂，但比之前钟群鹏的住宿条件要好上许多，而且筒子楼虽没有暖气，但是火墙一烧，整个三间房子就都暖和了。尽管北方寒冷，但在清华这一年多，钟群鹏却没有怎么挨冻。

再说伙食，清华的大饭厅号称"远东第一大食堂"，面积大，伙食好。由于国家补贴，鱼、肉、海鲜等副食种类十分丰富，菜按人头分配，汤和米饭自取，可以让每个人吃饱吃好。清华的这种伙食，不仅让以往经常吃糠咽菜的同学感到满意，就连来自京城富贵之家、从未挨过饿的钱士湘也赞誉有加："我在北京私立育英中学住校的膳食，当年以小米计价，每月约合人民币 6 元。还是毛主席体恤我们这批经院系调整后的首届大学生，把津贴提高了一倍多，这绝对值得'大书特书'。"

在清华，关于吃，钟群鹏他们这批学生还闹出过不少笑话。钱士湘的回忆文章里就描述过令人捧腹的"抢捞大战"：

> 不知哪位大侠率先发现盛放面汤的木桶沉淀着带肉的骨头，不按人头分配的东西，总是更令人垂涎。此后，午饭铃声一响，诸门大开，勇士们拎着餐具，把大桶围得水泄不通，抄起长勺捞起来，后排的人甚至不小心把面条挂在前排人的脖子上，蔚为壮观，真可谓大学生"也疯狂"！①

钟群鹏当年也参与了这场"抢捞大战"，对于抢饭还特别有心得，回忆这段经历，他孩子气地笑着说：

① 钱士湘：在北航生活的第一年。见：北航文化与艺术传播研究院编，《精神的见证》。北京：北京航空航天大学出版社，2012 年。

知道怎么抢饭吗？我从中学就知道抢饭吃，一桌摆起四个菜，就配一筲箩饭，吃完就没了，抢饭得是先盛半碗，赶紧扒拉完，然后再盛一满碗。

清华的包子非常有名，正餐之余，钟群鹏也经常去吃。课间还去合作社买花生米，三五毛钱一包，每人几颗分着吃，非常有意思。十八九岁的年龄，还在长身体，而且学习也特别耗精力，兜里一下宽裕起来，钟群鹏对于吃自然就有了更多追求，别的不说，吃好吃饱至少有助于应付极端活跃的新陈代谢和营养不良所致的夜盲症。

说到穿衣，钱士湘也有精辟的描述：

由于解放才3年，又崇尚节俭，从各地汇集来的同学衣着不可能光鲜，最神气的莫过于志愿军转业的江智和宋光弼了，带领全年级同学集合和出操，人高马大，一身戎装，颇有"老兵"的气概；一些由机关调来的女同学，合体的列宁装使人倾慕；再有，范子真的皮质鸭舌帽，更是别具一格。至于其他人等，除服色多半为灰、黑和蓝外，八仙过海，长短不同，当年北京冬天气温偏低，棉帽是少不了的，也有人用一块大围巾，把头、耳、鼻、嘴到脖子捂得严严实实，只露出一双眼睛，远远看去，不知是男是女，何方神圣。

另外，清华的文化活动也十分丰富。清华的大饭厅，周末还兼影院，放电影的时候，"六千多名学生，分坐透明银幕两侧，各院系轮流占据不同的区位"。看的大多是苏联电影，如《列宁在一九一八》《列宁在十月》《幸福生活》，还有果戈理的《圣诞节前夜》，同学们不但跟着唱《红梅花儿开》等歌曲，还互取外号"神甫""索罗哈"，每当人群拥挤时，总有人喊："让列宁同志先走！"

对此，李崇谟也曾回忆道：

在清华的日子很有意思，给我打开了一个新的天地。我们里间宿舍的韩乐理用装肥皂的木头箱子组装了一个留声机，就是找一个转盘和电机，准确控制转速为 78 转 / 分，他还找来唱片，当时我们就听着《卡门序曲》《斗牛士之歌》等名曲起床。①

最让钟群鹏印象深刻的还是学校组织的元旦晚会和五一劳动节游行活动。进校不久就是 1953 年元旦，学校组织元旦舞会。对于大多数同学来说，这是人生第一次踏进"舞场"。学生会不知从哪里借来了一些民族服装发给同学，并且请老师为学生们进行舞蹈扫盲，但到了舞场上还是笑话百出，诸如"侬踩我甲鸡（你踩我脚尖）"的各种方言叫声不绝于耳。

五一劳动节游行是一件大事，白天要列队接受毛主席检阅，晚上要在天安门城楼前游戏跳舞。钟群鹏学跳集体舞是从《找朋友》开始，就是那首儿歌的动作版："找呀找呀找朋友，找到一个好朋友，敬个礼握握手，你

图 3-1　1953 年 3 月，钟群鹏（二排左 3）与大学同学在天安门前合影（杨宗智提供）

---

① 李崇谟访谈，2018 年 12 月 2 日，北京。资料存于采集工程数据库。

是我的好朋友……"当然还学习了别的舞，学舞以后就通宵达旦在天安门跳舞狂欢。

5月1日清晨，天还没亮，铃声大作，呼唤同学们起床，为果腹和抵御春寒，食堂熬了滚滚的牛肉粥，然后坐火车从清华园站到西直门，接着是步行了。当游行队伍通过天安门时，心潮澎湃，无不发出"毛主席万岁""中国共产党万岁"的欢呼声。入夜，在天安门城楼下，伴着广场上播放的音乐，跳起了集体舞，当城楼上灯光大亮时，知道是毛主席和中央领导来参与我们的狂欢，又响起了一片"万岁"的欢呼声。最后，拖着疲乏的脚步从天安门步行到西直门，坐火车返回清华校园，又一次享受牛肉粥和姜汤的招待。[1]

另外，清华十分重视体育锻炼，冬天经常有人在湖面上滑冰。下午课外活动时间，大操场上也人声鼎沸，热闹非常。更有体育界名宿马约翰[2]和夏翔两位教授亲临现场指导，让学生们得益良多。

马教授曾为北航学子开过讲座，他提倡的"温水→冷水→温水→热水→温水"的特殊洗浴法令很多人终生难忘，据说可以医治失眠，杜绝感冒。时值冬日，马老仍一身短裤和西服打扮，满头银发，令人肃然起敬。

在清华，钟群鹏他们还遇到了第一次访问中国的苏联体操代表团，代表团在清华大学体育馆练习，使学生们大饱眼福，什么平衡木、高低杠都是前所未见。下课后拥入体育馆，站在二楼的围栏旁，欣赏平衡木冠军拉蒂妮娜等的精彩表演，亦堪称一绝。

---

[1] 钱士湘：在北航生活的第一年。见：北航文化与艺术传播研究院编，《精神的见证》。北京：北京航空航天大学出版社，2012年。

[2] 马约翰（1882-1966），出生于福建省厦门鼓浪屿。中国近代体育史上的著名体育教育家，中国第一位体育教授。1911年毕业于圣约翰大学。1914-1966年在清华大学任助教、教授、体育部主任等。1936年担任中国代表团田径队总教练，参加了在柏林举行的第十一届奥林匹克运动会。1954年起任中国田径协会主席，中华全国体育总会副主席、主席。

记分册成传家宝

2017 年 10 月 17 日，钟群鹏参加了中央电视台《我有传家宝》北航特别节目，在节目中，他为大家展示了当年在北航的"学习记分册"。翻开这本记分册，只见几乎他的所有专业课程都是优或良好，连俄文、政治以及体育课也是优良。记分册记录的是学习成绩，背后体现出的是钟群鹏大学学习的刻苦、坚韧、汗水甚至是鲜血。

记分册的第一页，系别写着 1、专业是 2，用序号代指院系和专业，这是北航的特色，右下角盖着系主任屠守锷的签名章。一年级第一学期的理论课程有 4 门，分别为航空概论、普通化学、画法几何、高等数学，其中高等数学成绩为优，普通化学 4 分，其他两门良好。算上习题、实验课程以及政治和体育共 9 门，除了配合理论课程的习题课，还有 48 学时的工程画、80 学时的金属工学（含金工、铸工、钳工三类），以及获得 5 分好评的 64 学时的俄文。第二学期的学习更加游刃有余，理论课程有高等数学、物理、理论力学、金属工学（冶金），除了冶金及格，其他都是优等。习题及实验课除了配合理论课，又继续上了 40 学时工程画、75 学时金工、40 学时俄文，凸显了苏联模式的教学安排和施工工艺的专业特色。

钟群鹏说，他们是"全盘苏化"的北航第一届正规大学生。课程设

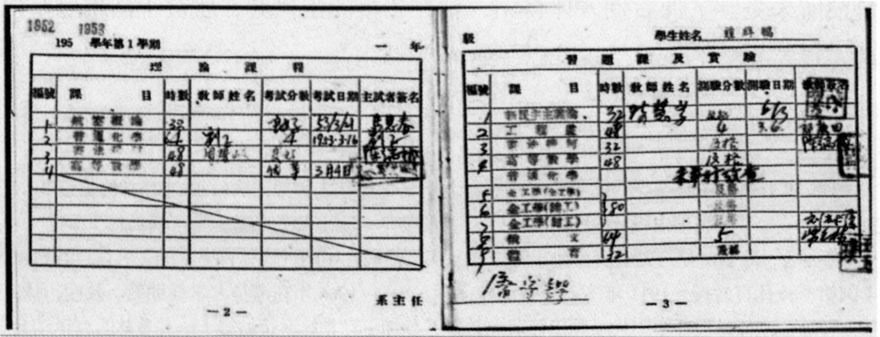

图 3-2　钟群鹏本科期间的学习记分册（钟群鹏提供）

置、教材内容、教学方式都是苏式的。1952—1960 年，共有 60 位苏联专家到北航工作，不仅传授技术，还担任院长顾问、教务长顾问。在清华的第一年，也有许多苏联专家，清华的老师们边学边教，经常找苏联专家答疑。

当时的教材也多是苏联的，北航教师编的教材，苏联专家都会审验"过一遍"学生们的课程。这种情况下，学俄语自然成为学生们的重头戏，所有同学都开始卷着舌头"呜哩哇啦"地学习俄语，任课老师也从零起步突击学习。

对于这种学俄语的热潮，钱士湘曾诙谐地回忆道：

> "我们不做墙头草，我们要向一边倒。"为响应毛主席的伟大号召，抵制美英帝国主义的文化侵袭，废弃学了 12 年的英文，改习的俄语。一切从字母学起，为了学会 P 字母的弹舌音，狠下了一番功夫。

钟群鹏自然也一样，有一阵没事就练弹舌音，功夫不负有心人，进步很快，第一学期俄文就得到了 5 分的好成绩。因为俄语学得好，成绩也不错，还参加了留苏预备班的选拔。虽说其他一切条件都出色，但因为父亲曾在国民政府任职，政审没有通过，没能成为赴苏的留学生，也算是大学生涯的一个小小遗憾吧。

在教学方式上，也是彻底"一边倒"学习苏联，除辅导课和俄语外，都是采用"六节一贯制"连续大班上课。据闻，苏联学生大多不住校，一个半小时的课连上三堂，中间无午休，是为了方便早点放学回家。而咱们的学生都是住校，不急着放学，但中午却常常饿得晕头转向、头晕眼花。为了解决这一问题，清华食堂便做了大肉包子在课间推车叫卖，以解同学们的燃眉之急。后来学校还是做了调整，改成上午 4 节，下午 2 节。

至于考试，也全盘学习苏联。所有大课均用口试，优点是比较自由，不限时间，可以在考场内饮茶、抽烟，出门"方便"，饿了托在外轮候的同学送饭，只是苦了主考老师，不知几点钟才能回家，尤其是过年时节。

钟群鹏记得那时考试是抽签答题，进场顺序由该门课的课代表排定，每批四五人，有出才有进。考试时学生从一个大搪瓷盆中抽取一支卷成香烟状的试卷，数学分析、物理等有计算的科目，先要现场做"香烟"上的笔试题，马上由这门课的辅导老师批改判分，再到主考老师那里进行口试。一般会问三个问题，如果答得含糊其词，则会被老师乘势追问，甚至追到概念不清等原则性错误，以 2 分不及格收场。当然，那些口齿清晰、思路清晰、基础扎实的同学，往往会得到 5 分的好成绩。不少人如是感叹："所有大课都用口试，真考本事。"而钟群鹏因为此前在团委、土改工作时经常写总结、作发言，锻炼了自己的逻辑思维和语言能力，口试时显得游刃有余，不像有的同学，肚子里有货，却说不出来。

苏联的影响无孔不入，甚至深入思想和感情。1953 年 3 月，钟群鹏和同学们难得放松一次，在北海公园春游并照了小合影，居然好几个同学在胳膊上都戴着黑纱，原来是苏联领导人斯大林去世，学生们也在自发哀悼。

由于是为北航培养第一批大学生，清华大学为钟群鹏这些学生配置了很强的师资力量。钟群鹏对此印象深刻，许多老师的课程也给他留下了深刻的印象。比如高为炳[①]老师讲授理论力学，讲起课来口若悬河、滔滔不绝，而且还不用讲义，写起板书也是信手拈来、从容不迫，这让钟群鹏惊讶至极，觉得高老师就是一个天才。高为炳造诣深厚，后来成为我国自动控制理论专家，发表论文 200 多篇，于 1991 年当选为中国科学院学部委员（院士）。

化学课由清华一位刘姓女老师教授，她口齿清楚、语调铿锵，讲课深入浅出，让人印象颇深。北航教务长樊恭烋的夫人陈纲主讲物理课，也是一位极受欢迎的老师。政治课还请到了刘弄潮教授在清华大礼堂为同学们上"新民主主义革命史"。他是早期的中共党员，讲课颇为精彩，结业时给同学们说了一个茅山道士求艺拜师，学了三年，用食指和中指学会夹苍蝇的故事，强调基本功的重要性，也给钟群鹏留下了深刻的印象。

老师讲课时也有颇多趣事，给紧张而略显枯燥的学业增添了不少乐

---

① 高为炳（1925-1994），河南卫辉人。自动控制专家，北京航空航天大学教授，中国科学院学部委员（院士）。

事。比如，投影几何由清华一位女老师在生物馆上课，最初上课已到冬日，这位老师穿着中山装式的大棉袄，行动言辞令同学们难辨其性别，直至春日稍暖，她脱去棉袄，同学们目瞪口呆，方知其"庐山真面目"。主讲航空概论的马恩春教授，满嘴东北口音，喜欢把分子运动形容为"烂（乱）蹦烂（乱）跳"，口试考试时，如用此四字描述，常常会收到嘉许的目光。教机械制图的徐乃祚教授，据闻在国民政府机械化部队任过军官，常含一支大雪茄，操苏北口音，曾扬言："我就是闭着'俺晴'（苏北话之"眼睛"）也能画出一台发动机来。"还有一位善于读错名字的彭姓清华物理辅导老师，每课必点名，每点必读错，如何铁（轶）伦、杨产（彦）备、柳思（恩）敏、苏桂桂（柱）、乐嘉伟（祎）、钱士湖（湘）、石七（仕）刚等，且屡纠不改，有些就成了同学的绰号，一直叫到今天。

由于课业偏重和一时不适应大学生活，头一两年里，许多同学的学习是比较吃力的，尤其是一些基础较差的调干生，有的甚至连高中都没有上过，更显吃力。志愿军战士出身的湖南同学柳恩敏就用乡音改编了若干课程的名称，如"头痛（投影）几何""不懂（普通）化学""航空怪（概）论""危急昏（微积分）"等，形象地反映出当时许多同学的状况，一时流传甚广。

钟群鹏虽然也是调干生，高中也只读了一年半，但得益于从小打下的扎实的数学基础和较强的学习能力，学习颇有些游刃有余。甚至有一次高等数学考试，将一个二元积分问题看成了三元积分，被老师夸奖说是"超出了考试的基本要求，应该得5+"。在清华的第二学期，学校按数学分析的考试成绩把11个小班整编成10个，前5班大致都是成绩较好的，钟群鹏从垫底的11班被调到了2班。

钟群鹏不仅数学成绩好，俄语也学得不错，连原来不擅长的体育也能获得优等成绩，还获得了清华劳卫制优秀奖章。

图3-3　1953年，钟群鹏获得清华劳卫制优秀奖章（钟群鹏提供）

清华的体育科目也是学习苏联的劳卫制①，即《准备劳动与卫国体育制度暂行条例和项目标准》，测验项目包括田径、体操、举重等，考验速度、力量、耐力、灵巧等多方面素质。当时，由于钟群鹏要参加留苏预备班的选拔，听说选拔对身体要求极为苛刻，连脚气都不许有。钟群鹏青少年时期生活困苦，身体并不强健，于是就开始积极锻炼身体。清华的钢琴班、诗词班、跳舞班等各种各样的兴趣班他都无暇参与，课余时间主要就是做运动。后来因家庭原因没有选入留苏预备班，锻炼的习惯却保持下来。在当时劳卫制一级通过的基础上，又向劳卫制优秀进军，长跑、短跑、单杠、双杠、跳高、跳远、引体向上等各个科目轮番训练，终于得到了劳卫制优秀奖章。全大班 327 人只有两个人得此殊荣，一个是大班体育干事杜昌年，后来当了哈尔滨 120 厂总工程师，另一个就是看似文弱的钟群鹏。

在班里，钟群鹏一直是团支部书记，1953 年 6 月，又开始参加北京航空学院党支部举办的党训班，向党组织靠拢，政治觉悟也在不断提高。看到有许多同学学习困难，他就号召大家结成对子、互相帮助，他自己就包干了外号"兔子"的李正荣同学的数学。

"兔子"同学初等数学都没学好，更何况高等数学，连续几次考试都没及格。钟群鹏就下决心说："我辅导你，一定把你学习弄上去，一定不能让你掉队。"在钟群鹏的帮助下，"兔子"同学成绩逐步上升，虽然最后留了级，但最终还真没掉队。面对这种情况，钟群鹏曾经开玩笑说："'兔子'还是脑子好使……"李正荣确实有才，不仅从北航顺利毕业，后来还成为贵州 011 基地总设计师、所长，北航最早的校徽也是他设计的。

尽管大家都十分勤奋，互相帮助，但学业就是这么残酷，同学中留级

---

① "劳卫制"的创始者是苏联。苏联和东欧一些国家强调在增强学生体质的基础上，"注重奥运会的运动项目"。1931 年 3 月 14 日，根据列宁共青团的倡议，苏联部长会议体育运动委员会颁布第一个《准备劳动与保卫祖国体育制度》，即通过运动项目的等级测试，促进国民特别是青少年积极参加各项体育运动，以提高身体的体力、耐力、速度、灵巧等素质，按年龄组别制定达标标准。1951 年，北京率先实施与"劳卫制"相仿的《体育锻炼标准》。之后，上海也试行了《体育锻炼标准》。1954 年，国家体委干脆使用"劳卫制"之名，颁布了《准备劳动与卫国体育制度暂行条例和项目标准》。

或者退学的也不在少数。327 名清华同窗后来只有 200 多人完成学业参加了毕业合照。钟群鹏也没有拍毕业照，因为他大三没读完就因学业出色被安排去读研，本科算是肄业。

八方英才建北航

钟群鹏在清华借读了一年半，1953 年底，在北航位于柏彦庄的新校址刚刚建成一座宿舍楼后，就搬进新校园，真正开始了北航的求学生涯。

钟群鹏在大一时，就参加过北航成立大典。由于那时新校址还是一片农田和坟地，北航采取的是分散、借居办学。当时学校分成三个部分，北航一部在清华，钟群鹏就在清华借读；北航二部在中法大学（后来的北京工业学院），北航的筹委会就在这里；北京工业学院附近有一个地方叫车道沟，车道沟有一座延安大楼，北航三部就在此地。学生在三个地方，老师也需要三个地方跑着上课，十分不便，尽快开工建校是众望所归。

1953 年 6 月 1 日，新校址建设正式动工，钟群鹏又一次作为学生代表参加了奠基仪式。那时候，中央和北京市委很重视北航的建设，调派了国家最优秀的资源，可谓是"八方英才建北航"。

从建设方面来说，北京市委把北航基本建设列入重点工程，由市建筑工程局第五、第六公司承办，同时第二机械工业部也停止了部分工程，抽调第二工程处的力量来承担一部分任务。北航自己也组织了一批力量，修建了 900 多平方米的工程。当时北航基建的施工人数保持在 4000 人左右，最高时超过 5000 人。参与基建的还有北京市第三建筑公司"张百发钢筋工青年突击队"，队长张百发后来出任北京市副市长。大家日夜兼程地奋战施工，1953 年 10 月初即让全体学生及部分单身教职工迁入了新校舍，结束了师生员工分散借居的状态。一所大学的基建施工只进行了四个多月，这不能不说是一个奇迹。

从师资方面说，北航是由全国八大院校合并而成的新院校，清华大

图3-4　1953年6月1日，北京航空学院新校址建设正式动工（资料来源：北航档案馆）

学、北洋大学、西北工学院、厦门大学、北京工业学院、云南大学、四川大学、西南工专等八所院校航空系的老师几乎都被调来支援北航的建设。王洪星担任主任的北洋大学航空系只有4位教授，简陋得连办公室都没有，曾有一个班仅仅4名学生，毕业后全都留系任教，高镇同[①]院士就是其中之一，其时他刚任教两年的北洋大学航空系就合并到了北航。王洪星力赞八校航空系合并"对于发展中国的航空事业是非常有利的"。清华大学航空工程学院院长、空气动力学家沈元，后来的"两弹"功勋屠守锷，发动机专家宁榥，结构力学专家王德荣，都有西南联大航空系的渊源和国外名校取得学位的经历。西北工学院航空系主任王俊奎是固体力学专家，张桂联是飞行力学专家，厦门大学航空系主任林士谔是陀螺专家，云南大学航空系主任王绍曾是留法的发动机专家……全校精英荟萃，济济一堂。

根据1952年11月上报教育部的《高等学校普查表》记载，北航建校

[①]　高镇同（1928—2025），江西都昌人。结构疲劳专家，北京航空航天大学教授，博士生导师，中国科学院学部委员（院士）。

之初，全校共有教师 158 人，其中教授 27 人、副教授 19 人、讲师 17 人、助教 50 人、兼任教师 45 人，另有职员 28 人、工警 14 人。学生中有本科生 980 人，专科生 88 人，研究生 26 人，除了新招的北航首届本科新生 600 多人，还包括合并过来的其他年级和类别的学生。

仪器设备也是各方支持。据建校元老赵震炎在《聊聊我们建校时的"家当"》一文，当时学校的仪器设备主要来自清华航空系，由于王德荣主任尽力争取了庚子赔款基金，建起了结构强度、发动机和空气动力学三个实验室。有些东西还是因陋就简自己攒的，如空气动力实验室最主要的设备"回流式铁制风洞"，是由英国伦敦大学帝国理工学院航空系博士毕业的空气动力学专家沈元教授设计的，赵震炎他们去天桥旧货市场买来电机，把日本飞机上拆下来的螺旋桨锯掉顶端用作风扇，用市面上的手动磅秤改装成测力用的天秤，艰难困苦中建起了这座承担了不少教学科研任务的风洞。据说苏联专家于 1951 年来参观时，认为实验室的这些设备"如同儿戏"，与莫斯科航空学院的先进设备相比，实在是太小儿科了。那时的条件真是令人心酸。也有老师回忆说，当时四川大学航空工程系的飞机、发动机和仪表仪器，是全国航空系中最多的，全都从四川托运了过来。川大航空系师生来到北京后，学校还专门派人回成都拆运了美国运输机 C-47 和夜间战斗机 P-61（即全球稀有的"黑寡妇"，至今还是北航航空航天博物馆的镇馆之宝，是全球仅剩的两架之一）。

钟群鹏来到新北航时，主教学楼还没有完工，基本建设的后续工作直到 1957 年才全部完成。虽然宿舍楼已能入住，但这段时间里，校园连个院墙也没有，周围拉着铁丝网，一下雨，通往校园的土路就泥泞难行。食

图 3-5 初建成的北京航空学院全景（资料来源：北航档案馆）

堂没有完工，师生们只能露天吃饭。教学楼没有完工，大家就在工棚改建的临时教室里上课。校内连个正经厕所都没有，就在宿舍外面挖个坑，搭上两块板，围上一圈席子，露天解决。

上课的环境实在艰苦，工棚没有大门，上课时就靠煤气炉子的管道供暖。这显然无法抵御北京冬天的严寒，老师们给学生上课时，往往手冻得粉笔都拿不住，学生们记笔记也是哆哆嗦嗦的。学校食堂出门就是污水坑，冬天结冰，常常有人不小心"扑通"一声就掉到坑里，弄得一身污浊。宿舍楼刚开始没有自来水，冬天早起同学们排着队压井取水，然后就地洗脸，老师的洗漱也在露天。洗澡就更不可能了，每逢周末，钟群鹏这些清华来的学生便三五成群，佩清华校章，前往清华洗个热水澡，顺便买个大肉包打牙祭。

然而，环境再恶劣，条件再艰苦，也挡不住北航师生工作和学习的热情，建校初期的北航，洋溢着一种十分可贵的乐观主义精神。每个人都欢欣鼓舞于有了可以顺利开展教学和研究的校舍，而对简陋的条件毫不在意。当时担任基建工作负责人的王大昌（后任北京航空学院院长）回忆："这些条件可以说是不够好的，可是大家都是精神饱满、意气风发，为着今天的航空学院而努力地学习着、工作着，为革命的事业而千方百计地克服着面临的一切困难。"

日常，同学们也会自主进行一些文化活动。比如，钟群鹏作为班团支书，就曾经组织与北航对面女生多的北医（即现在的北京大学医学部）搞班级联欢活动，颇受班里男同学的欢迎。

环境虽然艰苦，但钟群鹏他们的学习却更加努力。当时的同学间流行一个顺口溜："上课进工棚，吃饭坐石阶，跳舞在走廊。"没有舞厅，可在走廊上跳舞；没有自习室，没有图书馆，他们露天看书；停电或熄灯后，则在路灯下学习、备考。回忆那时候的学习和生活，钟群鹏说："学习是紧张的，生活是艰苦的，情绪是乐观的，业余是丰富的，活动是多样的，成长是茁壮的。"

北航学生学习拼命是有名的，后来担任副院长的叶家康回忆说："那时候统计过学生的学习时间，每周我是学七八十小时，平均每天大概十小时。"钟群鹏也一样，心无旁骛、专心致志，大学本科记分册上的优秀成绩就是其学习刻苦的证明。另外，钟群鹏还参加了2次课程设计和1次生产实习，其中机器零件方面的课程设计为优，起重运输机方面的课程设计为良，为期一个月的生产实习成绩也为优。

北航建校之初，全面学习苏联的教学方式，学生老师一时都适应不了。后来，高等教育部于1955年3月发出了研究和解决高等工业学校学生负担过重问题的指示，提出"学习苏联必须与中国实际相结合"，贯彻"学少一点，学好一点"的原则。3月8日，高等教育部的调查组还专程来北航进行调查。

但是，钟群鹏大学的头几年没有赶上"减负"，他努力学好每一门课，高等数学、材料力学等学科学得尤其认真。材料力学这门课不但是弹性力学和塑性力学的基础，也与各种各样的力学包括理论力学、原子力学、量子力学都有关系。在老师的带领下，他在学习中将原理、思路、方法和案例融会贯通，系统地掌握了这门课程。钟群鹏后来研究失效分析，材料力学这门基础课还真是派上了大用场。

因为学校学习苏联模式，目标是培养工程师，所以工程画、金属工学、机械制图、机器零件、公差及技术测量、金属切削刀具机床及机械加工施工学、电工学、飞机构造及强度计算、金属热加工和焊接、航空发动机、起重运输机等具体科目很多，实践经验学得也很扎实。学校还特别重视生产实习，有多个实习环节，还要去各地航空厂所亲身实践。钟群鹏在二年级生产实习的时候，车工、铸工、钳工都没少练。考车工时，要用ER62的车床车一个球，这是二维运动，拿着原料两只手既做轴向运动又做水平运动，车出来的球体表面光洁度和尺寸都合格。钟群鹏心灵手巧，居然考取了三级车工资质。1955年6—7月，他们还在梁炳文老师的带领下，去江西320厂 ①（又称洪都机械厂）实习了一个月，钟群鹏还当上了实习队的小领导。320厂是由国民政府留下来的飞机修理厂改建的，1953年已经按照苏联雅克-18飞机的图纸仿制出了教练机，去那里学习专业性很

① 江西洪都航空工业集团，代号320厂，简称"洪都"。1951年，华东空军22厂迁至南昌，与南昌航空合并组建国营320厂。

图 3-6　1955 年，北京航空学院优秀团支部代表合影（一排左 1 为钟群鹏，陈汴琨提供）

强的设计和施工都是很贴心的安排。

在北航，钟群鹏给同学们的印象大都是年轻、锐气、聪明、乐于助人，工作学习都很努力。作为 2 班团支部书记，钟群鹏坚持"不让一个人掉队"的理念，28 个人的小班，互相鼓励和帮助，争取都考及格不留级。确实，这个班在钟群鹏读研离开前一直都没有人被淘汰，团支部也被评为优秀团支部。由于在政治上表现积极，钟群鹏终于在自己 20 岁那年——1954 年 9 月 18 日，被批准为一名中共候补党员（即预备党员），入党介绍人是党支部书记张凝及党员吕惠然。其后，钟群鹏于 1955 年 9 月 18 日转正成为中国共产党党员。

不过，在同学心目中十分聪明的钟群鹏，大学生活中也没少"犯傻"。"犯傻"的证据之一，就是弟弟寿鹏把自己的上海牌手表留给了钟群鹏，但当时倡导"艰苦朴素"，低调的钟群鹏就把这块手表放在饼干桶里，后来居然忘了，大扫除时把饼干桶给扔了。"犯傻"的证据之二，就是钟群鹏上大学的时候有一件丝绵的棉袄，穿了一年以后领子脏了，他就把衣服送到洗衣户那里让人清洗，结果也是彻底忘却了这码事，丝绵棉袄再也没找回。另外，钟群鹏穿衣也糊涂，宿舍的人都很懒，衣服没有几件，脏了也不洗，挂在宿舍中间的铁丝上"干洗"，钟群鹏穿衣常常是从脏的衣服里挑一件比较干净的穿上，还常常糊涂到穿错别人的衣服。

学海无涯频加速

1955 年 11 月，钟群鹏的大学生涯迎来一次大的转折——本科还没读完，他便从北京航空学院飞机工艺专业肄业，随即进入北航新设立的航空冶金系金相热处理专业继续深造，开始攻读硕士学位。

对于这样的变化，钟群鹏当时也有些摸不着头脑，以至于党支部书记、他的入党介绍人张凝找他谈话，说要调他当研究生时，钟群鹏甚至还想："大学还差一年半呢，就要读研究生，这不太可能吧。是不是党支部有意考验我，看我是不是服从党的安排和分配？"

其实，这还真不是什么考验，而是当时北京航空学院要扩充完善专业，新成立了航空冶金系（后调整更名为航空热加工工艺系）。钟群鹏他们这批研究生是要转行到新开的航空冶金系读研以充实师资的。

事实上，在 1954 年的时候，北京航空学院就已经开始着手进行院系拓展了。当时，北京航空学院在模仿莫斯科航空学院的基础上，成立了飞机组（系）和发动机组（系）两个系，并没有涉及材料、电子、仪器仪表等专业领域。1955 年，北京航空学院院长武光[①] 到莫斯科航空工艺学院进行考察，回来后就决定模仿莫斯科航空工艺学院，增设飞机设备组（系）和航空冶金组（系），并将航空冶金组（系）排名为第 4 组（系）。据悉，当时为了有别于北京钢铁学院等其他院校的冶金系，北航将系名确定为航空冶金系。由于缺少师资力量，武光院长从莫斯科航空工艺学院聘请了一批

---

① 武光（1912–2015），河北深泽人，北京航空学院第一任院长、党委书记。1963 年任中共新疆维吾尔自治区党委书记处书记、新疆维吾尔自治区人民政府第一副主席。1979 年任中国社会科学院副院长、党组副书记。1982 年任北京市人民代表大会常务委员会副主任。1986 年离休。

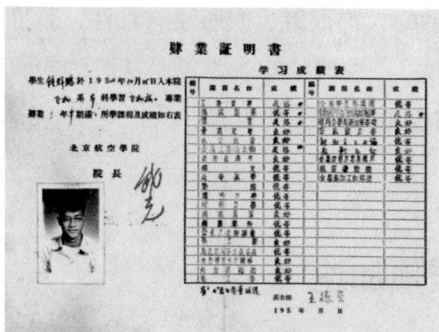

图 3-7　1955 年，钟群鹏大学肄业证书
（钟群鹏提供）

相关专业的专家来北航讲学，一方面帮助指导专业设置和教学计划等，另一方面为新专业培养一批师资研究生。而钟群鹏就是学校挑选出来接受苏联专家培训的师资研究生之一。

最初听说要转专业读研时，钟群鹏心里有些犹豫。他上大学最初的理想是要做一名飞机制造"红色工程师"，一下子要转专业，以前的东西不是白学了吗？大一的时候学过一门冶金概论的基础课，当时自己只得了个及格，这时把自己调到冶金专业，这不是"历史的误会"吗？不过，转念一想，学航空冶金也是为飞机制造出力，而且学校这么重视新专业，还请苏联专家亲自授课，选人一定是精挑细选的，不能辜负学校对自己的信任。想了好久，钟群鹏还是决定以服从分配为荣，转专业去读研究生。实际上，钟群鹏还算好的，转专业还有上级找他通知协商，有的同学根本没人征求意见，懵懵懂懂就转专业成了研究生。据同学陈汴琨回忆，他转读研究生很简单，没人通知，也没有考试，有一天晚上，被通知到一个小教室开会，去后已有一批同学到场。会上武光院长讲话直接宣布了决定，从此他便正式成为金相热处理专业研究生。①

航空冶金系的筹建由北航建校元老吴云书②教授挑头，他曾赴美进修，后随西北工学院并入清华，1952 年参加了创建北航的工作。航空冶金系在原 710 金属工艺学教研室的基础上成立，当时，教研室只有吴云书教授、饶国璋教授、徐碧宇教授、彭德一副教授、张铨南讲师和谢希文讲师等十几位教师和实验人员。航空冶金系共建设金相热处理、焊接、压力加工、

①　陈汴琨访谈，2018 年 12 月 6 日，北京。资料存于采集工程数据库。

②　吴云书（1918-2009），陕西高陵人，材料科学与工程专家。1942 年毕业于西北工学院航空系，1945 年赴美进修，1947 年回西北工学院任教。1952 年后，历任北京航空学院教授、学术委员会副主任，中国航空学会第三届理事兼复合材料专业委员会主任，中国金属学会第一、二届理事，北京电镀学会理事长，美国电镀学会国际委员会委员。

铸造 4 个专业。新成立的航空冶金系是先招研究生后招本科生，从飞机和发动机系抽调些在读的三四五年级本科生跳级攻读航空冶金系研究生。四个专业共计 54 名学生，每个专业都有一位苏联专家进行指导，钟群鹏所在的金相班一共 13 人，导师是苏联的副教授、铝合金热处理专家齐尔彼奇尼科夫。

1955 年 11 月，钟群鹏从本科居住的学生 2 宿舍搬到了条件更好的四人一间房的学生 9 宿舍，正式开始了读研生涯。当时，学校非常重视对这些研究生的培养，除了苏联专家以外，还调派了本校甚至外校的知名老师任教。苏联导师齐尔彼奇尼科夫主讲有色金属合金热处理及课程设计指导，钱世民、谢希文老师担任俄语翻译。曾实、吴云书、李继尧等教师主讲物理化学、轻有色金属学、冶金过程原理、冶金炉及课程设计等主要学位课程。另外，还请来清华、钢院、东北工学院等学校老师主讲三元系、X 射线学、弹性力学等课程，著名材料学家徐祖耀也曾被请来教授金属学原理。一共 20 多门课程，几乎都是国内最优秀的老师代课。

钟群鹏这批研究生，在本科就学了二三十门课程，还没有毕业又转读研究生，重新安排了二十多门课，负担很重。再加上老师对学习要求严格，尤其是苏联老师上课，齐尔彼奇尼科夫不懂中文，全程俄文授课，用的教材也是莫斯科航空学院的俄语教材，下课还要看俄文讲义，虽说有翻译，但就算是钟群鹏这样俄语学得还算不错的，听起来也十分费劲。那段时间，研究生们拼命学习俄语，仅仅是适应苏联专家的课，就费了极大的工夫，更何况其他的课业也十分繁重，这段时间，大家真可谓是废寝忘食地学习。

钟群鹏也不例外，加上本身就觉得自己冶金学基础不足，学起来更加努力。在班里，钟群鹏被大家叫作"拼命三郎——钟三"，可见其学习之勤奋。一直以来，在学习这件事上他从来没有掉过链子，二十多门课程一门也没落下，其中六门被评为优秀，毕业设计也得了优，其研究生毕业证后来还被校史馆保存。

1956 年，在研究生学习期间，钟群鹏终于得到机会可以回家探亲了，这也使他从繁重学业中抽出身来，难得放松一下。

在大学这几年，钟群鹏和家人一直有书信往来，自己学业上的一些变化家里都知道，母亲也常常来信，将家里的事情娓娓道来，让在外求学的钟群鹏也能时时感受父母的关心，一解思乡之情。不过，书信毕竟隔了一层，能有机会回乡探亲，还是让钟群鹏激动不已。要知道，同学中有人远不如他，硬是5年学习期间都没能回家一趟。

离家数年，人世沧桑，家乡的一切都让钟群鹏感到亲切，尤其是父母的关心，更是让他感动不已。母亲见了钟群鹏，兴奋异常，光听儿子叫一声"妈"并不满足，得要变着花样用各地口音连叫三样——"恩姆""姆妈""娘"，她才高兴。在家住了7天，母亲鸡鸭鱼肉换着花样做出各种好吃的招待他。父亲已经非常苍老了，当时在上虞东关镇肖金乡中心小学当历史教员，虽说当面没表现出多少激动和喜悦，但其后几天，好几次起得老早，走好几里路到东关镇去买肖金乡没有的蔬菜，看着父亲的背影，钟群鹏也感受到一份浓浓的爱意。也就是在这次省亲之后，钟群鹏更深切地感受了父母生活的不易和自己的家庭责任，开始寄钱回去维持家用。后来他的工资从每月28元涨到51.75元，他给父母15元，弟弟10元，以至于自己完全没有积蓄。

回校以后，钟群鹏所在的航空冶金系调整更名为航空热加工工艺系。在导师齐尔彼奇尼科夫的带领下，课业顺利进行。但渐渐地，钟群鹏他们却感受到了一丝不和谐的音符。1956年赫鲁晓夫在苏共二十大发表《关于个人崇拜及其后果》的报告，引发中苏论战。此后，中苏之间的矛盾和冲突日渐加剧。随着1958年8月苏联和中国因"长波电台""联合舰队"等问题而产生激烈争执，再加上中国对金门岛的炮击行动，两国之间的分歧不断扩大，逐渐拉开了中苏"冷战"的序幕。1957年，尽管中苏还没有完全闹翻，但双方的"蜜月期"已经结束，不断有援助中国的苏联专家被要求撤回苏联，北航的苏联专家也被要求于当年7月撤回。

情况紧急，系领导决定要赶在苏联专家回国前完成课程设计和毕业设计。钟群鹏班上一共13人，苏联导师的精力有限，每个人都提前做毕业设计肯定来不及。于是，组织上抽调了钟群鹏、赵敬世、田荣璋、董宁辉4名成绩最优秀的同学跟着苏联导师搞突击。

1957 年 3—4 月，钟群鹏跟着齐尔彼奇尼科夫做了一个月的"有色金属合金热处理"课程设计，之后要在齐尔彼奇尼科夫回国前完成"飞机工厂有色合金热处理车间设计"的毕业设计任务。

三个月要完成研究生的毕业设计，留给钟群鹏的时间实在太少，只能没白天没黑夜地拼命干，昼夜兼程写论文、做设计。钟群鹏后来回忆说："当时学习劲头上来了，谁也挡不住，那真是拼命加玩命，天天开夜车，几天几夜不睡觉，困了在桌子上趴一会就算了。"

当时，钟群鹏他们在四号楼西边的一间房做毕业设计。由于经常加班到深夜，学校保卫组的人不了解情况，觉得很奇怪，这几个房间怎么昼夜不关灯？于是，一天半夜，保卫处队长来盘查，他也不敲门进屋，就来到窗下朝里看。钟群鹏正在画图，一抬头突然看见深夜里窗根底下站了一个人，吓了一大跳。保卫处队长进来严肃地询问："你们是怎么回事？在干什么？"钟群鹏回答："我们毕业设计，赶任务。"队长看到屋里是一派繁忙的学习场景，就放心离开了。①

夜以继日地学习，强度太大，钟群鹏好不容易养好的身体一下子又垮了下来。突击毕业设计这段时间，他瘦了足有 14 斤，不仅身体严重受损，还得了严重的夜盲症。那时候东操场和教学区是靠铁丝网拦着的，边上有个小门，有天晚上急急忙忙去教学区，视力不好没有看见铁丝网，一头撞了上去，头破血流，之后草草把血一擦，继续去教学楼学习。

功夫不负有心人，钟群鹏等四人排除一切干扰，通过疯狂的突击，在三个月内如期完成了毕业设计，并于 1957 年 7 月 15 日迎来了毕业答辩。齐尔彼奇尼科夫、吴云书、颜鸣皋、范棠等专家组成答辩委员会，钟群鹏等三人毕业设计论文成绩评定为"优"，顺利通过。

答辩结束，苏联专家很快就要回国。金相热处理班的 13 个研究生在一起商量：老师要走了，我们总得请他吃顿饭吧。于是，13 个人就一起包饺子，请老师吃了一顿饭。齐尔彼奇尼科夫感怀北航和同学们的情谊，回国前邀请部分教师和金相研究生班的同学到北京友谊宾馆驻地赴宴。作为

---

① 钟群鹏访谈，2018 年 11 月 16 日，北京。资料存于采集工程数据库。

图 3-8　1957 年，金相班毕业生与苏联导师合影（二排右 2 为钟群鹏，陈汴琨提供）

答谢，系主任吴云书和部分师生邀请苏联专家及其夫人在颐和园话别留念，并在园中听鹂馆正式宴请了专家夫妇。齐尔彼奇尼科夫 1956 年七八月来华，1957 年 8 月回国，一年多时间带出了四位研究生，也算是成果满满了。

大学时代结束了。钟群鹏用 5 年 4 个月的时间（高中一年半肄业，大学提前一年多肄业，研究生提前半年多毕业）完成了 9 年的学历教育，并以全优的成绩毕业。整个青年时期的求学经历，就是在不停地跳级、转学校、转专业，用现在的话说，钟群鹏学习就像"开了挂"一样，可谓是"学海无涯频加速"。

毕业后，钟群鹏、赵敬世等 4 人都留系任教，同学变为同事，参加教研室的教学、科研和实验室工作。金相班的其他 9 名研究生于 1958 年 2 月毕业，也都分配到了各高校当老师，其中陈汴琨、李崇谟等 4 名同学留在北航。

至此，1952 年北航建校起招收的第一批学生算是全部毕业了。这批学生是特殊的一代，他们经历了战火蔓延的少年时期，感受了新中国初建时蓬勃向上的无限生机，又赶上国家加大高等教育建设的好时机，几乎每个人都怀揣着为中华崛起而读书的雄心壮志，加倍珍惜这份来之不易的学习机会，因此成才率特别高，其中有 6 位 1952 级校友成为

图 3-9　1958 年，钟群鹏北京航空学院研究生结业证书（钟群鹏提供）

院士：1994年，王永志[①]、郭孔辉[②]当选中国工程院院士；1999年，钟群鹏、陈懋章[③]当选中国工程院院士，陶宝祺[④]当选中国科学院院士；2001年，戚发轫[⑤]当选中国工程院院士。

---

① 王永志（1932-2024），辽宁省昌图县人。航天技术专家，中国载人航天工程的开创者之一和学术技术带头人。曾任中国载人航天工程高级顾问，清华大学航天航空学院院长，中国运载火箭技术研究院院长，中国载人航天工程总设计师，航空航天部工业部科技委副主任暨运载火箭系列总设计师、地地导弹系列总设计师。

② 郭孔辉（1935- ），福建省福州市人。汽车设计研究专家，吉林大学汽车工程学院名誉院长。

③ 陈懋章（1936- ），四川省成都市人。航空发动机专家，北京航空航天大学教授、博士生导师。

④ 陶宝祺（1935-2001），江苏省常州市人。智能材料结构专家，南京航空航天大学教授、博士生导师。

⑤ 戚发轫（1933- ），辽宁省复县（现辽宁省瓦房店市）人。空间技术专家，神舟飞船总设计师，国际宇航科学院院士，中国空间技术研究院顾问，北京航空航天大学宇航学院名誉院长、博士生导师。

第四章
执教时期——且将厚积待薄发

从 1957 年毕业留校到 1976 年"文化大革命"结束的 20 年，是钟群鹏学术奠基的关键时期。这一阶段，他白手起家筹办高温陶瓷材料专业，并经历了实验室实践技能的淬炼和多门功课的教学实践，业务能力有了长足进步。即便是"文化大革命"期间也初心不改，一方面接受劳动锻炼，另一方面坚持科研教学。20 年的锻炼，厚积薄发，为之后在失效分析领域的创业打下了基础。

初入职场多淬炼

1957 年 7 月，钟群鹏以优异成绩研究生毕业后，留在北航航空热加工工艺系（四系）工作，属于高教 11 级，工资 69 元。

钟群鹏这批研究生最初培养的目的，就是拓展学校的师资力量，增强教师队伍。但钟群鹏刚毕业时，却没有直接教书，而是被分配到四系担任金属材料教研室的实验室主任，进行相关的实验室实践工作。对于这样的安排，钟群鹏是这样理解的：研究生阶段的学习主要是理论学习、课程学习、毕业作业学习，真正的实践比较少。作为研究航空材料的老师，不仅要有理论知识，还要有扎实的实践技能，这个时候多进行实践，淬炼实验技能，理论结合实践，夯实基础，才能为今后的教学乃至科研工作奠定更坚实的基础。

初到实验室，钟群鹏进行的第一项工作就是负责捷克产的一台淬火机床的安装与调试。这项工作从 1957 年 7 月底开始，一直到 1958 年 2 月才完全结束，使他全面了解感应热处理技术，掌握淬火机床的机械装置安装和操作技能，甚至还掌握了诸如电子管和线路设计这样的配套基础技术。

20 世纪 50 年代，感应热处理开始在国内应用，当时此工艺被称作"高周波淬火"。这门热处理新工艺具有加热快、局部淬火、节能、在线生产、便于自动化等特点，很快为热处理工作者所接受。感应淬火的主要目标是，提高工件的耐磨性，代替渗碳与氰化，缩短时间周期与降低生产成本。50 年代，随着苏联援建，感应加热技术大量进入我国机床、汽车、拖拉机制造行业。这项技术涉及的设备主要有感应加热电源、淬火机床、感应器三种。以淬火机床而论，50 年代是以进口淬火机床为主，最典型的就是捷克产 EKS-30 型通用淬火机床。北航在 1955 年就从捷克进口了一台淬火机床，为今后进行相关感应热处理加工零部件的实验做准备。只是当时北航还在筹建中，相关实验实践工作并没有展开，就一直没有安装，体量庞大的设备箱摆在教学四号楼一间实验室，足足占了半个房间。钟群鹏毕业时，相关实验实践工作逐步开展，钟群鹏与同学赵敬世等人就被学校安排参加淬火机床的安装与调试工作。

淬火机床是一台比较复杂的、当时是比较现代化的电气设备。利用淬火机床可以对金属材料进行感应热处理加工，其原理是先把零件加热，再快速冷却，以提高材料的性能。它不是一般的整件加热，而是对零件的表面进行集肤加热，将零件的表面加热到八九百摄氏度，而中心还是冷的，然后将零件放到冷却液里淬火，就会使得零件表面更硬、更耐磨、强度更好。

这台淬火机床有变频、加热、机械、冷却四个系统。其核心器件是一个对电流进行变频的电子仪器，靠的是电子管里面的线圈通电产热，从而对零件表面进行加热。钟群鹏他们面临的第一个任务就是把变频电子仪器组装起来。变频部分非常庞大，是一个长、宽、高各 1.5 米的电子管立方体。为了把机床安装起来，仅仅应用大学里学过的电工知识是远远不够的，钟群鹏就自学电子管和线路知识，还请了 718 厂 ① 的人来测试电子管线路。测试之后，就面临第二个任务——设计线圈。要根据淬火零件的要求，确定线圈的主要参数，不同的零件用不同的线圈。线圈是空心的，中间有铜管，围起来形成螺旋管，所以有工艺的要求，线圈中空部分通冷却液降温，以免加热时把电子管给熔化了。第三个任务是安装调试机械系统，要把整个机床运转起来，工件需要转动，电机经过变速齿轮箱，根据淬火的要求输出不同的速度让工件转起来。第四个是冷却系统，淬火需要突然冷却，机床有一个按钮，加热结束时按动按钮，工件会掉入冷却液里，冷却液有水、盐水、油等多种选择。为了避免热工件进入后冷却液迅速升温，还要有一套冷却液循环系统，维持冷却液的低温。采取的办法就是在地上挖一个大槽，槽里放冷却液，再安装一个泵带动冷却液循环起来，避免升温过快。

整个机床的安装调试极为复杂，而且涉及很多之前没有掌握的知识、技能。钟群鹏他们边学边练，经过长时间的奋战，终于让大大小小的零部件各就各位，把整台机床装配得初具规模。四个系统经过部分试车、整体试车、零件试加工，最后取得成功，花了将近一年的时间。这项工作大大丰富了钟群鹏在机械、电子、热处理等方面的知识，切实的实践使其综合能力得到了锻炼和提升。

这里有件事情需要特别提及，在对淬火机床进行后期开关试车时，曾经发生了一个意外。有一次钟群鹏看到机械系统的一对齿轮运转不均匀，就下意识地伸出右手食指摸了一下，一瞬间意外事故便发生了，手指不慎被机器绞住随着旋转的齿轮往里卷，惊惧之中他奋力往外一拔，万幸将食指及时拔了出来，指甲盖和指尖的肉被绞掉了，骨头露在外面。同事立即

① 20 世纪 50 年代初，苏联对中国实施援助，建造"718 联合厂"，又称华北无线电零部件厂，其下分 718、798、706、707、797、751 厂和 11 研究所。

骑自行车把他送去学校医务室治疗。

校医院的大夫看了手指伤口就判断："你的手指是被齿轮咬的，指骨突出、指皮不齐的断口是用力外拔的结果。"[①] 还说，"幸好手指是垂直进去的，要横向进去恐怕整个手掌都保不住。"钟群鹏很惊讶地听了大夫的分析，举着缝了针包扎后的手指出了医务室，一路还在琢磨：医生怎么知道我是垂直被咬的？他怎么知道我是强力拉出的呢？通过手指的断口就能分析出来受伤的过程，这给了钟群鹏很大的启示。这个手指自此便永远短了一截，他也从此对"断口"产生了极大的兴趣，并从手指断口延伸到事故零部件的断口分析，逐渐进入失效分析领域。

到实验室的第二项工作，就是负责金属学及化学热处理课程的辅导工作和实验课。这项工作从 1957 年 9 月开始，至 1958 年 1 月结束。

这项工作中，钟群鹏主要进行的是化学热处理的实验与实践。前面钟群鹏安装的高频淬火机床主要是进行感应热处理，不会改变工件的成分，而是靠淬火的方法产生相变。化学热处理则截然不同，是利用化学反应（有时兼用物理方法）改变钢件表层化学成分及组织结构。由于机械零件的失效和破坏大多萌发在表面层，特别是在可能引起磨损、疲劳、金属腐蚀、氧化等条件下工作的零件，表面层的性能尤为重要。经化学热处理后的钢件，实质上可以认为是一种特殊复合材料。

当时最常见的化学热处理方法是渗碳，把零件表面通过渗碳变成高碳钢，而改变表面的材料特性，更耐磨。而零件的中芯是低碳的，有韧度，这样零件就能多用了，磨不坏、拉不坏。渗碳的方法主要有三种——气体渗碳、固体渗碳和液体渗碳。渗碳工艺在机械制造、汽车制造、航空航天等领域具有广泛的应用，对于提高产品质量和使用寿命具有重要意义。

钟群鹏进行化学热处理实验时，三种方法都做了实验。他不仅做了常用的渗碳和渗氮，还做了渗铝、渗镍、渗铬、渗钨、渗钼等大量的实验。通过这样的实验，他学会了整套的热处理方法，更清晰地了解金属表面都能渗透怎样的成分，不同成分各自有怎样的性能，不同的表面处理能达到

---

① 中国工程院学部工作局：《中国工程院院士自述：第二卷》。北京：高等教育出版社，2008年，第 80 页。

怎样的表面性能。要知道，改变表面成分比改变组织的应用要更广泛，让一个低频的材料变成高频材料，不仅能够增加硬度、耐磨性、抗腐蚀性，还能增加高温性能，让处理过的金属在高温应用时尽管表面温度很高，但内部不受影响，还是十分坚韧。

在北航工作的第一年，通过淬火机床的安装和化学热处理的实验，钟群鹏掌握了感应热处理技术和化学热处理技术两种金属热处理技术，并积累了丰富的实践数据和经验。这对于他今后从事相关课程教学、金属材料分析甚至是以后的失效分析，无疑是开了一个好头。

航材研究"小跃进"

1958 年初，钟群鹏负责的淬火机床安装调试工作以及化学热处理的实验工作都处于收尾阶段时，轰轰烈烈的"大跃进"运动开始在全国展开，钟群鹏也不可避免地被卷入其中。

"大跃进"席卷全国，教育系统也受到影响，开展了轰轰烈烈的"教育革命"。当时的"教育革命"具体表现在三个方面：一是强调教育为无产阶级政治服务，开展"红专"大辩论，用当时流行的"插红旗""拔白旗"的方式，在批判所谓资产阶级学术思想的同时，组织学生编教材、编讲义；二是强调教育与生产劳动相结合，大搞不同形式的勤工俭学，在"大跃进"高潮中发展到组织师生大炼钢铁、大办工厂；三是用群众运动的方式办教育，实现各类教育的"大跃进"，特别是不顾条件开办一大批高等院校。

"大跃进"期间，不少学校停课，土法上马，大炼钢铁，到处听到"树红旗、拔白旗"的口号。但是，当时的北航在武光院长的带领下，并没有在"左"的狂潮中随波逐流，北航明确学校的工作重点是教学和科研，各种活动不能妨碍教学、科研。武光院长提出，我们"宁可要一百面'白旗'，也必须拿到教学、科研这面'红旗'"。武光院长不顾上级分配的炼钢吨位数，表示学校工作重点是教学与科研，可调部分职工参加，炼多少算多少。更为重要的是，北航在"大跃进"期间，还提出了自己设计、制造一架多用途飞机的想法。

1958 年 2 月 9 日和 12 日，在周恩来主持召开的教育问题座谈会上，王大昌、沈元副院长汇报了北航这一计划，当即得到周总理的肯定和支持，并亲自批准了 15 万元经费。武光院长在全院作了题为《争上游，居高浪，在社会主义竞赛的高潮中勇猛前进》的动员报告，航空学院不负其名，组织 1800 余名师生参加了这架轻型客机的研制，号召"苦战 100 天，一定要把'北航一号'送上天"，以此向国庆献礼。师生们在 35 天内完成了 2000 张图纸的设计，在 40 多个生产工种上完成了 50 万工时的制造，最终取得试飞成功，被北京市市长彭真命名为"北京一号"。[①] 1958 年 9 月 24 日试飞成功后，《人民日报》发表题为《航空教育事业的伟大胜利》的社论："'北京一号'飞机是我国航空史上的一个奇迹，而学校自己设计并制造飞机，更是我国所没有的创举。"现在"北京一号"还被静静地陈放在北京航空航天大学的博物馆里。在"大跃进"的形势和轻型客机研制的热浪中，各系纷纷提出探空火箭、涡轮螺桨中型客机、高空高速靶机、无

图 4-1　1958 年，北京航空学院师生制造的"北京一号"飞机（资料来源：北航档案馆）

---

① 北京航空航天大学校志编委会：《北京航空航天大学校志：1952-1992》。北京：北京航空航天大学出版社，2000 年，第 50 页。

人驾驶飞机控制系统等型号研制任务，并在同一年试飞成功了"北京二号"探空火箭和"北京五号"无人驾驶飞机。

钟群鹏并没有参加"北京一号"的研制工作。当时，八届二中全会号召，对任何权威都要无所畏惧，要敢想、敢说、敢做，要制造出新的耐高温、耐高压材料。钟群鹏、陈汏琨等航空热加工系的研究生在"大跃进"初期的主要工作就是进行耐高温高压的新材料研究，陈汏琨还参加了高温陶瓷材料的大熔炼。对于那时的钟群鹏，陈汏琨回忆说：

> 钟群鹏外号"钟三"，我们又叫他"拼命三郎"，他做事情都不顾自己累的。刚毕业时钟群鹏算是我们的"头儿"吧，我跟着他干。我们都是"革命加拼命"，睡觉起来就干活，干累了就睡。半夜食堂把一筐筐的大馒头、咸菜送到我们干活的地方，"大跃进"时期馒头不限量。①

图 4-2　1958 年，钟群鹏在"大跃进"运动中获北航先进工作者奖状（钟群鹏提供）

对于钟群鹏在"大跃进"初期到底干了什么，陈汏琨并不太清楚。1958 年 10 月，钟群鹏被评为北京航空学院"大跃进"运动先进工作者。②这让陈汏琨十分疑惑："'钟三'到底干了什么神秘的工作，能被评为先进？"

事实上，钟群鹏还真的参与了一项秘密科研项目——"响尾蛇"导弹仿制工作。

1958 年 9 月 24 日，国民党出动 20 多架战斗机空袭温州，这些战机装备了美国刚刚研制的首型具有实战能力的红外导引型短距空对空导弹——AIM-9"响尾蛇"导弹，与驻守的解放军空军部队展开了激烈空战。当时，陷入包围的飞行员王自重驾驶着歼-5 战斗机，以自杀式的方式迎面

---

① 陈汏琨访谈，2018 年 12 月 6 日，北京。资料存于采集工程数据库。
② 北京航空学院工作人员履历表。存于北航档案馆。

开火，一下击落了两架 F-86 敌机，敌机朝王自重一连发射了五枚 AIM-9 "响尾蛇"导弹，致其机毁人亡、壮烈牺牲。其中一枚导弹没有爆炸，落入农田。导弹迅速运抵北京，聂荣臻元帅亲自挂帅，带领一批技术人员展开了"55 号工程"——旨在研究"响尾蛇"导弹原理、反向解析其中技术。可惜当时中国缺乏对于这种红外导引新技术的认识和分析能力，更遑论仿制了，后来这枚"响尾蛇"导弹被苏联施压给要走了，破解后进行了技术共享。红外制导不是钟群鹏的业务领域，但材料研究却是他的专业。于是，钟群鹏作为分析师，参与了对"响尾蛇"导弹材料的分析工作。

> 这枚"响尾蛇"导弹 1.5 米长、0.2 米粗，它是红外线制导的，利用光、热进行目标追踪。我的工作是要分析"响尾蛇"导弹的壳体受力部分的材料组成和生产工艺，这就是工程中的逆向分析。这个逆向分析跟失效分析有点相似，对我在后面搞失效分析也起到了一定奠基和启蒙的作用。①

做这项工作没有经验可以借鉴。针对材料成分的分析，钟群鹏从最简单的砂轮火花定性鉴别，到光谱分析、能谱分析、化学分析都用了个遍，最后分析出这个导弹应用了一百多种材料制造；针对金属组织的分析，则

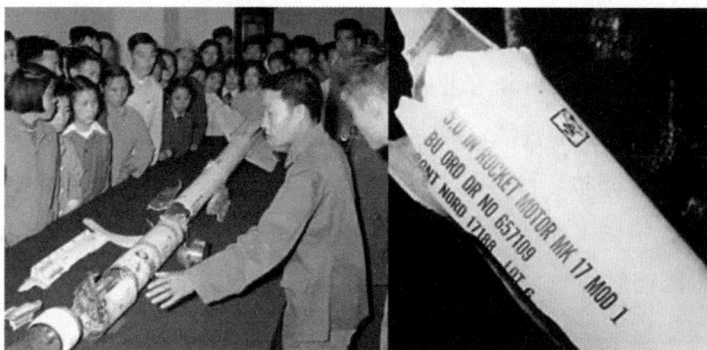

图 4-3　钟群鹏研究过的"响尾蛇"导弹（资料来源：北航档案馆）

---

① 钟群鹏访谈，2020 年 9 月 1 日，北京。资料存于采集工程数据库。

用了钟群鹏本专业分析金相的方法，当时没有透射电镜和扫描电镜，就用最大放大倍数 500 倍的光学显微镜进行金相分析；结构性能分析，则将材料做成小试件，进行力学拉伸试验等，测出它的力学性能和硬度。结构、性能、组织和成分等分析做完了，就把零件的材料、热处理工艺等推测出来，看看用什么国产材料可以生产，找不到现有材料的看看有什么材料可以代替。

"响尾蛇"导弹材料的研究分析工作，大大丰富了钟群鹏金属方面的知识，提高了其实验技术、实验分析能力以及对实验设备的熟悉程度。虽然钟群鹏没有参加北航"大跃进"的"北京一号"，却在航材研究上有了一个"小跃进"，也可以说是"失之东隅，收之桑榆"了。

筚路蓝缕砺新业

作为大学老师，留校的头一年，钟群鹏并未亲执教鞭登台讲学，而是从实验室工作干起，以夯实执教基础。直到 1958 年 12 月，他才真正开始自己的执教生涯，而这一开始就是高起点。学校任命钟群鹏担任高温陶瓷材料及原子能材料教研室副主任，负责筹办全新的高温陶瓷材料专业以及之后的教学工作。

事实上，北航筹办新专业的想法由来已久。1957—1960 年的三年间，我国三个机械工业部曾经轮流主管过北京航空学院的事务，学校院系和专业设置也时有调整。1954 年设立的航空热加工系原有 4 个专业，1957 年 10 月，第二机械工业部决定将北航锻造和铸造两个专业的师生并入西北工业大学，因而航空热加工系的 4 个专业一分为二。此后，吴云书主任就带领大家谋划起未来的发展方向，积极筹备往航空材料方向发展。1958 年 8 月，第三机械工业部同意北航设立航空材料系，将原航空热加工系改为航空材料系。但航空材料系仅剩金属学及热处理、焊接两个专业，显然不足以支撑整个航空材料系的发展，学校计划设立非金属材料、铸造和压力加工等专业。[①]

1960 年 1 月，主管北航的第一机械工业部"要求各航空院校大发展"，高等教育根据"大跃进"的形势，院系和专业设置得到迅速拓展。北航做出决策"建立新的专业和专门化"，4 月上报了"设 10 个系 41 个专业及专门化的方案"，其中航空材料系下设航空金属材料、精密合金、金属腐蚀及防护、航空非金属材料及工艺、粉末及陶瓷材料、航空原子能材料 6 个专业方向。但 5 月份上级只批准了 35 个专业，包括航空材料系申报的航空仪表及电工材料、金属强度理论、航空原子能材料在内的 7 个专业未获批准。较"大跃进"之前，北航由 1956 年的 5 个系 17 个专业扩展为 1960 年 5 月的 10 个系 35 个专业。1961 年北航归属国防科委领导，再次进行了几次专业增删与调整，变成了 8 个系 24 个专业，钟群鹏所在的航空材料系（四系）重新整合为 2 个专业，即航空金属材料、非金属材料及工艺。[②]

从后来的实际结果来看，钟群鹏负责筹办的全新的高温陶瓷材料专业仅培养了一批毕业生，到 1962 年这个专业就被下马了，似乎是做了无用功。但从长远来看，新专业的筹办不仅为北航以后更多专业的筹办积累了经验，而且尽管只培养了一批毕业生，但这些人才在今后中国航空材料领域都发挥了重要的作用，对整个航空事业的发展也起到了积极的促进作用。对钟群鹏而言，筚路蓝缕筹建一个新专业，其益处不仅在于新专业组织、协调、筹建以及教学等各方面经验的提升，更为重要的是，这一倾注心血、白手起家的过程曲折生动，是他整个执教生涯中一次难得的经历。

当时，航空材料系专业拓展时决定筹办三个绝密专业，分别是高温陶瓷材料专业、精密合金专业和原子能材料专业。钟群鹏负责高温陶瓷材料专业，其教研室称为 403 教研室，钟群鹏任副主任并代主任；李崇谟负责精密合金专业；周玺负责原子能材料专业。[③]

新专业筹办初期，可以说是一穷二白。尽管吴云书给出了按"材料科

---

① 北京航空航天大学校志编委会：《北京航空航天大学校志：1952-1992》。北京：北京航空航天大学出版社，2000 年，第 77 页。

② 同①，第 77-79 页。

③ 钟群鹏访谈，2018 年 11 月 23 日，北京。资料存于采集工程数据库。

学和工程"的概念建立专业的大方向，但当时一无师资、二无教材、三无设备、四无学生，"四大皆空"，对于筹办新专业这样一个要求很高的系统工程，真是举步维艰。但既然接受了任务，再多困难也得克服。新专业在钟群鹏的带领下，逢山开路、遇水搭桥，一步一个脚印，解决了一个个困难，顺利开展起来。

首先是解决师资问题。

当时负责该专业的 403 教研室只有钟群鹏、姜伟之和高元坤三位老师，后来正式开课时又增加了李方圆和王春生等老师。其他缺口老师则选拔一些年轻老师和学生去学校进修，临时培养。比如先后派高元坤老师到中南矿冶学院（现中南大学）进修粉末冶金，派洪文蔚到北京钢铁学院（现北京科技大学）学习金属物理，派孔令华到北京师范大学学习化学。① 另外，钟群鹏还从 1956 年进校的六四大班（1956 年入学的四系学生）中抽调赵荣生、王春生以及 1957 年入学的吴月贞、郑仲衔等学生提前毕业，先后派他们到中南矿冶学院和北京钢铁学院学习，以充实教师队伍。

为了培养老师，钟群鹏费尽心思和各个知名院校进行联系沟通，但过程也不是一帆风顺的。当时全国粉末冶金专业最强的是中南矿冶学院和北京钢铁学院，钟群鹏就联系两所学校主管教学的领导，请求支援，但结果却是一言难尽。钟群鹏记得，当时想多派人去中南矿冶学院进修粉末冶金，郑仲衔和高元坤都是重点培养对象，但对方只接受郑仲衔一个人。钟群鹏亲自上门协商，中南矿冶学院的领导就是不松口，钟群鹏急得都想跪下来求人，言辞恳切地对领导说："我们太缺老师了，我们下定决心想让航空航天领域用上粉末冶金材料，培养出人才，研究出成果，将来北航也会支持中南矿业学院，和你们合作，共同为国家航空航天事业出力。"但对方说："我们力量有限，就接受一个人。我们不需要北航的支持，也不会和北航合作。"从中南矿冶学院出来，钟群鹏痛苦万分，在路上甚至还哭了一鼻子，心想求人怎么这么难呢！② 好在后来经多方协调，中南矿冶学院

---

① 王崇琳：我们从这里起航——记北航七四大班的五年大学生活。2019 年，未刊稿。资料存于采集工程数据库。

② 钟群鹏访谈，2020 年 9 月 1 日，北京。资料存于采集工程数据库。

开了口子，答应北航派更多人来进修。高元坤也不负众望，进修回来立了大功，开了粉末冶金学这门课，颇受学生欢迎。

其次是解决教材问题。

除了翻译一些苏联教材，大部分教材还是钟群鹏带领老师们自己编写。比如专业主课之一陶瓷材料学的教材，就是钟群鹏和姜伟之主编的，1961年由北京科学教育出版社出版，封面标为"凌山编内部讲义"，"凌山"为403教研室的谐音。这套书高温陶瓷材料班的班长王崇琳保留了一套，珍存至今，因正值困难时期，印刷纸粗糙发黑，显得不那么高档。

自1960年3月筹建403教研室到1961年8月出版这套教材，总共只有一年半的时间。当时正逢三年困难时期，钟群鹏和众多老师饿着肚子编写这套教材，吃了很多苦。教材的内容十分扎实，涉及格里菲斯（Griffith）和奥罗万（Orowan）的强度理论，还有陶瓷材料在冷热过程中所形成的热应力及热震，讨论了脆性材料的威布尔（Weibull）强度统计理论。在材料部分系统概述了过渡族的碳/硼/氮/硅的化合物，它们的共同特点是熔点极高，具有优异的高温强度，将是航空和航天中的重要材料。

这些理论和知识，当时在国内并没有现成的资料，甚至国外资料也很难查到。王崇琳后来对这套教材的内容有了深入涉猎，他查阅1958年出版的中科院金属研究所译乌曼斯基等著《金属学物理基础》，未涉及强度理论和难熔化合物；英文版《物理冶金》涉及强度理论，1960年尚未出版中译本；俄文版《难熔化合物》在1961年中刚有出售。后来，他评价这套教材说：

> 姜伟之和钟群鹏两位老师写出这部教材，一定是阅读了大量俄文和英文资料，才能介绍当时在发展的强度理论及高熔点材料，他们的敬业精神是值得我

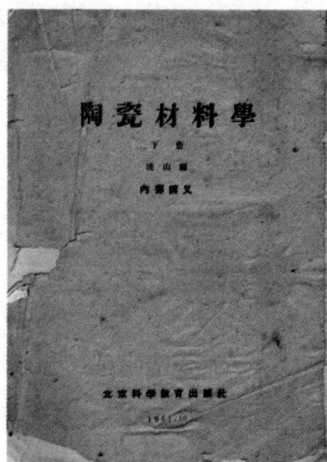

图4-4　1961年出版的《陶瓷材料学》教材（王崇琳提供）

们学习的。五十年过去了，才有国外学者系统总结这些理论。

再次是解决设备问题。

高温陶瓷材料专业是一门实验学科，需要实验室和实验设备。钟群鹏从创办新专业之初就积极想办法筹建实验室。他到生产刀头的株洲硬质合金厂去学习，对于如何从矿变成氧化钨、再变成钨粉，整个过程都认真了解；还到湖南某个开矿的地方去买稀有金属，如钨、铼等。

当时建立实验室有三样东西最重要。

一是球磨机。球磨机上有一个小球能转起来，转到上面时一下掉下来，球很重，把下面装的金属硬块磨成粉末，通过球磨来制粉。钟群鹏记得："我们当时买了球磨机，200多公斤重，我一个人搬运这个球磨机，结果腰受伤了。1959年受伤，我这个腰疼是干出来的。"

二是压力机床。将合金粉末压入一个试棒模具，用水压机来压制。有一次钟群鹏操作美国MTS机时，用手扶着模具，上冲头压下来，结果把小指压裂了。这是实验室里第二次受伤，他的小指头至今还留有一道疤痕。

三是碳管炉，与一般烧开水用的只能加热到1200℃的镍铬丝不同，碳管炉把碳管作为加热元件，用低压大电流通过碳管，就能加热到3000～3200℃，把金属放在碳管里烧结2～3小时就好了。当时钟群鹏他们自己设计制造变压器，将380伏电压变到20伏，变压器上有一个电极夹到碳管炉的管子上。

最后是解决学生问题。

学生从哪来？临时招一批大一新生从头学起，显然效率太低。于是，学校就从1957年入学的七四大班128名三年级学生中调了一批人，由原来的金相热处理和焊接专业改学精密合金、陶瓷材料、非金属和表面保护等新专业，时间是1960年3月。被称为"小班长"的王崇琳等17名三年级下学期的学生进入了陶瓷材料专业学习，毕业证上的学名叫"航空金属材料陶瓷材料专门化"专业。

关于这段转专业的历程，王崇琳回忆：

1958 年 5 月吴云书主任告知我们将改为航空材料各专业，1958 年 8 月底进入二年级上学期时，得知保留焊接专业外，将设立非金属材料、铸造和压力加工等专业。我报名并录为铸造班，编为 7412 班，共有 13 人。1959 年 11 月进入三年级上学期时，提出按材料学科调整专业，1960 年 3 月进入了三年级下学期，成立以下几个专业（专门化）：金属材料（主要是轻合金 Al/Mg/Ti），非金属材料，精密合金材料，表面保护和金属陶瓷。这实际上按"材料科学和工程"的概念建立专业。①

开门办学育英才

师资、教材、设备、学生等问题都解决了，新筹备的陶瓷材料专业就正式开课了。不过，最初钟群鹏他们的专业课准备还没有到位，同学们在学校上的还是金属腐蚀与表面防护、工业炉和热检验这样的基础理论课程。在北航，吴云书主任提出航空材料系课程要"半理半工"，要加强基础课和理论课程。遵循这一办学原则，转入陶瓷材料专业后，这批学生后来还陆续学习了 X 射线学、金属物理、飞行器概论、航空工业企业组织与计划、英语等课程，结合钟群鹏他们后来开设的陶瓷材料学、粉末冶金学等专业课程，这批学生在学校还是打下了非常牢固的航空材料学基础。

虽然没正式上课，但钟群鹏并不清闲，除了继续进行新专业的各项筹备工作之外，还赴上海为这批学生联系了工厂，进行专业实习。

那时期教育提倡"开门办学"，鼓励师生走出校门，到工厂、农村、部队、商店等"大课堂"去学习、办学。北航也一贯重视教学与生产劳动相结合，建校之初苏联专家帮助制定的五年制教学计划中，安排了 198 学

---

① 王崇琳：我们从这里起航——记北航七四大班的五年大学生活。2019 年，未刊稿。资料存于采集工程数据库。

时校内工厂实习和三次 6～8 周的下厂实习。[①] 北航师生于 1958 年试飞成功三个型号飞机，成了全国教学与科研、生产相结合的典型，更大力推动教育与生产劳动相结合、理论与实践相结合、脑力劳动与体力劳动相结合。如金属材料专业就把工艺性质课程改为课堂上只讲基本理论，加工工艺等具体内容采用半工半读的方式在生产中学习，使学生有 40% 的时间进行生产劳动。[②]

钟群鹏筹备陶瓷材料专业，也遵循"开门办学"的原则。1960 年下半年，在学生们基础课基本完成的情况下，为学生们在上海联系了杨浦区中南制铜厂、中国纺织机械厂两个实习单位，并于 1960 年 8 月 30 日—11 月 15 日，带领学生进行了为期两个半月的专业实习。

由于住不起旅馆，钟群鹏把学生们安置在一个小学内凑合，晚间将教室的课桌拼起来当床，白天将行李叠好，堆放在教室后面，坚持住了两个半月。

第一阶段实习的中南制铜厂是我国电解铜粉的一个重要基地。大部分同学工作在电解铜粉工段，其原理与电解铜相似，但电流密度很高，因而沉积出树枝状结晶的铜粉。工艺中的重要问题是提高电流效率，繁重劳动是常要刮下电极上的铜粉，从电解液中捞出用清水洗净，这项工作的诀窍是用肥皂水洗，在真空烘箱中干燥。由于肥皂中硬脂酸的极性羧基吸附于铜粉表面，而非极性向外，保证了铜粉不易氧化。后来以中南制铜厂为基础建立了上海 901 厂[③] 和宝鸡 902 厂[④]，成为我国电解铜粉重要基地。

第二阶段在中国纺织机械厂实习。有的同学被安排到气体雾化铜粉车间，学习研究气压对成粉率的影响。大部分同学在压制车间工作，工厂专门派老师傅为同学们讲述过如何设计冲床用含内外套的模具，冲床下行时

---

① 北京航空航天大学校志编委会：《北京航空航天大学校志：1952-1992》。北京：北京航空航天大学出版社，2000 年，第 102 页。

② 同①，第 51-52 页。

③ 上海 901 厂，位于松江石湖荡镇李塔汇长石路，是中国最大的有色冶炼生产基地之一，在历史上承担了重要的军事生产任务。

④ 宝鸡 902 厂，建于 1965 年，是宝钛集团的前身。1972 年更名为宝鸡有色金属加工厂，隶属于国家冶金工业部。20 世纪 80 年代后，中国有色金属工业总公司成立，宝鸡有色金属加工厂于 1983 年划归其主管。

先压外套，再压内套，实现了等比例压制，保证了球形轴承粉末零件密度均匀性，这是粉末冶金原理中的等压制性。老师傅当时还提出要实现压制自动化的设想，如今，粉末冶金零件厂大部分都采用了自动压机。

实习结束，学生们回北航继续学习。这一阶段，除了学习 X 射线学、金属物理、飞行器概论、航空工业企业组织与计划、英语等基础课程之外，还由姜伟之老师为学生们进行 30 学时陶瓷材料学（上）的教学，高元坤老师进行了 39 学时的粉末冶金学教学，同学们还完成了 20 学时的高温合金实验课程。这些都是重头的陶瓷材料专业课。在这之前，钟群鹏已经于 1961 年 1 月由助教提升为讲师。1962 年初，他带领同学们到 621 所[①]完成了第十个学期的学习兼毕业设计，时间是 1962 年 2—7 月。

当时周国怀老师担任队长，带非金属材料班到 621 所第 8 研究室；钟群鹏是副队长，带陶瓷材料班进入第 15 研究室；李崇谟是支部书记，带精密合金班到第 14 研究室。所带三个班共五六十人，在 621 所学习、生活了大半年。

在 621 所，钟群鹏讲了陶瓷材料学（下）的课程。上册是基础理论部分，下册是专业课和实践，当时 621 所很多人都来听了这门课，一次上课台下听众就有 100 多人，蔚为壮观。实际上，这也是钟群鹏作为老师第一次登台授课，某种意义而言，他的教学生涯就是从高温陶瓷材料学专业课开始的。第一次讲课，心里未免有些紧张，为了备课花费很大的精力，好在基本功扎实，课本又是自己参与编写的，而且向来口齿伶俐，思维活跃，上起课来很快就得心应手了，也得到了师生们的好评。上课之余，钟群鹏还要指导王崇琳、李东生、张孝和等四名学生做有关"高温弥散强化材料的研究工作"毕业论文。这段时间，又要上课，又要总管全班，又要带学生做毕业论文，日子过得忙碌而充实。

在 621 所的日子看起来都很顺利，只有一件事情例外，那就是饿肚子。此时正值三年困难时期，粮食定量，缺乏副食和油水，大家又在工厂"开门办学"，人人都吃不饱饭。后来有一段时间，连菜也没有，师生们只

① 621 所，即中国航发北京航空材料研究院（简称中国航发航材院），是中国航空发动机集团直属的综合性科研机构。成立于 1956 年，是"一五"计划的重点建设项目之一。

能用酱油泡饭。钟群鹏他们是研究生毕业，工资比其他人高，可以买一些高价食品，但是东西很贵，又限量。他们有时会买一些高价糖，花了很多钱买半斤，一口气就吃光了；偶尔买一个奶油卷，大家舍不得，一分为二分着吃。在挨饿的日子，钟群鹏自然也很想买高价食品，有一次在王府井看见油亮亮的桃酥5元一斤，吃不起，便暗下决心：以后有条件了要把桃酥吃个够。当时，很多人营养不良，身体浮肿，系主任吴云书首先得了肝炎，詹书记随后也得了肝炎。

在621所的半年里，有两件事让钟群鹏印象深刻，这两件事都和吃有关。

第一件事是打牙祭吃了一次黄羊肉。钟群鹏的粮食定量为31.5斤，对于缺少油水的壮小伙，这根本不够吃。当时的干部有些副食品补助，高级干部每月2斤肉、2斤鸡蛋、1斤白糖，被戏称为"肉蛋干部"；一般干部每月1斤白糖、每天2两豆子，被称为"糖豆干部"。钟群鹏是讲师，属于"糖豆干部"。621所当时是由国防科委主管的国防单位，粮食有特供，且保持了"过年办宴会"的习惯，有一次就把北航三位老师也请去了，一起吃黄羊肉。那顿饭钟群鹏吃了好多肉，足足饱餐一顿，能管好几天。

第二件事是"守株待兔"。621所地处偏远，周围有山，那时钟群鹏正自学德语，每天早上在外面晨读德语。有一天看见一只兔子跑过来，坐在他前面，原来是腿受伤了。他一弯腰就逮住了兔子，看它个子也不大，怪可怜的样子，就想放了。可是人都养不活的年代，兔子自然难逃厄运，有人提议把兔子宰了吃肉，由于没有佐料，就只有一块糖，便做了糖醋兔肉，几个人分着吃了。不光是兔子，钟群鹏和学生们也吃其他野生动物，王崇琳后来回忆，有一次，沈兆南和同学在马路上抓到一只刺猬，也煮了吃了。[①] 那年头别说是送上门的肉，就算是宿舍床头的咸菜，也常被人偷吃。所谓仓廪实而知礼节，饿肚子的年代连知识分子也体面不存。有一次，钟群鹏和几个同事在学校一食堂吃晚饭。突然停电了，等过了一会儿来电的时候，有人大喊起来："我的油饼呢？"不知道被谁摸黑偷吃了。

---

① 王崇琳访谈，2024年11月20日，北京。资料存于采集工程数据库。

图 4-5　1962 年 10 月，高温陶瓷材料专业部分师生合影（后排居中为钟群鹏，王崇琳提供）

就在这样艰苦的环境中，1962 年 7 月 11 日，在北航材料系办公楼的教室里，高温陶瓷材料专业举行了毕业论文答辩，所有同学都顺利通过，终于毕业了。对于自己主导新专业并带出的第一批毕业生，钟群鹏对他们充满了特殊的感情，称他们是"空前绝后的一届毕业生"。后来，这些毕业生都在自己的岗位上作出了突出贡献。

后来，这些同学们曾几次回到北航聚会参观，和老师们感情依旧。北航 60 周年校庆时，很多学生都来学校聚会并看望老师，聚会现场，钟群鹏还兴奋地即兴表演了评弹，兴致不减当年。

在诸多同学中，钟群鹏对自己亲自辅导的四名毕业生感情最深，不仅当时就给予了诸多帮助，而且之后也持续保持着来往。对此，这届毕业生的班长，毕业分配到位于沈阳的中科院金属研究所的王崇琳有着极深的印象。他回忆说：

毕业之后，10 月 24 日晚，我拜访了钟群鹏老师，他坐在床上，以一种兴奋的心情对我说："很好，科学院的条件很好，要求很高，要搞出东西来。科学院来的人问这两个人（指你和沈兆南）行不行，我回答行。"钟老师代我打了包票，这未免过早，但我应该认识到，这是对我的信任。他还说人生要"又红又专"，要"报效祖国、关心集体、不计名利"。钟老师还谈了很多，就是要我警惕个人主义、英雄主义的思想。要在科研中坚持正确的政治方向，不论在什么地方、干什么工作，都应该积极地要求入党。①

钟群鹏培养的这批学生，后来也的确都有出色的成就。王崇琳毕业后被分配到金属研究所从事相变和相图研究，并赴德国马克斯·普朗克金属所深造。这班学生后来在我国发起举行了粉末冶金国际会议，成为粉末冶金国际会议的骨干力量。直至今日，还有人从事粉末冶金工作，如李敏超成立了公司，生产氮化硼稀有原料销售国内外，并向北航材料学院捐赠了300万元，成立了"李敏超奖学金"，为培养材料专业人才作出了贡献。另外，李东生毕业后在621所搞摩擦片研究，其成果还被应用在波音飞机上。

回顾这次陶瓷材料专业的兴办，钟群鹏感触良多，认为"第一要有人才；第二要有方向；第三要有设备，构建基地；第四要有学生；第五要有服务，为国家服务。"②

深积潜累重修学

1962 年，适逢北航建校十周年，正当钟群鹏厉兵秣马，准备在高温陶瓷材料专业大展拳脚之时，这个专业却被取消了。

实际上，1961 年底，学校已经传出要调整专业的消息。1962 年，北京市委下令，凡是条件不成熟的专业，一律下马。北航四系就进行了专业调

---

① 王崇琳：我们从这里起航——记北航七四大班的五年大学生活。2019 年，未刊稿。资料存于采集工程数据库。

② 钟群鹏访谈，2020 年 9 月 1 日，北京。资料存于采集工程数据库。

整，只保留了航空金属材料、航空非金属材料及工艺两个材料专业，1960年新增的几个绝密专业，包括精密合金、金属腐蚀及防护、粉末及陶瓷材料、航空原子能材料等四个专业全部下马。

专业下马，钟群鹏被调回金属材料教研室，有感于这两年创办新专业时，自身基础理论知识较为薄弱，便向教研室主任陈昌麒建议，希望全教研室都能加强基础理论的学习，得到了陈昌麒主任的赞同。那段时期，整个教研室都着重加强了金属物理专业方面的基础知识学习，钟群鹏在此基础上，还系统学习了原子物理、统计物理、电动力学等学科的基础理论，进一步夯实了自己的专业理论基础。

实际上，在金属材料教研室进行理论学习之前，钟群鹏所在的高温陶瓷材料教研室和原子能材料教研室合并，钟群鹏也去参与了一段原子能材料的研究，进一步加强了自身对原子能材料方面的理论认知。当时，北航六四大班有个学生叫张子源，尝试用高压把铀-235和铀-237两个材料气化后渗透，因为这两个材料的原子量差2个，扩散速度有差别，渗透叶片时，铀-235比铀-237渗透得多一点，通过不断的渗透来提炼铀-235。当时钟群鹏和张子源一起进行放射性铀的研究，发表了9篇文章，主要以张子源为首。那时候，钟群鹏就觉得张子源尽管比自己小，但很有钻研劲头，理论知识扎实，这也成为他下决心加强基础理论学习的一个原因。①

理论学习具体学什么呢？既然是金属材料教研室，就从金属学开始学起。陈昌麒主任找来苏联专家古里亚耶夫写的《金属学原理》，厚厚的一大本，让教研室的每个人消化一章，搞透内容后再给教研室全体讲出来，既作为教学法，又作为教学内容，让研究室每个人就像讲课一样实战练兵。大家学得非常认真，还一起讨论其中的学术问题。钟群鹏由此奠定了金属材料专业的理论基础。

在这期间，钟群鹏还通过自学的方式，系统学习了苏联古里亚耶夫的《金属理论概要》，这本书算是金属材料学科基础理论的鼻祖。钟群鹏在本科期间学习了材料力学、理论力学、机构力学，研究生期间学了弹性力学，

---

① 钟群鹏访谈，2020年9月1日，北京。资料存于采集工程数据库。

此时又用了大概 1 年的时间，系统自学了经典力学、电动力学、量子力学以及热力学与统计物理这物理四大力学，进一步夯实了金属理论基础。

1962 年 7 月至次年 2 月，钟群鹏还为 1959 年入学的"9 字头"的学生（即北航后来的秘书长、出版社社长刘宝俊所在班），主讲过一门金属物理课程，有 90 多个课时。为了备课，他听了不少知名教授的课，一方面充实自己的理论基础，另一方面学习名师的教学方式。

他听过材料力学实验室主任高镇同的材料力学课。高镇同是我国知名的结构疲劳专家，曾经担任过 8 家飞机制造厂和研究所的技术顾问，1991 年当选中国科学院学部委员（院士）。高镇同讲课，黑板上的板书安排得明明白白，条理清晰，一目了然，而且上课不看讲稿，非常有魅力。

他听过我国飞行力学专家、飞机设计的奠基人之一张桂联[①]老师的课。张桂联老师讲课声音温和，"干货"很多，内容非常有科学价值。张桂联老师还是两院院士、被誉为"歼八之父"的顾诵芬[②]先生的老师，张老师在世时每年顾诵芬都来给他拜年。

他还听过发动机气动力学专家崔济亚[③]老师的热力学课。崔济亚教授在教学中不仅力求讲解清楚，还注意激发学生的学习兴趣，例如在讲解热力循环中热效率最高的卡诺循环时，他在黑板上画了个红灯笼，以说明热力循环热效率的极限，帮助学生深刻记忆。这个大红灯笼让钟群鹏几十年后回忆起来还是记忆犹新。

钟群鹏在清华进修期间，还专门去听钱伟长[④]的弹性力学课。钱老是

[①] 张桂联（1918-?），山西省五台县人。飞行力学专家，航空教育家，中国飞机设计的奠基人之一。

[②] 顾诵芬（1930-　），江苏苏州人。飞机空气动力学家，中国科学院学部委员（院士），中国工程院院士，中国航空工业集团公司科技委研究员，中国航空研究院名誉院长。中国自行设计、制造的高空高速歼击机的主要技术负责人之一。

[③] 崔济亚（1921-2012），江苏淮阴人。1941 年毕业于中央大学机械工程系，1946 年入英国伦敦大学帝国科学技术学院学习。回国后历任云南大学副教授、教授，北京工业学院、北京航空学院教授。长期从事航空发动机原理的教学与研究工作。1981 年被国务院审批为第一批博士生导师。

[④] 钱伟长（1912-2010），江苏无锡人。物理学、力学、应用数学家，教育家，社会活动家，中国科学院学部委员（院士），波兰科学院外籍院士，加拿大多伦多赖尔逊学院院士。曾任上海大学校长，上海市应用数学和力学研究所所长。

中国著名的"三钱"（"中国导弹之父"钱学森、"中国近代力学之父"钱伟长、"中国原子弹之父"钱三强）之一，赫赫有名的力学专家，之前已经不怎么讲课，任中国科学院力学研究所副所长，专门搞研究，但此时钱老已经被划为"右派"了，别的事情不能做，只能到学校讲讲课。钟群鹏也因此有幸听到了钱老的课。

钱伟长讲课是大师级的，令人不得不佩服，其力学基础功力深厚，相关的 36 个力学方程都能板书默写出来。钱老讲课，常常是轻轻松松就写满几个黑板，边写边讲，从不看讲义。而且语言严谨，思路连贯，通俗易懂，讲课效果非常好。钱老讲课非常严谨，比如推理一个公式、解一个题目，最后的结论不对的话，钱老就会黑板一擦，从头再推理演算一遍。钟群鹏听钱老的课笔记就记了好几本，钱老的严谨也影响了他以后的教学与科研。

在这些大家的熏陶下，钟群鹏后来讲课也学会不用讲稿了，依靠数字记忆、结构记忆、逻辑记忆三种记忆融合在一起，讲得有声有色。一堂课讲下来，没有学生打瞌睡，效果非常好，这当然是他口才和记忆力优势的体现，也源于这一时期打下的扎实的理论基础。

对于这段时间的学习，钟群鹏后来回忆说：

> 这个阶段就是理论学习、理论夯基。这个阶段对我整个执教生涯都有很大的帮助，基础就是那个时候打的。此前创办新专业，讲的高温陶瓷材料学是高温材料最先进的专业课程，而后来讲授金属物理，是金属专业最基础的理论课程。专业课与理论课都有所涉猎，从低到高都有所涉及，也为我之后的教学与科研奠定了基础。[1]

实际上，这一阶段大家都加强理论学习，也是对此前"大跃进"疯狂冒进的一个反思。对此，有人直白地说，困难时期没有吃的，"大跃进"时的疯狂做法也停止了，到处都没钱，也折腾不了啥，大家有气无力的，正

---

① 钟群鹏访谈，2020 年 9 月 1 日，北京。资料存于采集工程数据库。

好静下来学习一些理论。这一阶段，钟群鹏所在的金属材料教研室很多老师都在加强金属材料理论研究，同事们平时静心读理论，有时还外出听课、相互交流，浓郁的学习气氛一直延续到了 1964 年。

"四清"科研两不误

1964 年 2 月，全国开展了农村"四清"运动，北京市也不例外，北航成立了以副校长王敬明为首的"四清"工作大队。钟群鹏先后在房山大紫草坞公社前阎村和通州杜柳棵公社大东村参加两期"四清"运动，共计 1 年零 4 个月。

所谓"四清"运动，又叫社会主义教育运动。当时，由于"大跃进"和人民公社化运动中严重的"左"倾错误，中国面临新中国成立以来最严重的经济困难。这一危局使得党中央高层出现了意见分歧，刘少奇认为导致困难的原因是"三分天灾，七分人祸"，毛泽东在八届十中全会上大讲阶级斗争，要求重新组织革命的阶级队伍，于是决定在城乡发动"四清"运动。1963 年至 1966 年 5 月在部分农村和少数城市工矿企业、学校等单位开展了一次清政治、清经济、清组织、清思想的运动。在农村中最初是"四清"——清账目、清仓库、清财物、清工分，在城市中最初是"五反"——反贪污盗窃、反投机倒把、反铺张浪费、反分散主义、反官僚主义，后统一为"清政治、清经济、清组织、清思想"。这一运动对解决干部作风和经济管理方面的问题起了一定作用。

当时，北航的"四清"工作大队主要是到农村去，北航有很多老师都参与了"四清"运动，钟群鹏去了北京郊区，赵敬世去了山西，还有人去了张家口。钟群鹏虽然是在北京搞"四清"，但仍然很艰苦，这种艰苦主要集中在三个方面。

一是工作艰苦。"四清"工作的对象是农村干部，主要是在村里组织清理账目和财务，要把干部变成"四清"干部。钟群鹏是搞科研的，对财务问题并不擅长，又没有经验可以借鉴，工作起来十分困难。尤其是第一期在北京郊区房山的大紫草坞公社前阎村，虽说是担任工作组组长，但实际没有队员，只有钟群鹏"光杆"一人。当时的要求是"同吃同住同劳动"，白天劳动，晚上开会，非常辛苦。一开会，一屋子的人几乎都抽炮筒烟，满屋子全是烟，钟群鹏不吸烟，一开始真受不了，后来才慢慢习惯。这一阶段，劳动之余，钟群鹏努力融入当地老乡中，和他们聊天谈心，慢慢地和当地人打成一片，关系处得很好，"四清"工作得以逐步顺利展开。前阎村的"四清"工作搞得不错，老百姓以钟群鹏为朋友，总是"老钟长""老钟短"地叫他。

前阎村贫协的民兵队长姓秦，与钟群鹏最聊得来。有一次公社来了紧急通知，钟群鹏就去他家通知，他却还在被窝里睡觉。他和钟群鹏开玩笑说："老钟啊，你不如我呀，你看我老婆孩子热炕头，你现在还是个光棍汉，30多岁了，还是这样子。""文化大革命"期间，钟群鹏还于1968年领着全系教职工、学生再次来到前阎村劳动，老乡们非常高兴老钟又带人来帮他们劳动。贫协主席请吃了两毛钱的肉，还炒了一个菜，那是他在前阎村吃过的最好的饭。

前阎村"四清"工作积累了经验，后来到通州杜柳棵公社大东村，工作就好做多了。这时候有了一个真正的工作组，中队长是工会副主席罗俊章，钟群鹏是小队长，队员有牛远照、刘淑华等。后来，他还担当了队员牛远照的入党介绍人。钟群鹏在大东村作报告是出了名的，由于了解农村现状、口才又好，作起报告生动又接地气，说到动情处，台下常常是哭声一片、笑声一片、掌声一片。

二是生活艰苦。刚刚才经历了三年严重困难，农村还没缓过劲来，粮食还是不够吃。前阎村在公路边上，算富裕村，也只是勉强温饱。当时在老乡家吃一顿饭交2毛钱，老乡们拿出最好的东西也就是油炸麻丝，是他们过年才能吃的珍贵吃食。平常更多的是吃玉米贴饼子、玉米稀饭和咸菜疙瘩。白天要劳动，晚上要开会，钟群鹏常常饿得前胸贴后背，只能靠一个月休息一次搞补给。有一次休假，钟群鹏从通州骑自行车回北航的路上路过一家饭馆，进去打牙祭吃了一顿，自己一个人吃了两份红烧肉。

三是劳动艰苦。尽管此前也参加过土改工作，可一来南北方农村情况不同、农活不同，二来十多年的高校生活，之前学的那点农活早就忘光了。刚到农村，什么农活都不会，拿起农具就像"孔夫子耍大刀"，纯粹外行。好在钟群鹏有不怕苦的劲头，和农民们从头学习，一年多下来，除草、榜地、栽秧、埋种，样样农活能拿得起来。钟群鹏后来能和当地老乡交朋友，和他们打成一片，这是一个重要原因。

"四清"运动对改变农村干部的作风，完善基层财务、保管制度，打击反革命破坏活动有一定积极意义，但后来在"左"的思想指导下开展的"四清"工作，使不少基层干部遭到错误的处理和打击。钟群鹏他们搞"四清"，还没有太"左"，因此成效还是不错的。对于"四清"工作，钟群鹏回忆道：

> "四清"这一段生活，对我的教育很大，政治、劳动、工作能力等各方面都得到了锻炼。比如工作能力，怎么做群众工作，怎么学会群众语言，怎么跟老百姓打交道，怎么跟村干部打交道，这些能力都得到了提升。政策能力也得到锻炼，了解国情政策，才能深入农村做好工作。要掌握好政策，不能冤枉一个好人，要与人为善，所以干部们没有一个下台的，要给他们改正错误的机会。另外，农村是非常艰苦的，粮食来之不易，农民朋友是非常真诚的。①

1965 年 5 月 25 日，组织上对钟群鹏的"四清"工作做了鉴定，认为该同志"对党忠心耿耿，热情高，工作认真负责，领导能力较强。干劲足、魄力大、有办法"。总之优点很多，同时希望他"既要有冲天的干劲，又要经常保持冷静的头脑，把工作做得更细。对同志加强思想上的关心和帮助。"②

在进行"四清"工作的同时，钟群鹏的科研工作也没有放下。"四清"结束后，钟群鹏回到学校还负责热处理原理及工艺、材料学等课程教改工

---

① 钟群鹏访谈，2020 年 8 月 10 日，北京。资料存于采集工程数据库。

② 1965 年北京市参加社会主义教育运动在工作队干部鉴定表。存于北航档案馆。

作，同时，还指导金属材料及热处理专业的两名本科生进行有关"渗碳工艺"毕业论文。当然，这其中最为重要的一项工作，就是1964—1965年主持"216"美国无人驾驶高空侦察发动机的金属材料及热处理状态的分析工作，并进行了生产准备。

1964年底至1965年初，美军无人机多次被中国击落，最终空、海军共击落20架"火蜂"无人机。由于该型无人机当时技术先进而国内又短缺，是值得引进或仿制的型号，中国空军希望进一步开展"半仿半研"工作并最终生产这种无人机。

1965年2月16日，国防科委召开了"关于组织研究被击落的美制无人驾驶高空照相侦察机残骸的工作会议"，要求当时的三机部第六研究院集中力量在短期内分析掌握它的性能特点以制定作战方案。此项任务由六院抓总，同时委托北航组织进行。3月16日，三机部六院在北航召开落实任务会议，并发了会议纪要，明确此项任务代号为"216"。会后北航组织各方面技术人员164人（北航102人）进行技术大会战，对高空无人驾驶侦察机进行全面分析。

当时北航最主要的工作是残骸分析，测绘残骸零件，进行材料与工艺分析，完成零件草图与部件草图送工厂进行图纸的全面审核，修改并完成全部生产图纸。此前，钟群鹏在实验室工作时，已经掌握了感应热处理技术和化学热处理技术两种金属热处理技术，并积累了丰富的实践数据和经验。之后，还修改编辑过相关金属热处理的教材，还指导过学生进行"渗碳工艺"研究，在这一领域算是北航的专家。于是，有关美国无人机材料与工艺分析的工作，就落在了他的头上。

实际上，钟群鹏在1964年"四清"工作的间隙，就已经开始负责美国无人驾驶高空侦察机的金属材料及热处理状态分析工作了。1965年"四清"工作之后，开始正式负责这项工作，最终在1965年10月全部完成。钟群鹏所做的工作，对于1970年国家完成第一架美军无人机残骸修复，乃至1978年国产"火蜂"无人机的成功试飞，都起到了积极的促进作用。

面壁十年图破壁

1966 年，"文化大革命"开始，钟群鹏也不可避免地被卷入大潮中去，但他没有随波逐流，失去本心。他一直坚持真理，不整人、不"咬"人，同时还利用一切机会进行教学科研。后来，归纳这近十年的经历，钟群鹏说有五件事情是最值得回忆的。

第一件事就是钟群鹏成了"保皇派"。

当时孔令华是 103 专业（航空材料系腐蚀与防护专业）的教师，跟钟群鹏关系不错。在"文化大革命"初期，他担任北航"革委会"主任，提拔钟群鹏做系里的主任。于是，钟群鹏"一步登天"，当上了系里的大干部。但是，从后来的经历来看，钟群鹏这个主任是"不称职"的，在工作期间，他不整人，只是组织政工人员学习、自我检查。

不久，"革委会"就被"红旗战斗队"冲垮解散，又成立"红教工"，造反派在北航彻底当权了。当时，党组织已经被造反派冲垮了，正在进行夺权斗争，有一天造反派跑来动员钟群鹏当"三结合"干部。"三结合"是 1967 年全面夺权的产物，根据《人民日报》社论，"三结合"干部是革命领导干部代表、革命造反派代表和人民解放军当地驻军代表实行的"三结合"。钟群鹏考虑当时没有党组织，造反派主导"三结合"，肯定是一派乱象，就说"自己思想落后，跟不上形势，不当了"。这段时间，钟群鹏不参加"革命活动"，无所事事，就成了逍遥派，甚至后来还被造反派定为系的第十号人物，属于被革命的对象。好在当时钟群鹏属于基层干部，不属于"反动权威大毒草"，因此没挨过批斗。当时的系主任吴云书、副系主任饶国璋①就没有这么幸运，在"文化大革命"中备受折磨。

---

① 饶国璋（1899-1968），江西进贤人。曾赴法国勤工俭学八年，掌握了丰富的空气动力学理论和飞机设计与制造工艺，回国后在军政部航空学科、四川大学航空系任职，1952 年参与北航建校工作。他设计和制造的中国第一架飞行教练机"成功第一号"，开创了中国飞机制造工业的新篇章。

"文化大革命"初期的这段经历，钟群鹏的同学陈汴琨有比较详细的回忆，谈到"文化大革命"中的钟群鹏，他这样说：

> "文化大革命"中他没有做过一件过火的造反的举动，没有整过人，也没有反戈一击、倒咬一口，这一点我也是坚持的。可有的教研室的人居然把同事的平时言论都记在小本子上，一个一个写出来，大字报贴出来。钟群鹏也贴过一些大字报，不痛不痒，也没有攻击谁。一开始钟群鹏也跟我们一样，积极向上跟党走，后来发现人家也不要我们，因为我们是被资本主义精心培养出来的"资本主义的苗子"，是"挖社会主义墙脚"的，靠边站了，我们就成了观察派、逍遥派。钟群鹏、我、陈昌麒我们这些人基本上都老老实实地待着，我们这批研究生还没有人是造反派。当时我们都是基层干部，批判也批判不到我们头上，大家没有受到冲击。系主任吴云书、副系主任饶国璋当年是被迫害了，饶国璋是个很老的教授，原四川大学航空系主任，在主楼跟前批斗他的时候，学生造反派一个巴掌把他从台阶上打下来，我在下面看得清清楚楚的。后来饶国璋就在家里躺着，病重后转到北医三院上氧气，我和许昌淦去看他的时候就快临终了，总共9个月就走了。我就想平时温良恭俭让的学生，怎么突然间一下就变得像野兽一样了呢？这让人看到了人性中的一些东西。①

第二件事就是钟群鹏参与了"雷神"导弹的仿制工作。

作为逍遥派，钟群鹏在"文化大革命"开始的几年无所事事，主要工作就是学习基础，温习功课，学习英语，逍遥于革命之外。但一个偶然的机会，他参与到了仿制美国雷神 -15 导弹的工作中去。

在 20 世纪五六十年代，洲际弹道导弹技术还不成熟，射程有限，有一次美国空军在卡拉维拉尔角试射"雷神"弹道导弹出现故障，导弹失控坠落，落在了古巴境内。中国以邮电部代表团的名义访问古巴，把获得的导

---

① 陈汴琨访谈，2018 年 12 月 6 日，北京。资料存于采集工程数据库。

弹残骸带回国内。得到实物残骸之后，我国决定进行仿制，组织技术人员进行反分析，钟群鹏被任命为材料分析师，负责导弹的各种材料的成分、组织、性能、热处理方式分析以及国产材料的代用意见。难得有机会进行科研工作，钟群鹏就夜以继日进行反分析工作，胜利完成了任务，这一工作为他后来参加航空部从英国引进5115W发动机材料的反分析专家组工作打下了一定的基础。而在完全研究了这个"雷神"导弹的残骸以后，中国科学家解密了许多新技术，思路豁然开朗，让我们的东风−5洲际弹道导弹的飞控系统得到了突破。

第三件事情是"复课闹革命"。

1967年10月14日，中共中央、国务院、中央军委、中央"文化大革命"小组发出《关于大、中、小学校复课闹革命的通知》，要求全国各地大、中、小学一律立即开学，一边进行教学，一边进行革命。此后，各地中、小学陆续复课。一些大专院校也先后开始复课。6月27日，北航"革委会"宣布，学校于7月3日开始"复课闹革命"，但北航"革委会"认为当前"复课闹革命"主要不是复业务课，而是与"文化大革命"相结合，搞斗、批、改和教学改革。

钟群鹏的认识与北航"革委会"不同，好久没正常上课了，现在中央号召"复课闹革命"，就应该尽快学习专业知识。于是，钟群鹏在学校贴了一张大字报，上面是一份教学计划，说复课闹革命应该补什么课，几年补完，应该按照毛主席的指示来做。第二天造反派立刻反击，贴出了针对钟群鹏的大字报，说他是"沉渣的浮起"，又搞业务不搞政治了。

针对"沉渣的浮起"大字报的内容，钟群鹏不服气，便对1963年入学的学生们说："你们才学了基础课，专业课没有学，不符合'复课闹革命'的要求，你们将来怎么办？"另外，针对指责自己不搞政治的攻击，钟群鹏也反驳道："这不对，我没有放弃政治，我还是党员，你们又没把我的党证给烧掉。"他跟造反派们辩论，说："你们红旗战斗队的所作所为，有些事值得探讨，你们提的'龙生龙，凤生凤，老鼠的儿子会打洞'，这是反动的传统哲学，否定了改造的力量。"由于"复课闹革命"是中央的决定，大势所趋，钟群鹏最后还是实现了"复课闹革命"，和纪兆星、孙希桐老师带领着 1963 年入学的材料学院本科生，补习专业课程和实验技能。后来，还带了一个实习队去了洛阳高速柴油机制造工厂（407 厂）实习，钟群鹏一边参加劳动指导实践，一边开设金属材料力学性能课程。实习半年，送这批学生毕了业，又回到了学校。

第四件事情是到"五七"干校进行劳动改造。

"文化大革命"时期，全国各地各部门根据毛泽东"五七"指示兴办农场，成立"五七"干校，集中容纳党政机关干部、科研文教部门的知识分子，对他们进行劳动改造、思想教育，北航的第一个"五七"干校在河南驻马店确山村。当时，几乎所有的老师都分批去了"五七"干校，第一批去了 200 多人。钟群鹏是第二批去的，档案登记的时间为 1969 年 11 月 9 日—1970 年 8 月 23 日。[①]

《"五·七"战士鉴定表》扉页上印着"最高指示"：广大干部下放劳动，这对干部是一种重新学习的极好机会，除老弱病残者外都应这样做，在职干部也应分批下放劳动。临行前儿子钟卫得肺炎发高烧，钟群鹏就跟系领导请假，希望等儿子烧退了再动身。系领导就在全系大会上批评钟群鹏，说"钟群鹏是口头革命派，嘴上说可以去干校，就是赖着不去"。受此批评，钟群鹏回家立刻收拾行李，动身赶往"五七"干校。

"五七"干校说是干部学校，其实就是一种"变相劳改"的场所。到了干校，最主要的工作就是体力劳动。干校采取军事化管理，钟群鹏隶属六连二班，被分在基建班当小工排的排长，一个排 20 多人，基本上都是本系老师。基建班主要干三件事，盖房子，背粮食，采石头。

这三件事钟群鹏还真是练出来了。盖房子，他当小工站在下面给师傅扔砖头，一开始钟群鹏只能扔一块砖，到最后能同时三块砖头叠一起甩上去。他们还甩水泥，把水泥甩进水泥槽中。背粮食，一袋面粉 50 斤，需要从大车上卸到车下人的肩膀上，运到仓库里。钟群鹏一开始背一袋，后来背两袋，偶尔还能背三袋。三袋就非常费劲了，钟群鹏此前扛球磨机落下了腰疼的毛病，三袋面粉一扛，老毛病就又犯了。最难背的是大米，一

---

① 北京航空学院革命委员会政工组"五·七"战士鉴定表。存于北航档案馆。

袋大米 100 斤，有时甚至 150 斤，"哐"一下压在肩膀上，然后一路快走，背到仓库，对腰的损伤就更大了。采石头，干校有采石场，山上的石头被炸开，石块大小不等，小石头还好，用双手抱着，肚皮顶着，就能搬走，由山上搬到山下的车上。大石头 100 多斤，难度就很大了，肚子和手会被划破，但是遇见大石头还是得抱。繁重的体力劳动，让钟群鹏从此落下了腰疼的毛病，至今腰仍然弯曲。

后来，钟群鹏还曾经因腰伤复发瘫痪在床 1 个多月，请按摩师来家按摩，靠自己的毅力恢复了走路的功能。因为在干校表现出色，钟群鹏回到北航之后，还被评为了"五好战士"。

对于"五七"干校的劳动，陈汏琨老师也有着深刻的记忆：

图 4-6　1970 年，钟群鹏获"五好战士"奖状（钟群鹏提供）

> 在确山干校的工作是到山上采石头下来，用来盖房子、烧石灰。当时钟群鹏有一个称号叫"一级抱"，他每次都抱最重的石头。我当时很不幸，还没抱几个"三级抱"，就把腰给扭了，躺在床上歇了几天又接着干活。不过，钟群鹏他把腰病也抱出来了。[1]

陈汏琨后来被安排当了"火头军"，烧火、骑着自己的自行车收购白菜等，衣不蔽体的老百姓看着他们唱顺口溜："干校好、干校好，穿得破、吃得饱，穿着一件大棉袄，骑着小毛驴到处跑。"

九个半月的干校生活，给钟群鹏留下了极深的印象。干校艰苦的生活，也锻炼出他许多生活智慧。比如洗澡不方便，一个月或者一个半月才有半天假期。一放假，钟群鹏就进城，走一个半小时去城里洗个热水澡，躺一会儿再回来，让疲惫的身体放松一下。再比如买布，确山买布有一个

---

[1]　陈汏琨访谈，2018 年 12 月 6 日，北京。资料存于采集工程数据库。

特点，可以用三寸布票买一尺混纺布，钟群鹏他们布票富余，就一下买很多"经铺又经盖，经蹬又经踹"的混纺布。

钟群鹏回忆这段经历时感叹道："'五七'干校的锻炼是艰苦的，有时候对知识分子是残酷的，让知识分子对劳动人民确实是敬仰三分，确实是感情上发生了变化。"[1]

尽管"五七"干校的劳动十分辛苦，钟群鹏的腰还因此受伤，但由于此前大学坚持体育锻炼打下了好底子，还是顺利地度过了干校的劳动锻炼，最终全须全尾地回到了北航。

第五件事情是为"工农兵学员"代课。

1970 年开始，北航开始在全国范围内恢复招生，由于学生均来自工厂、农村、军队和其他企事业单位，所以被称为"工农兵学员"，这种招生模式一直持续到 1976 年。既然招生，就要有老师，因此北航一大批在"五七"干校劳动改造的老师被调回了学校。钟群鹏是第一批回校的老师，他于 8 月 23 日回到北航，就开始准备教材上课，为学员们编制浅显易懂的教材。

北航第一届"工农兵学员"是 1970 年 11 月招生的，这些学生实在难带。他们的年龄、资历和文化程度相差都很大，文化程度最高的同学刚读完高一，还有一个初三毕业，最差的同学小学还没毕业。班里的支部书记、组织委员、副班长都是特别能干的老工人，这些老工人有的已经是 6 级工、8 级工，有个 6 级工已经 46 岁了，级别和工资都挺高，好些学生的年纪都比老师还大。刚开始，这些学生谈不上有什么学习态度，因为工厂让他们来是"上大学，管大学，用无产阶级思想改造大学"的，所以很多人都认为他们是来"改造"老师的，学习态度不端正，学习就更差了。

为了照顾这批"工农兵学员"，给他们的课程也是从中学的课开始补起。而且为了搞好教学，辅导老师都选大家公认最聪明、反应最快的老师来。没想到适得其反，聪明的老师与学生的思维方式差距太大，教不了笨学生，常常会表现出不耐烦的态度。结果，这些事情被学生反映上去，辅

---

① 钟群鹏访谈，2020 年 9 月 1 日，北京。资料存于采集工程数据库。

导老师被批评对工农兵的立场和态度有问题，吓得老师们都不敢来辅导了。后来，系里还提出要给这些学生上"微积分"课程，无人敢来，结果是刚上任的系主任——吴云书老师自己来给他们上这门课。

不过，在学生厌学难教、老师怕教、师生之间矛盾不少的情况下，钟群鹏的教学倒是颇有成效。钟群鹏群众工作做得多，又常去农村、工厂学习劳动，了解"工农兵学员"的现状和心态，讲课深入浅出，通俗易懂，又善于和人打交道，他的课也就更受欢迎。对此，这一届的学生，后来毕业留校成了钟群鹏同事的王振清回忆说：

> 钟老师的讲课使此局面产生了重大改观：客观上钟老师讲的是专业课高强合金钢及其热处理工艺，是学员（尤其是工人）最愿意听、也最容易听懂的课；但最主要的是钟老师的讲课使学员从惊奇、佩服到敬重。他的讲课声音洪亮，声调悠扬（用现代时髦的词叫"富有磁性"）；更重要的是，钟老师在讲台上，不看讲义和讲稿，能把多个合金钢的各种元素成分都背书出来（至小数点后两位）。从中可以看出钟老师对教学的认真态度，所下的功夫及在专业领域的造诣。[1]

在开讲专业课一个多月后，根据学校到工厂去"开门办学"的倡导，钟群鹏安排这届学生到沈阳航空发动机制造厂（外称"黎明机械厂"或代号410厂）下厂实习。全班学生30多人，老师六七人，由钟群鹏带队。从车站乘车到接去工厂，以及住宿和实习工作，所有的行程都安排得特别好，令人印象深刻。

学生们在厂里实习时上半天课，其实也没参加什么实习劳动，车间活不多而且学生对技术活也帮不上忙，因此就安排了比较多的开阔眼界的参观活动——参观全国最大的钢铁城，包括鞍山钢厂、苏家屯有色金属厂、沈阳重型机械厂、抚顺煤矿等。有同学说："对于我这个山区农村出来的穷小子，可算是井底之蛙登上了山，刘姥姥走进了大观园。即便是班上那些

---

[1] 王振清：记得钟老师的一些事。2019年，未刊稿。资料存于采集工程数据库。

从工厂来的工人师傅，也是眼界大开，感叹长知识之后，更多的还是赞赏钟老师的活动能力和辛勤付出。"

王振清还发现，钟老师给他们上课的讲义，就是以钟老师为首的教研室老师用近一年的时间，在沈阳的两个航空制造厂长期实践，根据车间和冶金处的生产资料，结合理论知识编写的。他认为"这是全国教材的典范。即便拿到现代，也是材料加工领域的必备案卷。我是在这套书指引下，看着工厂的实际生产，走进材料学科之门"。

由于是第一年的"工农兵学员"，教育处于探索阶段，没有四年学制的规定，所以上大学不到三年，这届学生就在1973年毕业工作了。毕业前夕，为指导工农兵学员做毕业论文，他常常好几天连续加班在实验室工作，结果得了急性肝炎，体现了"拼命三郎"的一贯本色。

后来，钟群鹏还结合这段时间给"工农兵学员"上课的讲义，主编了一本15万字的《黑色金属材料及其热处理》，由北航印刷所油印出版，1973年正式出版。而这本书就是被王振清认为的"全国教材的典范"。

另外，钟群鹏这段时间的科研工作也在继续。1973年9—11月，他曾代表北京航空学院参加三机部组织的斯贝-5W发动机（三叉戟飞机使用）材料工艺分析工作。

总结工作之初到"文化大革命"结束的这段时光，钟群鹏说：

> 这个阶段是锻炼、实习和追求，以能力为中心，打下了基础。能力有九种，如自学能力，教的东西不牢靠，自己学的东西才牢靠；分析能力，分析吸收很关键；还有总结能力，书写能力，表达能力，交流能力，实践能力，创新能力，批判能力。这九个能力在这个阶段得到了锻炼，这里面有政治的和业务的，理论的和实践的，教学的和科研的，体力的和脑力的，校内的和校外的，这些综合能力的锻炼是我成才的基础。①

---

① 钟群鹏访谈，2020年9月1日，北京。资料存于采集工程数据库。

第五章
执着创业——问道失效苦求真

失效分析是一种古老的分析技术，国内外的科学家为此做过不少的理论、技术、方法、实践的研究，钟群鹏在前人的基础上在失效分析及预测预防技术的开拓方面做了一些工作，使这个方向有所进步和发展。钟群鹏在失效分析及预测预防技术方面的开拓可以用"六起（启）"来概括：启蒙、启迪、起立、起动、起跑和起航。因为在失效分析领域的出色成绩，他被业界誉为中国失效分析及预测预防分支学科的开拓者和中国失效分析学会组织的主要创始人之一，并在 1999 年当选中国工程院院士。

断指淬火初启蒙

1974 年前后，"文化大革命"已接近尾声，北航逐渐恢复了正常的教学秩序，各种科研工作也次第展开。此时，钟群鹏继续担任北京航空学院金属材料教研室副主任，在正常的教学工作之余，他已经把研究的重点向着断口学以及失效分析领域转移。

此后的 40 余年时间里，钟群鹏在金属材料的断裂模式与机理、弹塑性断裂判据与安全评定、失效损伤的早期检测与治愈机制、宏微观断口物理数学模型与定量分析、失效哲学理念与安全管理系统等方面进行了科学研究和工程应用，并作出了突出贡献，被业界誉为中国失效分析及预测预防分支学科的开拓者和中国失效分析学会组织的主要创始人之一。他的研究为中国材料学科搭建了基础，从无到有，在材料学界的石碑上刻下了熠熠生辉的印记。1999 年，钟群鹏因在失效分析领域的突出贡献，被选为中国工程院院士。

世上一切，皆有因果。追根溯源，1974 年之后，钟群鹏转向失效分析领域，并且敏锐地判断出失效分析未来在机械装备、材料工程等领域有着广泛的应用前景，还要从 20 世纪五六十年代说起。

失效分析是一种古老的分析技术，根据失效模式和现象，通过分析和验证，模拟重现失效的现象，找出失效原因，挖掘失效机理。在提高产品质量，技术开发和改进，产品修复及仲裁失效事故等方面具有很强的实际意义。

失效分析的发展最早可追溯到 1862 年。当时，多台蒸汽锅炉爆炸造成巨大的经济损失，通过分析这些事故，英国于 1862 年建立了世界上第一个蒸汽锅炉监察局，失效分析开始作为仲裁事故的法律手段和提高产品质量的技术手段。随后，西方工业国家纷纷效仿，在这一时期，失效分析大大推动了相关学科的发展。而后，随着断裂力学、损伤力学及损伤容限设计思想的应用和发展，产品可靠性越来越高的同时，产品的失效原因也越来越复杂，需要从设计、材料、制造工艺及使用等方面进行系统的综合性分析，以达到提高产品使用可靠性的目的。

一般来说，失效可分为断裂、磨损和腐蚀三大类，其中断裂有时会酿成危险的、灾难性和破坏性事故，磨损和腐蚀有比较长的失效过程，而断裂断口往往是整个断裂过程的重要的甚至是唯一的物证，它隐含了断裂模式、原因和机理的"密码"。因此，断口常常是事故分析的重要物证。

对材料科学与工程工作者来说，断口分析是一种传统的工艺质量和过程的检查手段，比如在炼钢的过程中，炉前工用冶炼过程中的钢水浇在石墨磨具上，制成断口来分析炼钢的冶炼质量，这叫炉前断口检验法；为了提升构件的综合性能，使表面硬度提高而中心保持足够的韧性，通常采用渗碳和氮化工艺及表面高频淬火等热处理工艺，当随炉试样被打断后，样品表面渗碳、渗氮和淬硬后变为脆性断口，而中心仍然保持韧性断口的特征，二者具有明显的分界线，可以用这种方法检查渗碳、氮化及表面淬火的深度。因此，断口分析对化学热处理工作者来说，是工艺质量达标的检查手段之一。不管是炉前炼钢断口检验，还是随炉热处理试样的断口检验，都局限在材料工艺的检查手段。然而，断口分析不仅可以用于工艺检查，还一定会在断裂过程中留下"密码"。

钟群鹏 1957 年从北航毕业留校之后，一直在进行相关金属材料的分析以及感应热处理和化学热处理的研究，不断接触到各种"断口"，对所谓的断裂"密码"问题始终保持着强烈的兴趣。

研究生毕业后，钟群鹏就参加了实验室的建设工作，负责捷克进口表面淬火机床安装和调试工作。钟群鹏最终成功安装了表面淬火机床，但是，在试车过程中发生了意外，他的右手食指不慎被"咬入"齿轮。在校医院治疗过程中，医生仅仅通过手指的断口，就判断出事故的原因。这让钟群鹏第一次对断口分析产生了兴趣。"断指淬火"对钟群鹏今后从事失效分析起到了启蒙作用。

对钟群鹏失效分析产生启蒙作用的不仅这一件事情。

1958 年前后，我国空军在天津杨村机场做歼-5 战斗机的飞行表演时，意外发生了机翼空中解体断裂一等事故。歼-5 是新中国在 20 世纪 50 年代仿制苏联米格-17F 研发的单座单发第一代战斗机，是中国制造并装备空军的第一种高亚声速喷气战斗机。1956 年 9 月已经正式投入批量生产，此时发生重大事故，自然引起各方关注，钟群鹏也关注了这一事件。事后调查发现断裂的部位是机翼的第一螺栓孔，检查断口表明，断口起始的裂纹很小，而瞬时断裂的断口很大。这个螺栓板的材料是 30CrMnSiNi 超高强度钢，金属断裂的传统概念认为强度越高，抗断裂的性能就越强。这个螺栓板的屈服强度和拉伸强度都很高，但塑性很低。这起事故产生了一个疑团：为什么强度这么高的构件会发生空中断裂事故？

钟群鹏参与了螺栓板的修复工作，他提建议说："疲劳断裂以后，不能只修复裂纹，裂纹前面还有塑性变形区，塑性变低，最终习惯性的还是要在那个地方断裂。"当时负责歼-5修复的吉林5704厂^①飞机研究所所长特意咨询钟群鹏维修方法，钟群鹏给出了"先把前面塑性变形区刮掉，然后再强化"的建议，最终对防止歼-5断裂事故再发生起了一定的作用。而这次经历，也再度引发了钟群鹏对断裂以及断口分析的兴趣。

另外，1960年，钟群鹏从事金属材料的化学热处理工艺研究时，渗碳过程的质量检验中的断口方法，使他进一步意识到断口是工艺过程和质量好坏的判定依据，这使他联想到，构件材料使用过程的断裂断口还有可能是断裂过程、模式、原因和机理的忠实记录者和见证者。

当时，北航还在进行航空发动机整体叶轮的研发制造工作，原来的整体叶轮是用沉淀硬化不锈钢17-4PH制造的，有人建议用铝合金代替17-4PH来制造整体叶轮，因为转动部分转速高，比重越小离心力也越小，抗断裂的性能也会更好。但按照这个建议制成的整体叶轮在实验的过程中却发生了断裂。在分析的过程中大家意见不一，有几个问题大家都想不明白：既然比重小，离心力小，为什么不能抵抗转动式的疲劳断裂？金属的疲劳是怎么一个过程？是什么因素决定的？这件事也引起了钟群鹏对金属疲劳断裂研究的兴趣。

北航在"大跃进"中进行的"响尾蛇"导弹仿制工作，包括对导弹的结构、材料和性能的反分析工作，而钟群鹏正是这项工作的分析师，负责导弹结构材料的成分、结构、性能分析和仿制工作，这是一项难度极大的分析任务。从方法来讲，可以分为两大类：一类是正向分析方法，即从原因到结果的分析方法；还有一种是反向分析方法，通过结构分析它是什么材料，经过什么处理，达到了什么性能。"响尾蛇"导弹结构的分析方法就是后者，与失效分析从方法上来讲有雷同之处。"响尾蛇"导弹结构材料达100多种，钟群鹏在数个月的时间里进行了认真地分析，得出了明确的结论，这也为以后失效分析预测预防工作做了方法性的准备。

---

① 吉林5704厂，现名为中航工业吉林航空维修有限责任公司，前身是中国人民解放军第5704工厂，是一家以航空维修为主业的企业，位于吉林省吉林市，始建于1956年，1958年建成投产。

断口辨析多启迪

如果说，20世纪五六十年代，钟群鹏还仅仅是对失效分析感兴趣的话，那么到70年代，特别是1974年之后，钟群鹏就已经开始进入失效分析的实质研究和创业阶段了。而且这段时期的相关断口分析的研究工作还给了他十分重要的启迪，让他进一步明确了今后研究发展的方向，更坚定了从事断口分析和事故分析工作的决心。

1968年前后，美国在进行"北极星"导弹壳体实验时，意外发生了两次爆炸事故，震动了美国甚至全世界。这个壳体是用D6AC超高强度钢制造的（强度级别1600兆帕左右），五大检验指标（金属拉伸性能、屈服性能、冲击韧性、断面收缩率、延伸率）全部合格，这就产生了一个很大的疑问：为什么传统的全部性能合格的壳体会在正常应力下发生爆炸？为了探秘，美国国会成立了I24委员会进行研究，得到了重要发现：一个有裂纹体的断裂行为与光滑表面的断裂行为有极大的区别，有了裂纹后，断裂指标不再是五大指标，而是裂纹前沿的应力强度因子K_I，并且K_I达到临界值时，就会发生瞬时断裂。20世纪20年代初，断裂力学大师格里菲斯曾在一个名不见经传的杂志上发表过论文，提出裂纹体的断裂行为是由K_I控制的（$K_I = \sigma\sqrt{\pi a}$，其中σ是在裂纹前沿作用的应力，a是裂纹深度）。这就是说，裂纹体的断裂行为不仅与应力有关，而且与裂纹深度有关，但此论文没有引起人们的足够重视。I24委员会研究后提出了"断裂力学"概念，并且提出了一个有裂纹的金属断裂控制指标——临界应力强度因子K_{IC}（$K_{IC} = Y\sigma\sqrt{\pi a_C}$，其中$Y$是裂纹形状因子）。

1970年前后，中国也开始普及、研究和应用断裂力学概念，当时的钢铁研究总院十三室有一个研究员叫陈篪[①]（被称为"科技铁人"），是中

[①] 陈篪（1927-1978），福建福州人。1948年毕业于清华大学物理系，1950年赴苏联进修，1954年加入中国共产党。1972年后，领导与组织研究中、低强度钢的断裂分析和断裂韧性测试工作，是我国断裂力学研究的开拓者和创始人之一。

国断裂力学研究的开拓者和创始人之一。20世纪70年代初，陈篪来北航作系列报告，钟群鹏全程跟踪学习了他的思想和报告内涵，受到了极大的启迪。钟群鹏觉得，既然有断裂力学，就一定有断裂断口，有裂纹就一定在断口上留有老裂纹，通过观察和研究断口的形态，就可以分析断裂的原因、性质、方式、机理等，还能了解断裂时的应力状况、裂纹扩展速率等细节。断口就像一个"事故现场"，保留了整个断裂发生的全过程的信息，从断口上可以解密断裂的控制性能。研究金属断裂问题，观察和分析断口是非常重要的步骤和手段。基于这一认识，钟群鹏就开始研究"有了裂纹金属最后的断裂是什么参量控制的"这一命题。

可以说，从1970年起，钟群鹏就开始深入研究金属材料的断口了。1971年，钟群鹏接触断裂力学原理，进一步认识到断裂过程不仅有力学问题，而且有物理问题和化学问题，这些"信息"都蕴含在断口中，断口是值得研究的。当时有人说："断口有什么可以研究的？它只是一种工艺检查手段而已。"而钟群鹏不以为然，毅然决然地投入以断口分析为切入点的断裂学科中去了。

所谓"工欲善其事，必先利其器"。要想进行断口分析研究，显微镜是必不可少的。不过，北航刚刚恢复教学，设备缺乏，仅有的几台光学显微镜观察断口的实用倍数在50～500倍，远远不能满足需求。一个偶然的机会，钟群鹏了解到南京光学仪器厂有一台两万倍透射电子显微镜，但这台电子显微镜已经"瘫痪"多年，几成废铁。厂家答应可以借给北航使用，但要北航自己来修复。于是，钟群鹏便和同系老师田永江一起，开始了透射电子显微镜的修复工作。

在这个过程中，钟群鹏和田永江夜以继日地工作，从机械系统、照相系统、真空系统、电子系统等方面进行修复，还请了科学院科学仪器厂的专家修复了光学系统，经过两个多月的奋战，机器终于可以达到使用的程度了。但是，由于工作过分劳累，再加之工作中缺乏必要的防护，钟群鹏的身体出了很大的问题。一方面，他因为劳累得了急性肝炎，这个还好说，通过治疗，急性肝炎得到了控制。另一方面，钟群鹏得了严重的青光眼。使用透射电子显微镜时会受到来自电子束的辐射，这种辐射属于电离辐射，对生物体有一定的影响。一般来说，操作透射电子显微镜需要注意辐射防护，确保操作人员的安全。钟群鹏他们虽然知道有辐射，但一来修复的透射电镜本身没有射线保护装置，二来急于修复机器，此前又没有用过透射电子显微镜，对辐射的危害认识不足。在没有保护的情况下，射线对钟群鹏的眼睛造成了严重的损伤，自此留下了青光眼的痼疾。钟群鹏的青光眼一直没有得到有效的治疗，2002 年才做第一次手术，此时，他的左眼已经失明。2002 年以后，他就靠右眼工作，维持到现在。钟群鹏的青光眼应该属于工伤，是医盲造成的慢性不可恢复的眼病，教训十分深刻。

此后，钟群鹏开始和北航教材料力学的老师结合，进行疲劳断口的断裂应力和断裂形貌的定量研究工作。他们找到了同类材料的 209 根试样，同时造成断裂，然后用电子显微镜测定裂纹的深度、瞬时断裂的面积、线性特征，并进行建模分析。当时的理论认为金属的最后断裂是由金属强度控制的，金属强度越高，最后断裂面积越小，但通过钟群鹏他们的统计研究发现，这个结论是错误的。不管韧性和脆性材料，它的最后断裂控制参量是金属的断裂韧性。这是钟群鹏首次将断裂力学理论运用在断裂分析当中，他因此受到了极大的鼓舞。这一研究结论也解释了此前歼 −5 强度这么高的构件为什么会发生空中断裂事故——材料强度很高，但断裂韧性低，因此在初始断裂裂纹很小、断裂应力很低的情况下，还是发生了最终的断裂。

带给钟群鹏重要启迪的还有一件事。20 世纪 70 年代，中国三架歼 −6 战机接连发生起飞爆炸的一等事故。在飞机起飞过程中，发动机压气机九级盘瞬时发生了麻花形的断裂，飞机翻转，在跑道上快速摩擦，飞行员牺牲，十分惨烈。这三起机毁人亡的一等事故，在我国航空史上是惊天动地的，事故造成了空军歼 −6 战机全部停飞检修，以寻找事故原因。专家组分析意见存在分歧，有人认为是材料原因，有人认为是制造原因，有人说是锻造原因，有人说是飞行原因，有人说是工艺原因。后来，调查人员对破裂盘蓝黑色断口处取样金相观察，见到许多网状沿晶裂纹，裂纹中有灰色的氧化物，经电子探针分析，裂纹中有元素镉存在。这一调查引起了钟群鹏的关注，虽然没有参加事故分析，但他后来参与了有关的评审工作，认为这是一种由"镉脆"引起的断裂事故。九级盘的锁片原来是镀锌的，后来有人认为镀锌不好看，改成镀镉，镉的熔点是 320℃，九级盘的工作温度恰恰是这个温度，镉熔化后在离心力作用下甩到九级盘根部，发生镉脆，使得棱沿发生环状麻花形断裂。

这个事故使钟群鹏感触良多。本来这个九级盘的锁片是镀锌的，就因为发动机厂家的生产人员认为镀锌工艺复杂、容易起泡、返工率高，而镀镉好处理且防腐性好，却没有想到镉在高温状态下会熔化并造成"镉脆"。在没有充分论证和必要试验的情况下，有关设计、冶金和车间等技术人员便更改了工艺，将九级盘的锁片由镀锌改为镀镉，并大批量进行生产，大批装配发动机，以致酿成惨祸。一个锁片就能造成这么大的事故，航空制造精益求精，真是不能轻易更改。而这次经历也让钟群鹏感觉到，失效分析原因一定要客观公正，不能本位主义、推脱责任，这为他后来主持和参加事故分析积累了经验教训。

时间到了 1981 年，此时的钟群鹏已经逐渐成为国内失效分析领域的专家，对金属疲劳和断口形态的研究日益深入。他从断口形态、断裂应力、断裂韧性的研究，向断口的物理模型、数学模型建立以及机制原理的方向发展。为此，他还专门在 1977—1978 年钻研了工科的数学教材，开始对金属疲劳和脆性宏观断口形态进行了数学分析。最终，钟群鹏提出了用简单的数学方程式来描述宏观疲劳弧线的间隔、弯曲方向的改变、偏转、周应力集中对轴的疲劳划线的形状及各种情况下的疲劳沟线（台阶），用两种不同的模型及两种不同的核心裂纹的扩展方式对人字纹的形成进行了数学分析、比较和讨论，结合上述研究成果，钟群鹏撰写了《金属疲劳断口的数学模型》论文，作为复刊后的《北航学报》第一期的第一篇文章发表，还被评为《北航学报》优秀论文和中国机械学会成立 50 周年优秀论文，成为钟群鹏研究断口学的一个亮点。

在此期间，航空六院还给北航下达了一个任务：研究飞机机身和机翼连接的梳状接头的螺栓为什么会发生横向疲劳断裂。因为梳状接头的连接螺栓只受力不运动，但飞行过程中，在空气动力的作用下，梳状接头内表面和螺栓之间有微量的转动，这个微量的转动为什么会导致螺栓的断裂？钟群鹏负责对这一问题进行分析，提出原因、模式和机理。

钟群鹏对梳状接头螺栓表面进行了认真的电子显微镜分析，发现断口的起裂部位有铁的氧化物，螺栓近断裂源的断口有被碾压脱落的坑状结构，于是就针对它的断裂过程寻找国内外的资料。国外曾经对此种失效进行过研究，将其称为"微动疲劳"。"微动"实际是不动的结构微量（纳米级）在旋转过程中，发生两个表面的摩擦，使摩擦过程从滑动磨损到颗粒磨损再到磨粒磨损，最后到表面压坑，在主应力作用下发生疲劳断裂。研究过程中，钟群鹏拍摄了100多张照片，并参加了金属所在杭州召开的首届断口分析会议，受到好评并得到六院的表彰。

总体来看，钟群鹏搞断口是先从收集资料、积累经验、做实验，再到研究、分析的过程。钟群鹏收集国内外断口资料，出版"断口文集"。据不完全统计，在此期间，他相继撰写了《金属的裂纹分析初步》《金属的断口分析初步》《金属的断裂机理和断口分析的应用》《金属的断裂机理和断口形态》《金属宏观断口的数学分析》《金属的摩擦腐蚀疲劳机理的探讨》等论文，还参与编著（编译）了《电子断口金相文集》《金属的断裂机制和它们的电子断口金相》《金属断裂故障分析》《金属材料基本知识和断口分析初步》《破断故障的金相分析》等专著，还参加了《金属手册》第9卷"断口金相"分卷的翻译稿的校审工作。与此同时，他还到航材院、空一所等单位学习，学习他们从事事故分析的理论、技术、方法和经验，提高自己的能力。

纵观钟群鹏在20世纪70年代初到80年代初的科研工作，我们会发现几乎所有工作都在围绕失效分析而展开。一方面，上述参与的失效分析工作，给了钟群鹏重要的启迪，让他进一步了解到失效分析的地位作用，对安全生产、国家实力的重要意义。另一方面，在深入研究的同时，还将自己的研究结果撰写成各种论文和专著，初步形成了自己的失效分析理论体系。

"瓶"定标准方起立

1974 年前后，钟群鹏开始转向失效分析研究时，国内在这一领域基本处于起步阶段，不仅各大高校没有设立相关的课程和研究机构，甚至相关领域的很多专业人士对断口分析、失效分析也是不甚了解。钟群鹏当时鼓励一些同事和他一起进行课题研究时，也是吃了不少闭门羹，很有一些"独木难支"的感觉。那时候，钟群鹏就想，一定得做好失效分析的宣传工作，还得培养更多的专业后备人才，这样失效分析才能真正立起来，为今后更好地发展打下基础。不过，一开始在学校吃的那些闭门羹，让他也怀疑此时做这些工作的时机是否合适。

但是，在 1974 年钟群鹏参加过两次金相技术经验交流会之后，便很快打消了上述疑虑，开始加大了失效分析宣传和人才培养的力度。

1974 年 4 月，钟群鹏受邀参加了西北地区三机部金相技术经验交流会，12 月，又在南京参加了三机部第一次金相技术经验交流会，在两次会上都作了断口分析方法报告。他在报告中系统阐述了断口分析、失效分析的重要性，认为断口分析能够揭示断裂模式、原因和机理，能够为防止同类断裂事故的发生提出防范技术方法和管理方法。他还在报告中首次提出如何从断口的六个方面进行分析，即要从断口的形貌、结构、颜色、成分、边缘情况、起始断裂附近的情况进行全面、深入、综合分析；另外，还特别强调，断口分析技术必须进一步发展，在全国范围内加以推广。钟群鹏的报告引起了大会的特别关注，很多专家也都认可他的研究。南京航空学会还邀请钟群鹏为南京的科技工作者进行报告，并发布专册论文。中国航空学会也邀请他进行全国巡回演讲（后因工作原因没有成行），以宣传普及断口分析技术。

国内专业领域对断口分析、失效分析的热情让钟群鹏有些始料不及。他由此也看到了这一领域在国内美好的发展前景，因而萌发了要对断口分析进行全国性的普及、提高、进修和人才培养工作。两次会议之后，钟群鹏回到北航就开始了相关培训班、普及班、提高班的筹备工作。

1975 年 5 月，钟群鹏先是在北航组织有关教师，邀请全国断口分析工作者，开设了"金属断裂故障金相"进修班，不仅编写《断裂故障分析》和《金属的缺陷及检验》等讲义，还担任进修班班主任并主讲金属断裂故障分析课程。1975 年 12 月，面向三机部的航空厂开办"金属断裂故障"培训班，担任班主任，讲授主要课程。1978 年 9 月，又开设了第二届"金属断裂故障金相"进修班，延续此前的培训，讲解金属断裂故障分析课程的第二章。与此同时，钟群鹏还频繁参与国内相关的学术交流活动以及研修班（比如 1978 年在上海交通大学参加教育部组织的"位错理论及其应用"研修班）。通过这些普及工作，业内对断口分析、失效分析有了更进一步的认识，为其后钟群鹏在全国普及失效分析技术奠定了基础。

在举办各类培训班、普及班、提高班的同时，钟群鹏还注重人才培养和提高工作，亲自在北航开出了近十门的课程，还招收研究生，进行断口机理的研究工作。1978 年招收的硕士研究生赵秋，研究了拉伸断裂性能和断口之间的关系，撰写了硕士论文《金属混合断口的宏观定量控制》，得到了蔡其巩[①]院士的赞赏，认为具有开创性。1982 年招收的硕士研究生王守凯，最终完成题为《钢的韧脆转移温度与其显微组织关系的研究》的硕士论文。1983 年招收的硕士研究生赵宇，最终完成题为《关于超高强度钢 30GMnSiNi2A 韧脆转移及其低温力学性能的研究》的硕士论文。

另外，钟群鹏在一次学术会议上了解到，中国黑龙江省大兴安岭地区加格达奇铁路的铁轨接头在冬天大量断裂，比例很高，造成了重大的损失和安全事故。这件事情引起了他的高度关注，认为钢材如何抗断裂是一个重要的课题。当时初步分析认为是一种复合性断裂，钢头部分是悬臂梁，在轮毂的作用下受弯曲应力作用，在三向应力作用下形成压缩疲劳源或表面疲劳源，这种疲劳源随着运行的过程不断地扩展。疲劳源的产生很难预防，但冷脆断裂可以做工作，于是钟群鹏指导 1979 年招收的硕士研究生李洁进行冷脆断裂研究。冷脆是与金属基体结构有关的低温断裂模式，它

---

① 蔡其巩（1932- ），金属物理与断裂力学专家，中国科学院学部委员（院士），冶金工业部钢铁研究总院高级工程师。

在体心立方和六方结构金属中发生，在面心立方金属中不发生。钟群鹏在全国范围内寻找铁素体不锈钢，找到后先做疲劳冲击，将冲击数据数字化、模型化，提出冷脆断裂数字模型，统一了各种断裂指标性能的关系，建立了脆性向韧性转移对数曲线。此外，钟群鹏还进行一系列温度的冲击实验，对冲击实验温度和性能进行测试，找到转变温度，认为这是"少慢差费"，提出了可以用金相检验的方法来确定韧脆。最终，在钟群鹏的指导下，李洁完成了题为《材料韧脆转移的定量研究》的硕士论文。

如果说，20世纪70年代初到80年代初，钟群鹏一系列普及和人才培养工作为失效分析未来发展奠定了市场认知和人才储备基础的话，那么，这段时间他所进行的一些失效事故诊断工作，则让业界真正认识到失效分析的实践应用价值，并让这一学科真正在业内立住了脚。

1983年，钟群鹏参加了国防科工委组织的歼-8一号喷嘴断口定性"会诊"工作。当时，歼-8一号试飞中发生喷油嘴空中起火爆炸事故，621所总师颜鸣皋[1]邀请三机部派专家组对事故进行分析，钟群鹏担任专家组组长。喷油嘴材料是38CrA钢，正火态，珠光体组织。喷油嘴断裂后，燃油呈柱状喷出，产生燃烧带并将飞机烧坏。

分析工作首先进行的是材料组织分析，夹杂物和组织合格；测定片状珠光体厚度，发现温度-50℃，空中温度没有那么低，排除了冷脆断裂可能；对材料性能进行测试，发现材料性能正常。断口分析发现断口严重烧损，表面氧化物非常厚，掩盖了断口细节。钟群鹏便决定对一个断口进行表面氧化物化学处理，先用弱碱性再用强碱性进行处理，及时拿出来观察，最终在断口上发现疲劳特征，认为是空中疲劳断裂。这种断裂和冷脆及掉到地面无关，与空中工作有关。经分析认为，这种疲劳是大应力共振疲劳。断裂部位是喷油嘴根部，经询问根部公差情况得知，制造厂并不控制公差，然而问题就在于不控制公差，大小不一导致部分喷油嘴的固有频率与工作频率产生共振，从而发生疲劳断裂。通过做不同公差实验，证实了猜测。通过本事故的分析，钟群鹏总结出断裂必然有偶然原因，要进行

---

[1] 颜鸣皋（1920-2014），祖籍浙江慈溪，生于河北定兴。材料科学家、金属物理学专家，中国科学院学部委员（院士）。

认真地分析，才能够解决断裂问题。

不过，真正让钟群鹏声名鹊起，让失效分析在国内立起来的，是他在1982年承接的"北京民用在役液化石油气瓶YSP-15质量测定试验研究及普查制度标准"的课题。

20世纪80年代初，由于历史原因，我国的液化石油气钢瓶没有一个清晰的煤气瓶质量标准，爆炸事故时有发生，被认为是放在家里的"定时炸弹"，严重威胁着人民的生命和财产安全。这一现象引起了国家的高度重视，北京市设立了一个测定液化石油气钢瓶的质量及判废标准的课题，对外进行招标。

当时，有两家研究机构竞争，一家以北航为主，主张从事故原因进行实验，找到控制参量；另一家是郑州机械研究所，主张从材料可靠性、工艺可靠性、实验可靠性、使用可靠性、检验可靠性来研究。最终北京市决定由北航来进行研究，拨付研究经费6万元。这个项目的负责人就是钟群鹏。

当时，很多人不理解钟群鹏为什么要接这个课题。一来这个课题费用不高，责任却重，一旦给出的"标准"有误，钟群鹏的学术地位会一落千丈；二来这个课题理论难度不高，但风险不小，给液化石油气钢瓶做失效分析及预防，需要进行大量的爆破试验。钟群鹏却义无反顾地接下了这个课题，他认为："课题虽小，事关民生，社会需要，我又有能力，自然应该义不容辞。"至于怕标准有误，钟群鹏则认为："失效分析本身就是从失败中找到成功。只要我们多做实验，从一次次失效中进行严谨分析，一定能成功找到正确的标准。"[1]

钟群鹏他们整整做了1079个钢瓶的模拟爆炸试验[2]，从1079次失效分析中找答案，最终确立了《液化石油气钢瓶再检验标准》（GB8334—1987）。

钟群鹏研究小组先进行了国际对比，进口了50个用了几十年的日本煤气罐进行实验分析。结果表明，这些煤气罐质量一塌糊涂，焊缝不标

---

[1] 钟群鹏：失效分析预测预防技术开拓纪实。2022年，未刊稿。资料存在采集工程数据库。

[2] 钟群鹏："只要我还能走路，我就会坚持走下去！"北京航空航天大学新闻网，2022-09-15。

准、厚度不标准、封头不标准、形状不标准、耳朵不标准、充气阀门不标准，却安全使用了几十年。这让钟群鹏觉得有些不可思议，此后，研究小组又找来其他 8 个国家的标准，看看人家是怎么检验的。

我国标准要求：焊缝不合格报废、凹坑达到一定大小深度报废、内窥镜不合格报废、塑性不合格报废、强度不合格报废。为了验证什么样的缺陷会导致应用危险，研究小组花了一年多的时间，先后爆破了 1079 个钢瓶，涵盖不同位置、不同类型、不同尺寸的缺陷。最终通过实验，拟定了国家液化石油气钢瓶的标准。

这个国标十分特殊，否定了原先很多不必要的报废标准。比如，国家标准一开始要求凹坑达到一定大小深度报废，但研究小组却发现，爆炸往往不发生在凹坑处，反而从别的地方最先开始爆炸。从原理分析，凹坑处是负曲率，在压力作用下应力很大，会鼓起来，鼓起来过程中发生了形变硬化，爆炸就会发生在别处，除非凹坑处有划痕、裂纹，否则这种凹坑就是安全的，不要见凹坑就报废掉。所以设定的标准对所有凹坑内无裂纹的全部"解放"。当时，东北因存在凹坑而报废的钢瓶堆积如山，这个标准的设定仅仅为东北就节约了几十万元经费。

再如，内窥镜主要检查应力腐蚀裂纹，研究小组用北京市液化石油气钢瓶做了应力腐蚀实验，发现无应力腐蚀裂纹。分析不同年头的腐蚀产物，发现腐蚀产物是铁的氧化物，腐蚀产物厚度以抛物线形式增加，开始快，后来慢，慢慢就不增加了。虽然内表面有很多氧化附着物，但无危险，因此废除了内窥镜检查。

还有，有人说要加强焊缝，把二级焊缝提高到一级。钟群鹏研究了焊缝，正常焊接的爆炸都不在焊缝上，1079 个钢瓶中，30~40 个钢瓶有不同的焊缝缺陷，但也不在焊接缺陷处爆炸，就将提高焊缝标准的建议否定了。另外，他们还进行了超装爆破。经公安局批准，把液化石油气钢瓶放到水槽中，对水槽加热后测定压力、温度和超装程度的关系。分别对超装 1 公斤、2 公斤、3 公斤、3.5 公斤的装满和 75% 充装的钢瓶进行测定，当瓶内压力达到一定程度后，从阀门处发生泄漏。从而确定适合的装液标准。

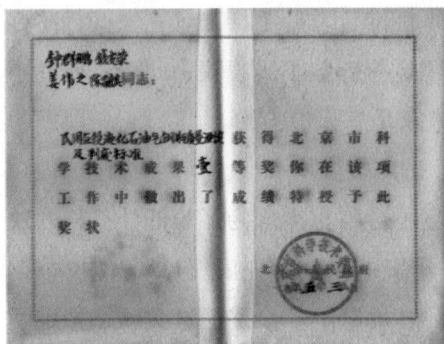

图 5-1 1985 年 3 月，"民用在役液化石油气钢瓶质量测定试验及判废标准"获北京市科学技术成果一等奖（钟群鹏提供）

对于液化气瓶的底部被腐蚀的需不需要报废？实验发现还没有由于底部腐蚀而引起爆炸的，气瓶承受压力最大的地方在瓶体的肩膀处。瓶底腐蚀报废这一条也被否定。当时，吉林发生了 1000 立方米球罐焊缝张开，煤气喷出来，遇明火发生爆炸的事故。事故导致该球罐周围小钢瓶被火烧了，这些小钢瓶还能不能用？

最后研究表明现场是正火态，很难被烧到 910℃以上，火烧使得塑性增加，而塑性增加对钢瓶有好处，强度下降一点问题不大。因此，这些被烧的小钢瓶全部被"解放"。

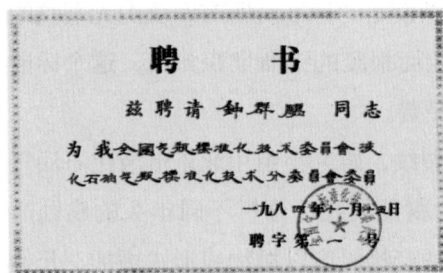

图 5-2 1984 年，全国气瓶标准化技术委员会发给钟群鹏的聘书（钟群鹏提供）

最终，该课题于 1984 年 7 月完成，撰写了 25 万字科研总结并制定了液化石油气瓶普查制度标准——《液化石油气钢瓶再检验标准》，该标准通过各级鉴定，获得有关专家、教授、学部委员的好评，并获得北京航空学院科技成果二等奖、北京市科学技术成果一等奖和国家科学技术进步奖三等奖，钟群鹏也被全国气瓶标准化技术委员会聘为液化石油气瓶标准化技术分委员会委员。专家们评价这个标准"简洁实用""既避免了事故，又避免了浪费"。按照此标准鉴定液化石油气瓶，当时每年可为北京市节省资金 600 万元，全国可达 7 亿元。这一标准还被劳动部相关检测中心赞誉为"锅炉压力容器安全工程研究史上的一个光辉典范"。

"失效委"创终起动

在进行失效分析研究和普及工作的同时，钟群鹏也一直在向国家有关主管机构进行汇报、申请和建议，试图尽快成立失效分析学会。

一人计短，众人计长。钟群鹏深知，仅靠自己或者是学校的力量是不够的，只有成立相关的行业协会，才能将社会各界的有生力量系统地整合起来。一方面，学会、协会可以充当政府的助手，在一定范围内行使政府管理经济事务的职能；另一方面，学会、协会可以起到信息交流平台的作用，在全国相关行业内互通有无，让失效分析相关的行业、企业、院校丰富知识、开阔眼界、拓展思路。更为重要的是，学会、协会可以集中全国最知名的失效分析专家，集众人之力进行相关科研开发，这无疑能更好地促进国内失效分析学科的发展。

失效分析学会的成立并不是一帆风顺的。早在1975年7月15日，在钟群鹏的牵头组织下，失效分析学会筹备小组在位于北京南苑的703所[①]正式成立了，参加的人有钟群鹏、王仁智（621所研究员）、庹鹏（703所研究员）、陈玉明（中国机械研究院研究员）、田永江（北航教授），以及机械部、七机部、航空部、学校等方面的代表。这个筹备组织为失效分析学术组织成立做了基础性准备工作。

筹备组成立之后，就开始积极进行相关研究和普及宣传的工作，经过多年的宣传普及，再加上钟群鹏带领筹备组很多成员在国内也进行了一些成功的失效分析应用，失效分析新学科在国内的认知度和知名度越来越大，钟群鹏他们觉得时机成熟了，就开始向主管部门申请成立"失效分析工作委员会"。1983年，筹备组进行了多方的宣传和征集签名，共征集了117位国内相关知名专家学者的签名，包括中国科学院学部委员（院士）

---

① 703所，即航天材料及工艺研究所，中国航天科技集团公司第一研究院，始建于1957年12月3日，是中国航天领域材料及工艺技术的重要研究中心。

肖纪美①、清华大学陈南平②等，然后去找国家经委质量管理局的岳定仑总师汇报情况，向国家正式申请成立失效分析学会。

　　一项申请要得到国家的批准并不容易，钟群鹏他们前后向岳定仑总师汇报了7次，最终征得他的同意报送国家经委领导，此时已经是1985年了。不久得到时任经委副主任朱镕基的批示"失效分析工作十分重要，国家经委要尽己所能，给予绵薄支持"，并从国家经委拨付5万元作为成立学术组织的开办费。后来，朱镕基了解了一些具体情况后，还专门和钟群鹏沟通，说失效分析太专业了，国家经委是搞宏观经济的，这个学会不适合在国家经委下设，建议钟群鹏在中国机械工程学会下设立。

　　朱镕基的批示引起中国机械工程学会领导的高度重视，当时的秘书长许绍高同志指示加强失效分析学会组织的筹备工作。1985年7月16日，由钟群鹏担任中国机械工程学会全国失效分析工作委员会筹备组组长，以筹备委员会的成员为核心进行了规划和推动，最后取名为"中国机械工程学会失效分析工作委员会"。在各方的努力之下，中国机械工程学会失效分析工作委员会（简称失效委）于1986年8月15正式成立。失效委的成立，意味着失效分析新学科得到了国家的认可与支持，钟群鹏的事业在这一刻也真正迎来了起动的良机。

　　钟群鹏被提名为失效委主任委员，王仁智和陈玉明、庹鹏担任副主任委员，田永江担任秘书长，范子真担任办公室主任，失效委挂靠在北京航空学院。除了加强自身建设、开展失效分析诊断和预测预防工作外，失效委还召开了系列失效分析技术交流会，于1987年、1992年、1998年三次召开全国性的机械装备失效分析和预测预防战略研讨会，对我国失效分析交流、普及和提高起了一定推动作用，得到了国家的重视。此外，还参加了由机械工程学会、宇航学会、航空学会、汽车学会、铁道学会等学会组织举行的有关失效分析会议，起了交流促进的作用。

---

　　①　肖纪美（1920-2014），出生于湖南凤凰。金属材料科学家、金属学专家和冶金教育家，北京科技大学教授、材料失效研究所所长。

　　②　陈南平（1923-2001），江苏常熟人。中国材料科学与工程学科的先驱者之一。1947年毕业于清华大学机械系，历任清华大学讲师、副教授、教授、冶金系和机械工程系副主任、材料研究所副所长，中国机械工程学会第四、五届常务理事。九三学社社员。

另外，失效委还有一项职责，就是在全国设立的失效分析网点有权接受国家、部委和单位委托的失效分析诊断工作，这些网点经失效分析工作委员会总部同意后才可以签发。最后成立了 34 个这样的工作网点，形成了全国性的失效分析预测预防网络。我国一些重要的机构也相应成立了网点，如钢铁研究总院、上海材料研究所、清华大学、北京钢铁学院等。除了成立全国的失效分析网点以外，这个工作委员会还可以独立发展失效分析专家和失效分析工程师两个级别的失效分析工作者。在委员会的努力下发展了 400 多位失效分析专家和 800 多位失效分析工程师，并颁发证书，凭证有资格参加各种类别的失效分析诊断和预测预防工作。这成为全国学会工作的热门议题，认为是一种新型的、独特的、有效的学会组织。失效分析专家和工程师每两年考核一次，提交考核报告，总结在这两年内从事失效分析的工作和成效。当时有一些著名教授成为失效分析专家，如西南大学力学专家孙训方。失效分析工作委员会成立失效分析专家组，由钟群鹏担任专家组组长。这些失效分析网点、专家和工程师在我国失效分析工作中起到了启蒙、起动和发展的重要作用，直至现在仍在延续。

从 1975 年成立失效分析学会筹备小组到 1986 年中国机械工程学会失效分析工作委员会正式成立，前后历时 11 年。这 11 年间，钟群鹏一方面要在学校进行教学工作，编著教材、办学习班、带研究生，为失效分析培养后备人才；一方面还要在全国各地参加断口分析、失效分析的学术交流活动，为失效分析学会的成立摇旗呐喊；同时，还要不断参与各种事故的失效分析研究，积累实践经验，完善失效分析学科理论和应用体系的搭建。日子紧张而忙碌，甚至为此还错过了去英国做访问学者的机会。

1978 年，钟群鹏开始研究疲劳断口数学模型的问题，并于次年撰写了《金属疲劳断口的数学模型》论文。因为这篇文章，北航推荐他去瑞典参加第四届国际金属成形会议（International Conference of Metal，ICM）。后来，钟群鹏参加了北航为教工组织的英语培训班，以 90.5 的高分结业。紧接着，1980 年，系里推荐他去英国克兰菲尔德大学做访问学者。

在那个年代，高校教师出国做访问学者是一件极为难得的事情，既能开阔眼界、提升自己的科研水平，回来后在学校的待遇也能得到很大的提升。但此时正值国内断裂力学、失效分析兴起，失效分析委员会的各项筹备工作正进行到关键时期，钟群鹏又是这个领域的领军人物，前后思忖，他觉得这时不能扔下国内的事业去国外，不然一切都有前功尽弃的可能。于是，钟群鹏跟当时学校的教务长秦德荣回复说"不打算出国做访问学者了"。秦德荣听后大吃一惊："这个机会放弃了多可惜呀，全校只有一个名额，沈士团也去了那里做访问学者，那里航空学院的实力在欧洲及世界范围内处于前列。学校决定让你去，如果要放弃，你还得给学校打报告。"后来，钟群鹏还是打了报告拒绝了这件事，学校就改派航空材料系腐蚀与防护专业刘永辉老师去做了访问学者。

后来，沈士团和刘永辉从国外回来后，在各自领域都有出色的成就。其中，沈士团做了两年访问学者，1982 年回国后，历任北航电子工程系系主任、副校长、校长。刘永辉回国后，还在 1985—1986 年赴美国担任麻省理工学院访问科学家（visiting scientist），回国后成了我国腐蚀与防护领域的知名专家。钟群鹏错过了这次机会，以后就再也没有得到去国外进行长期研究和学习的机会了。但是，后来在失效分析领域有所成就后，他也多次出国做学术交流和访问，比如 20 世纪 90 年代就到瑞典参加过国际金属成形会议。其后，还跟随中国工程院团队到法国、德国、奥地利参加过航展。成为院士之后，也到哈佛大学、里海大学、伦敦帝国理工学院、伦敦大学等知名高校进行学术交流和调研考察活动，也算是弥补了这次未能出国的遗憾。这次选择，也表明了钟群鹏立足国内发展失效分析学会的决心和毅力。后来，他成为中国失效分析领域最重要的开拓者和领导者，与这次选择也不无关系。

这一阶段，钟群鹏还有一项研究值得一提，那就是持续进行了 11 年的"钢的冷脆断裂诊断和控制技术研究"项目。

早在 20 世纪 70 年代末，钟群鹏就有了进行冷脆断裂研究的想法。他对泰坦尼克号海难事故进行了研究，发现船体断裂的原因是撞了冰山，发生了低温脆断。材料为什么会低温脆断？1979 年，他开始指导硕士研究生李洁进行冷脆断裂研究，进行系列温度的冲击实验，从而确定材料的韧脆转变温度。1982 年，他又指导硕士研究生王守凯，最终完成题为《钢的韧

图 5-3 2003 年 7 月，钟群鹏（中）与张玉梅、程基伟英国考察期间在威斯敏斯特宫前合影留念（钟群鹏提供）

脆转移温度与其显微组织关系的研究》的硕士论文。这一阶段，他主要指导学生研究各种显微组织的参量和冷脆温度的关系，把材料处理成不同珠光体层厚度，用片状珠光体钢的组织定量分析代替了系列冲击试验确定冷脆转变，其可靠性达到 99.6% 以上。这一结果得到了国家基金委的表彰，追加经费 5 万元，被评为优秀工程项目。该研究成果后来还在歼 -8 空中起火爆炸事故中得到了成功地应用。

　　1983 年，钟群鹏撰写了《金属韧-脆转移温度的定量分析》一文，在《金属材料及热加工工艺》第三期发表。并指导当年招收的硕士研究生赵宇完成硕士论文《关于超高强度钢 30GMnSiNi2A 韧脆转移及其低温力学性能的研究》。1984 年，他又在《机械工程材料》第一期发表了论文《金属韧-脆转变过程的数学模拟及其应用》。指导硕士研究生初飞，完成硕士论文《钢的低温力学行为及其冷脆控制方法的研究》。1987 年，指导硕士研究生徐光宪、刘风雷、张瑶，分别完成硕士论文《钢的低温断裂和冷脆控制图的研究》《钢的蠕变寿命估算方法的研究》和《金属材料低温冷脆安全控制图及其应用》。1990 年，指导硕士研究生张峥完成硕士论文《钢的冷脆断裂的诊断和工程控制技术的研究》。1993 年，他与研究生共同撰

图 5-4　1993 年,《金属学报》李薰奖金优秀论文一等奖证书（钟群鹏提供）

图 5-5　1992 年度中国航空工业总公司科学技术进步奖二等奖证书（钟群鹏提供）

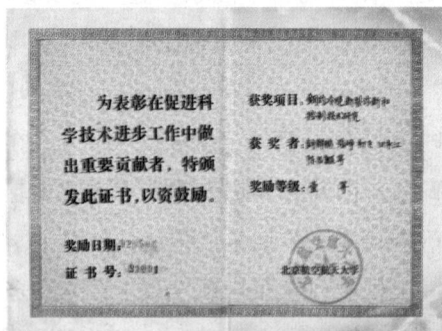

图 5-6　1992 年,"钢的冷脆断裂诊断和控制技术研究" 获北京航空航天大学科学技术进步奖一等奖（钟群鹏提供）

写的论文《关于 Petch 韧－脆转移温度估算公式的工程表达式》荣获第三届《金属学报》李薰①奖金优秀论文一等奖。11 年里，钟群鹏和学生们对"钢的冷脆断裂诊断和控制技术"进行了系统的研究，研究结果得到了国家自然科学基金的认可，先后获中国航空工业总公司科学技术进步奖二等奖、北京航空航天大学科学技术进步奖一等奖。这一研究奠定了钟群鹏在断裂分析、失效分析理论研究领域的领先地位。

失效委成立之后，在开展失效分析技术交流会、设立失效分析网点、发展失效分析专家和失效分析工程师等工作之外，钟群鹏还在夯实失效分析理论和实践基础方面做了许多出色的工作。

在夯实理论方面，首先就是将部委下发的 5 万元筹备费用中的 2 万元用来出版《机械产品失效分析丛书》。这套丛书在这之前已经开始编辑，由机械工业出版社作为出版单位，全国 26 名学者担任编委会委员，编委会主任是

621 所王仁智研究员，副主任委员是钟群鹏。1980 年出版丛书的第一本，

---

① 李薰（1913-1983），出生于湖南邵阳县（今属邵东市）。中国科学院原副院长，中国物理冶金学家，中国冶金科技事业的开拓者之一。

由于出版难度和经费的问题，进展较慢。在得到 2 万元的资助后，这套丛书的出版工作进展顺利，1991 年完成了整套丛书的出版工作。整套丛书共 11 本，分为基础理论、综合工程和产品失效三大部分，共计 154 万字，是我国第一套关于失效分析技术普及的中级读物，对我国的失效分析工作

图 5-7　1991 年，《机械产品失效分析丛书》获中国机械工程学会"学会工作成果奖"
（钟群鹏提供）

起到了重要的推动作用。钟群鹏和田永江在这套丛书中担任了《失效分析基础知识》分册的主编。

　　在实践方面，失效委在 1986 年正式成立后，就开始陆续承接国家相关失效分析诊断工作。其中第一个诊断就是国家经委委托的太原 20 万千瓦机组解体爆炸事故，钟群鹏被任命为专家组副组长。

　　这起事故在钟群鹏之前已经有专家进行了分析，现场已经被基本清理，钟群鹏他们得到的是二手情报和资料。通过听取汇报和现场考察得到的情况，专家组找不到任何肇事的真正原因。唯一的嫌疑断口是电机和汽机之间接长轴连接螺栓的疲劳断口，这个空心两截连接轴大概有 0.8 米粗，通过螺栓紧固连接。这个疲劳断口成为大家关注的中心，大部分人认为接长轴螺栓疲劳断裂造成整个机组破坏，由于缺乏其他证据和信息，专家组同意了这个意见。事后向国家经委领导作了汇报，并加强了螺栓疲劳强度设计和工艺。但是从后面的事故分析来看，这个结论是片面甚至错误的。螺栓虽然有一定的设计缺陷，却不是最主要的事故原因，主因是调速系统失控，接长轴螺栓机组在超速、振动急剧增大的过程中，产生油膜振荡，导致螺栓断裂，造成机组严重损坏。但当时没有第一手的现场勘察资料，没有对结论进行严谨的实验验证，专家组也没有发现油膜振荡这一新的失效机理，导致了鉴定结论的偏差。这是一个严重的教训，也让钟群鹏在后来的失效分析诊断工作中越发严谨，其后接手的 500 多起失效分析诊断工作再也没有出现类似失误。

太原 20 万千瓦机组解体爆炸事故之后，1988 年又发生了秦岭发电厂 20 万千瓦 5 号机组断轴事故，虽然没有人员死亡，但机头打穿 2 个面墙，整个轴系断为 13 段，直接经济损失 2500 多万元，间接损失 14 亿元。国家经委派出由 20 位专家组成的专家组负责事故调查，钟群鹏被任命为专家组组长。吸取太原事故的经验，他为专家组制定了严格要求，现场分析极为严格，实验分析极为严谨，最终得出结论：电机转速超标，轴向间隙超标，导致油膜失稳进而引起油膜振荡，最后引起轴系破坏，造成事故。这次事故其实和太原事故的原理相同。后来，专家组还提出 12 条措施，预防了四台 20 万千瓦机组（当时的主力发动机）再次发生油膜振荡。这也是失效委成立后承接的重大项目之一，也是我国有史以来第一次电机诊断出油膜振荡引起的断轴事故，这次事故分析防止了类似事故的再次发生。

寰宇问效正起飞

20 世纪 90 年代初至 2010 年，可以说是钟群鹏事业的真正起飞期。这十多年间，他一方面带领失效委在国内失效分析、安全生产领域做出了许多开创性的工作，甚至开始和国外同行竞争与合作。另一方面，持续参与了许多国家级的机械失效分析和预防项目，取得了重大的社会、军事和经济效益。

钟群鹏的开创性工作之一，就是加大国内外失效分析的学术交流，进而参与失效分析国际人才的培养。

失效委成立后，曾多次举办全国性大型失效分析战略研讨会。20 世纪 90 年代，在老一辈科学家师昌绪[1]、颜鸣皋等院士的倡议和推动下，钟群鹏又率先组织成立了 24 个全国性学会联合参加的"中国科协工程学会联合

---

[1] 师昌绪（1920—2014），河北徐水人。金属学及材料科学家，战略科学家，中国科学院学部委员（院士），中国工程院院士，第三世界科学院院士。中国科学院金属研究所名誉所长、研究员，国家自然科学基金委员会特邀顾问。

会失效分析和预防中心",并被选
为中心主任。

从 1990 年开始,国家经委与
加拿大国际开发署联合设立了失
效分析人才培养项目,由国家经
委和加拿大国际开发署联合领导,
各出资 100 万加元,由北京航空
航天大学和加拿大曼尼托巴大学
共同执行,并请北航材料系系主

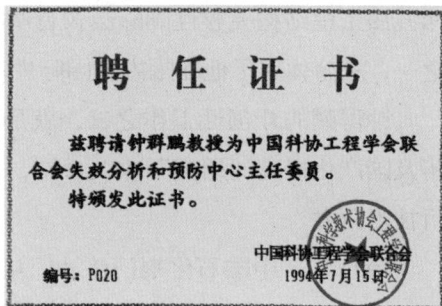

图 5-8　1994 年,中国科协工程学会联合
会失效分析和预防中心主任委员聘书(钟群
鹏提供)

任陈昌麒教授和曼尼托巴大学查特威力教授共同担任项目主任,钟群鹏担
任该项目的中方委员。1995 年,项目召开了失效分析预测预防国际会议,
陈昌麒教授和查特威力教授分别担任中方和加方主席,钟群鹏担任国际委
员会委员、组织工作委员会两主席之一、学术委员会两主席之一。这次会
议有多个国家和地区的学者参加,具有重要的影响和作用。国际会议期间
还成立了"中国－加拿大失效分析和预防培训中心",钟群鹏担任该中心
主任,开辟了失效分析高级人才的国际培训与交流渠道。随着中外相关交
流越来越多,中国的失效分析在国际上的地位也越来越得到认可。2007 年,

图 5-9　1994 年 7 月 15 日,钟群鹏(前排左 2)参加中国科协工程学会联合会失效分析和
预防中心成立大会(钟群鹏提供)

第九届工程结构完整性国际会议首次在中国召开，钟群鹏担任大会两主席之一，充分体现了他在国内和国际失效分析领域的巨大影响力。

钟群鹏的开创性工作之二，就是签订了"进口德国 GHH 烟机事故分析及国产化提高的研究"攻关合同，作为课题负责人，与西方发达国家进行技术角力。

1992 年，中国石化荆门炼油厂从德国 GHH 引进了一台烟气轮机，工作一段时间后发生整体轮子轮盘开裂事故。出了事故以后，德国人很傲慢，说是由于中国的催化剂出了问题，导致了断裂。为了查明事故真相，中石化总公司重大设备国产化办公室与荆门石油化工总厂、中国机械工程学会失效委签订了"进口德国 GHH 烟机事故分析及国产化提高的研究"攻关合同，由钟群鹏牵头组成了一个专家组，汇集国内材料、断口以及烟气轮机设计制造方面的多名专家，从断口分析入手，在断口、材料两方面做了大量细致深入的工作。专家组在沈阳金属研究所研究了好几天断口，在断口形貌上发现了脆性断裂的特征，这就说明断裂跟材料包括材料的处理工艺有很大的关系。根据这些断口特征找到了事故原因的证据，通过分析后形成了报告。之后，作为中方的首席技术代表，钟群鹏参加了与外方烟气轮机权威的交流与谈判。一开始，外方口气强硬："全世界有我们上千台这样的机器在运行，都没有发生断裂，这一轮盘的断裂，肯定是中方使用不当引起的。"面对外方代表的强词夺理，钟群鹏也不多做口舌之争，只是让他看了 25 分钟的断口扫描图像，以无可辩驳的事实和科学的分析证明这是一起质量事故。对方顿时哑口无言，同意在合同保证期已过的情况下认赔。这一研究成果，为厂方节约了约 84.04 万马克，通过了中石化总公司的部级鉴定，鉴定委员会认为：

　　该研究是成功地将我国在高温合金理论研究中的最新成果应用到生产实践中去，并解决生产中出现的问题的典范。为今后烟气轮机的安全运行和进一步国产化提供了科学依据。整个研究工作组织有序、思路清晰、方法科学、结论正确，研究成果具有重大的社会效益、经济效益和普遍的指导意义，……达到了国际先进水平。

该项目还获得了中国石油化工总公司1993年科学技术进步奖三等奖，钟群鹏是第一获奖人。

钟群鹏的开创性工作之三，就是持续参与许多重大的失效事故分析工作，几乎每一次都得出了科学、客观、公正的技术结论，进而确立了自己在失效分析领域的"大师"地位。

图5-10　1993年，"烟气轮机转子用材A-286质量控制研究"获中国石油化工总公司科学技术进步奖三等奖（钟群鹏提供）

这段时间，钟群鹏参与的失效事故分析工作涉及面极为广泛，既有航空航天的，也有社会民生的，还有机械化工领域的，其中许多案例具有重要示范意义。

例如，1995年，北京市海淀区春海餐厅发生卡式炉爆炸事故，这是我国首例精神损害赔偿案，也是法院依靠严密的技术诊断为案件审判提供有力的技术支持的案件。当时，北京居民贾国宇在春海餐厅吃火锅，使用卡式炉加热，当第二个气罐使用约10分钟时，餐桌上的卡式炉爆炸了，坐在气罐尾部的贾国宇面部和双手烧伤。原告在诉讼请求中提出要求被告赔偿精神损失65万元。

钟群鹏担任这起事故的专家组组长，经过细致的分

图5-11　1997年7月，钟群鹏工作照（钟群鹏提供）

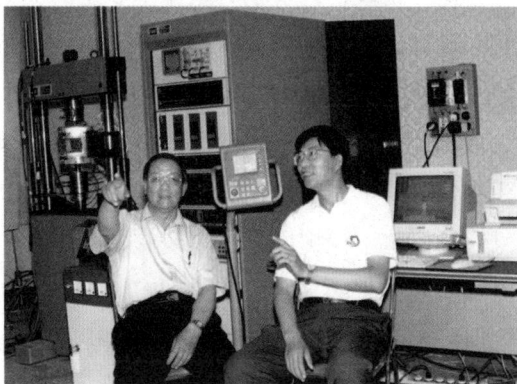

图5-12　1997年7月，钟群鹏与学生有移亮讨论问题

析和实验，最终得出结论：在卡式炉卡不到位、漏气的情况下，卡式炉的喷口在燃烧，卡式炉箱体也在燃烧。这样会使卡式炉的温度升高，燃烧十分钟后正好会使温度达到最高，压力升高，超过了 1.5 个大气压，从而发生底部脱落。法院最终判决，气雾剂公司承担 70% 的赔偿，卡式炉公司承担 30%。整个研究报告真实、严谨、可靠，钟群鹏还作为证人参加了审判，这个案件的科学依据就是失效分析。

钟群鹏还参加了一系列民航事故调查。例如，他担任国家安全生产总局指派的包头 2004 年 "11 · 21" 空难事故专家组组长。2004 年 11 月 21 日，由包头飞往上海的航班在起飞 19 秒后发生了坠毁，机上 52 人全部遇难。钟群鹏领导专家小组对飞机的气动性能、机翼污染物、机组操作和处置等进行分析，最后认为本次事故的原因是：飞机起飞过程中，由于机翼污染使机翼失速临界迎角减小。当飞机刚刚离地后，在没有出现警告的情况下飞机失速，飞行员未采取相关事故应对措施，未能从失速状态中改出，直至飞机坠毁。最终认定这起事故是一起责任事故。飞机在包头机场过夜时存在结霜的天气条件，机翼污染物很可能是霜——飞机起飞前没有进行除霜（冰）。东航公司对这起事故的发生负有一定的领导和管理责任，东航云南公司在日常安全管理中存在薄弱环节。

钟群鹏的开创性工作之四，是对失效分析的研究更加深入，开始向更多失效分析的分支学科进行拓展。

这一阶段，钟群鹏的工作主要是对失效分析的分支学科进行研究、规划和设计，建立失效分析的体系。失效分析是由基础篇、理论篇和工程篇组成；失效基础篇由失效数学、失效化学、失效力学、失效管理学组成；失效理论篇由失效断口学、失效裂纹学、失效痕迹学等组成；失效工程篇由失效诊断学、失效预防学、失效预测学和失效管理学等组成。

钟群鹏不仅提出了上述研究方向，还与业内众多专家合作研究，逐渐夯实失效分析的基础、理论和工程工作。他与同事们编著的《断口学》和《裂纹学》，由高等教育出版社出版，成为重要的基础读物。钟群鹏认为，要使失效分析成为学科的组成部分，必须成立安全学科。担任全国安全生产委员会副理事长期间，他和同事们积极发起建议国家成立安全一级学科。2011年12月11日，国务院学位委员会通过成立"安全科学与工程"一级博士点学科，从此失效分析和可靠性就有了学科系统。这期间，钟群鹏还担任了安全学科教材编写委员会主任委员，编有《材料失效诊断、预测预防》一书，由中南大学出版社出版。

失效分析具有跨学科、交叉性的特点，为此，钟群鹏积极扩展自己的相关知识，努力成为一个跨学科的科技工作者。由师昌绪担任主编，钟群鹏担任第一副主编，编写了《中国材料工程大典》，共26卷，

图5-13　2006年出版的《中国材料工程大典》第一卷

7000万字，由化学工业出版社出版。钟群鹏和师昌绪、李鹤林三人编写其中的《材料工程基础》分册，300多万字，成为《中国材料工程大典》的代表作，并以"材料工程大典概要"为名单独于2006年出版。这套书获得了中国政府出版奖图书奖，这是机械工程学会和我国出版界的大事。

与此同时，钟群鹏还积极参加了安全生产法起草和修订的部分工作，参

图5-14　2003年12月9日，钟群鹏（左1）出席中国材料工程大典编委会工作会议
（陈超志提供）

图 5-15　2006 年，"GB/T 19624—2004 在用含缺陷压力容器安全评定"项目获得中国标准创新贡献奖一等奖（钟群鹏提供）

加特种设备标准和法规体系的建设工作、特种设备安全生产法的起草论证工作。将失效分析向特种设备和安全领域进行交叉渗透。2000 年，他主导的"机电装备的重大事故原因分析诊断和安全评定技术研究"获得国家经济贸易委员会授予的安全生产科学技术进步奖一等奖。2009 年 2 月，他参与的"埋地钢质管道风险评估技术体系研究与工程示范"被国家安全生产监督管理总局授予了安全生产科技成果奖一等奖。

另外，钟群鹏曾经参与两个国家标准的制定工作。1985 年，他参与的"北京在用液化石油气钢瓶 YSP-15 质量测定试验研究及其普查判废标准"获得国家科学技术进步奖三等奖。此后，他在此基础上进行第二个标准——《在用含缺陷压力容器安全评定》标准的研究，通过和中国特检院李学仁教授合作，前后 16 年形成了新的标准，于 2006 年获得质检总局中国标准创新贡献奖一等奖，这个标准有 5 项国际领先、多项国际先进，获得了国家标准委专家组的高度评价，至今仍是执行标准。

大鹏一日同风起

钟群鹏的事业从 20 世纪 90 年代开始步入快车道，在失效分析领域的影响力日渐深远，学术成就也被业内认可，被认为是我国失效分析及预测预防学科的主要开拓者之一。在这种情况下，钟群鹏申报院士事宜就被北航提上了议事日程。

1994 年 6 月 3 日，中国工程院在北京成立，同时设立院士制度，相关院士评选活动随之展开。北航随后就提名钟群鹏为中国工程院院士候选人。中国航空工业总公司作为主管部门，在初选意见上给予了钟群鹏极高的评价：

> 钟群鹏教授是我国著名的失效分析专家之一，他长期从事机械失效分析诊断、预测预防和安全评估方面的研究和实践，提出并建立了"机械失效学"这一分支学科，取得了系统的开拓性的研究成果和实践应用成就，被公认为我国失效分析方面具有较大知名度和影响的著名专家之一，并享受盛誉。[①]

一般而言，首次提名院士，中选的可能性不会太高，再加上相对于其他较为成熟的学科，失效分析作为新学科的建设还未能完善，钟群鹏第一次申报未能成功。中国工程院院士每两年增选一次，在随后的 1996 年，他第二次申报院士，因为种种原因，再次落选。

两次院士申报失败，并没有让钟群鹏有挫败感。那几年，他忙得团团转，尽管已经年逾六旬，但随着事业的蒸蒸日上，颇有点"老夫聊发少年狂"的豪情。他常说，失效分析是"从失败入手，着眼于成功与进步的科学；是从过去入手，着眼于未来与发展的科学"。两次院士申报失败，意味着离成功不远了。1998 年，钟群鹏第三次申报中国工程院院士。

不同以往，之前是北航一家提名，这一次是中国航空学会、中国劳动保护科学技术学会、中国机械工程学会三家共同提名。三家提名，也从一个侧面说明钟群鹏在整个行业的地位得到了认可。

钟群鹏本来对最终入选也是很有信心的。1998 年底提名，转年 1999年适逢钟群鹏 65 岁，学校和系里已经通知他办理相关退休事宜。钟群鹏提出，等评选院士结果出来再谈退休事宜，如果评不上院士，自己就退休，不再延聘。当时，另一位北航知名专家陈懋章也同期申报，他长期从事航空发动机及叶轮机械研究，在航空发动机领域贡献卓著。当时有个不成文的惯例，同一期一所学校只能中选一名院士。钟群鹏了解这一情况后，思

---

① 1994 年中国工程院院士候选人提名书。资料存于采集工程数据库。

忖再三，主动向学校提出，院士评选把陈懋章排在前面："因为陈懋章是搞发动机的，对北航的贡献比我大。"

这之后，钟群鹏对自己此次评院士就有点没有信心了。而此后发生的一件事，更是让他觉得这次评院士很可能又要铩羽而归了。

1997年6月27日晚，北京通州区东方化工厂储运分厂发生特大火灾爆炸事故。北京市安全生产局随即成立专家组进行事故分析。劳动部加派

图5-16 1998年，"北京东方化工厂'6·27'特大火灾失效分析"获全国优秀失效分析预防项目一等奖（钟群鹏提供）

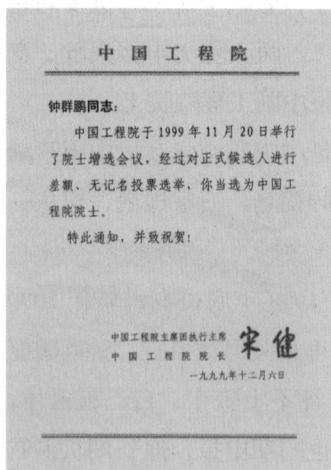

图5-17 1999年，钟群鹏当选中国工程院院士通知函（钟群鹏提供）

了5名专家，钟群鹏担任专家组组长。经过3个月的调查，专家组认为这是万米罐外溢泄漏引起的空气爆炸事故，危及乙烯B罐发生第二次爆炸，是责任事故。然而，北京市拒收结论报告，另成立消防专家组，认为是产品质量事故。意见相左，双方各不相让，事故迟迟未能结案。

此时，已经是1998年底、1999年初了，钟群鹏正在第三次申报院士，有人劝他："你跟北京市闹矛盾，肯定没好果子吃，院士可能当不成了。"钟群鹏却说："我不当院士也要有负责任的交代，我不许类似事故还是同样发生，我这个专家组长不能白当了，一定要得出科学的结论。"[1]

面对迟迟无法确认的事故分析，钟群鹏决定直接上书国务院。2000年底，北京市政府终于同意专家组意见。至此，这起事故历经三年半的争论，终于以科学和良知的胜利落下帷幕。

---

① 钟群鹏：成长过程要点简述。2024年，未刊稿。资料存于采集工程数据库。

事实证明，坚持真理才是最正确的选择。就在"6·27"北京东方化工厂特大爆炸火灾事故迟迟不能结案的时候，坚持真理不退缩的钟群鹏成功当选了中国工程院院士，而且是和陈懋章一起当选。同一期一所学校有两名教授当选院士，这在现在也属少见。

图 5-18　1999 年，钟群鹏当选中国工程院院士证书（钟群鹏提供）

关于钟群鹏当年为什么会成功当选中国工程院院士，我们从当年提名单位对他的提名书以及中国科学院院士、中国工程院院士师昌绪先生的评语中可见一斑。师昌绪先生在提名书中说道：

> 钟群鹏 30 多年来一直在机械装备失效分析和预防工作进行了系统的、有开创性的研究，他负责或参与 500 多例机械装备失效分析和预防项目，其中 50 多项为全国安全生产委员会及有关部委委托的重大事故……钟群鹏教授在 80 年代初首先发起成立我国第一个失效分析学会组织，90 年代他又发起组织成立"中国科协工程联合失效分析

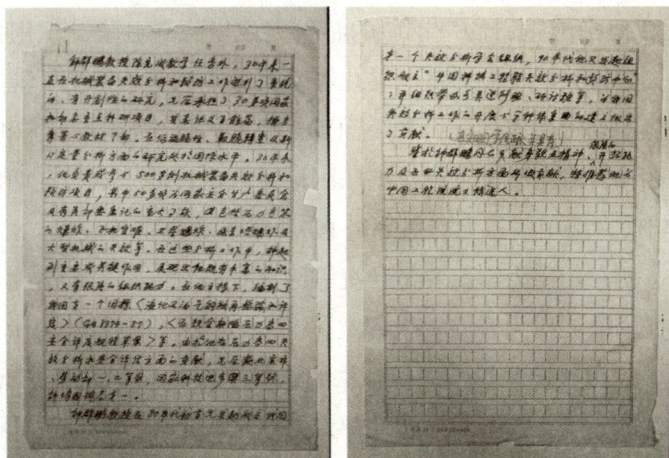

图 5-19　师昌绪提名钟群鹏为中国工程院院士的提名书（钟群鹏提供）

和预防中心"……为我国失效分析工作的开展与学科体系的建立做出了贡献。

图 5-20　1999 年，钟群鹏与师昌绪合影（钟群鹏提供）

三家提名单位则从三个方面对钟群鹏的成就做了系统的总结。

第一，肯定了钟群鹏"三十多年来，一直在机械装备失效分析和预防的第一线进行了系统和有开创性的研究"。

一是材料韧脆转移和冷脆断裂机理：不仅提出了材料韧脆转移过程数学优化模型和实验标定技术，还提出了能反映多因素综合定量影响的两类三维的冷脆断裂控制图和机制图，为冷脆断裂模式和机制的诊断、预测预防提供了一种有效的手段；提出了材料韧脆转移解理和韧窝竞争机制的干涉模型，并通过超大子样蒙特卡洛法的计算得到了验证，深化了对材料韧脆转移机理的认识等。

二是压力容器、压力管道的失效分析和弹塑性安全评估：在 20 世纪 80 年代初，提出液化石油气钢瓶的各种失效模式和危险源识别技术、弹塑性断裂失效模式的控制参量的转化和动态故障树分析方法、薄壁压力容器表面缺陷的弹塑性应力分析和表面复合缺陷的损伤容限、钢瓶的质量评定指标体系和普查判废标准，主编了国标《液化石油气钢瓶定期检验与评定》；90 年代，提出了压力管道等级 R6、保留系数和概率 R6 等安全等级评定方法，使在用压力容器安全状况等级评定提高到科学定量的水平；主编了国标《含缺陷压力容器安全评定》（征求意见稿）；提出以 R6 保留系数为基础、采用直接蒙特卡洛模拟法为计算手段的结构完整性概率性 R6 计算方法，进一步将双参数弹塑性评定方法从确定性提高到统计概率性方法的水平等。为我国压力容器的弹塑性安全评估和安全状况等级评定的技术和方法体系的建立及发展作出了重要贡献。

三是宏微观断口物理数学模型和断口的定量反推分析方法：在 20 世纪 70 年代末开创性地提出金属宏观断口形态上的数学分析方法，系统研究和总结了断裂事故宏微观断口的定性和定量诊断判据，并在重大断裂失效事故的技术原因分析诊断工作中得到了成功的应用；编著了《断裂失效的概率分析和评估基础》一书，发展了概率断裂失效分析技术；提出宏微观断口形态物理模型和特征断口的形态的数学表达式等，为宏微观断口的定量分析奠定了初步基础，逐渐形成断裂事故的事后分析诊断、事先预测和最终防御控制的体系，并在国内得到了较好地应用。

第二，肯定了钟群鹏"三十多年来，参与或负责 500 多例机械失效和预防项目（其中 60 多项为重大项目），取得了重大的社会、军事和经济效益"。机械装备的失效分析是一种交叉的、综合的系统工程，尤其在对重大失效事故的失效分析中，情况更为复杂、分析诊断技术难度更高、持不同技术观点的各方争议更大。在这种情况下，能坚持对事故的现象和模式、原因和机理、影响因素和控制过程、本质和规律、补救和预防措施等方面进行科学的分析、揭示和总结，与同行们一道出色地完成了历次重大的分析和预防项目，并起到了重要或关键的作用。这些项目的完成，取得了重大的社会、军事和经济效益（据不完全初步统计：经济效益达 15 亿~25 亿元人民币），为我国机械装备安全可靠的运行和产品质量的提高作出了重要贡献。

第三，"钟群鹏为我国失效分析和预防技术体系雏形的建立作出了贡献"。他主编了我国第一套《机械产品失效分析丛书》《失效分析基础知识》和第一本高等学校试用教材《失效分析基础》；在 20 世纪 80 年代创立我国第一个失效分析学术组织，90 年代创立中国科协工程联失效分析和预防中心；培养 40 多名博士和硕士，开办各种技术培训班、研究生班和中国-加拿大失效分析和预防高级技术人员培训班等。长期的学术活动，为我国失效分析和预防工作的开展和提高以及这一交叉综合技术体系雏形的建立和发展作出了重要贡献。

另外，候选人提名书还特别强调：

钟群鹏共发表论文百余篇,其中作为第一作者的有81篇,撰写教材和专著24部。获国家级和部委省市级奖励9项、发明专利1项,排名第一的有9项。1989年获北京市优秀教师、1991年获航空工业部有突出贡献专家、1992年获享受政府津贴专家称号。热爱祖国,严于律己,学风正派,具有献身敬业精神和开拓精神。①

1999年底评上院士后,北航和系里要为他庆祝,钟群鹏却不同意,因为当时系里还有一位教授陈昌麒也在申请院士,钟群鹏也推荐过他两次。钟群鹏认为陈昌麒水平高,应该先当院士,但因种种原因他未能当选,实在可惜。"我还是我,一夜之间没有变化,不要把我与群众分开,我还是群众的一分子。"②于是,学校和钟群鹏都低调处理了院士当选一事。

不过,钟群鹏处事低调不代表事业也低调。相反,当选院士如同"大鹏一日同风起,扶摇直上九万里",钟群鹏事业犹如安上了加速器,迎来了再一次腾飞的机会。其后十余年,失效分析预测预防在中国的发展越来越好,并逐渐从军工、特种装备向普通企业甚至国家安全等重大战略领域进行渗透发展。

问效求真再起航

当选院士之前,钟群鹏在失效分析方面的工作集中在失效案例个体的分析预测预防,失效模式的研究和规律的探讨。当选院士之后的头十年,他在以前研究的基础上,对失效分析的分支学科进行了研究、规划和设计,初步提出失效分析的学科体系。

2010年后,随着研究的日趋深入,钟群鹏开始思考"失效学的哲学理念"问题,研究的重点集中在失效的分析要素体系、失效的预防技术体

① 1999年中国工程院院士候选人提名书。资料存于采集工程数据库。

② 钟群鹏访谈,2020年9月1日,北京。资料存于采集工程数据库。

系以及哲学理念雏形方面，并扩展到材料学科以外的工程专业，如质量技术、生物安全和国家综合安全等更大、更全面、更系统、更多技术领域的失效分析预测预防技术。对钟群鹏和中国的失效分析学科而言，如果说前一阶段就如同火箭刚刚发射起飞，那么这一阶段，火箭已经加速上升，开始进入预定轨道，算是真正的起航了。

从个体的分析预测预防到成体系的预测预防，是一个从量变到质变的过程，前期海量的个体失效分析案例，为钟群鹏后续有关失效分析技术体系乃至宏观哲学体系的研究奠定了坚实的基础。这一阶段，他在失效分析体系建立上，又提出了许多创新性的理念，进行了开创性的研究。

例如，针对断裂失效预防体系的研究。这是一个复杂的综合性科学技术工作，断裂事故的预防具有很强的针对性、专业性和实践性，技术难度很大。为此，钟群鹏提出应该针对三级失效模式进行研究和开拓发展。经过初步研究统计，断裂失效中的韧性断裂失效大约有 4 种模式，脆性断裂失效大约有 17 种，疲劳断裂失效大约有 27 种，而要对每一种失效模式提出有效的、科学的、经过实践检验的预防体系，其难度之高、技术性之强是可以想见的。而且，每种断裂模式的预防手段是不尽相同的。例如，可以通过喷丸等手段降低表面拉应力，从而提升材料的高频疲劳断裂性能，但是承受高频疲劳的构件是否是发生疲劳断裂的构件尚待进一步研究和实践工程检验，至于其他多种断裂模式就更加复杂了，还需要进行系统有组织的科学研究。钟群鹏一方面提出了断裂失效预防体系的研究方式方法，另一方面不断整合各方力量，对其进行系统的实践研究和总结。

在具体的研究之外，钟群鹏对"失效学的哲学理念"问题进行了深入思考，并逐步向质量工程和生物失效问题及综合安全问题进行扩展研究。

一谈到哲学问题，很多人会觉得太虚无缥缈，认为机械、金属、材料这些具体的研究与哲学无关。但是，从本质而言，哲学其实是对世界基本和普遍之问题研究的学科，是关于世界观的理论体系。任何学科研究到最后，都会涉及其基本发展规律的问题，而哲学则会为这些研究提供思维和方法上的指导，帮助其形成自己的终极理论体系。诺贝尔物理学奖获得者杨振宁就曾经说过:"科学的极致就是哲学。"

此时的钟群鹏,经过前期的积淀,已经开始进入研究失效学终极理论体系的哲学范畴了。他对失效学的认识论、矛盾论、系统论和方法论进行了阐释,从中提出一些要点,并对失效学哲学理念在失效事故分析诊断预防技术中的应用提出建议,为深化失效学的哲学理念探讨奠定了基础。钟群鹏提出,失效学的理论和技术体系由基础理论篇、应用基础篇和工程技术篇组成;失效是从失败入手着眼于成功与提高的科学技术,是从过去入手着眼于未来与发展的科学技术的理念。这一理念不仅真正确立了失效分析学科的系统架构,更促使失效分析跨越学科,由产品质量、企业安全等向国家安全领域延伸,实现了学科在更广阔领域的起航。

2013年1月24日,中国工程院启动了"制造强国战略研究"项目,这是深入贯彻落实党的十八大精神,加快转变经济发展方式,把发展立足点转到提高质量效益上来,推动我国制造业从大国向强国转变的重大战略咨询项目。项目设立了"制造强国主要指标研究""制造业创新发展战略研究"和"制造质量强国战略研究"等6个综合课题。其中,"制造质量强国战略研究"综合课题组由钟群鹏任组长。在组织实施课题研究的全过程中,他完整融入了预测预防体系建设的理论、理念与哲学思想,包括重大质量安全事故(事件)的预测预防需要前移,由风险分析和故障源控制需要向质量控制工程转移,作为失效分析预测预防源头基础需要系统性强化产品质量等,从而将失效分析理论运用到国家质量战略的设立与实施层面。

制造质量强国战略研究,既是硬科学研究,又涉及大量丰富的软科学内容。在科学分析宏观质量水平和发展阶段的同时,需要研究与之相适应的科技进步、文化建设、人才培养,以及质量政策制度优化的方向与路径;在剖析制造产品、工程、服务等实物质量现状及趋势的同时,需要分析包括计量、标准、认证认可、检验检测的质量基础设施建设的体制机制;在总结凝练制造质量发展内在规律的同时,需要深入研究质量与经济社会发展的紧密联系,并提出质量强国建设的切入点和着力点。钟群鹏基于制造质量强国战略研究的系统性、全局性的特点,经过长时间思考和征询,提出了课题研究的组织架构，经战略咨询项目组同意，由国务院参事张纲[①]、中国工程院院士林忠钦[②]担任副组长，还特别邀请了中国工程院院士刘源张[③]、王礼恒[④]和国家质检总局副局长陈钢[⑤]担任顾问。在质检总局质量司设立课题组办公室，国家标准委、上海质量科学研究院、中国航空综合技术研究所、中国标准化研究院及部分大型企业、高等院校等30余个单位，共计100多位专家参与了研究工作。这个研究架构涵盖了政产学研用各个环节，云集了中国质量界的有生力量，为课题研究提供了强有力的组织保障。

提起"质量强国"，现在已经成为共识，但是在当年这个研究却具有很大的挑战性。这是我国将质量要素首次独立纳入制造强国的战略研究中，为此必须回答一系列全新的命题，包括制造强国中质量到底起什么作用，如何定位质量在制造强国中的战略性，如何针对中国国情和世界竞争格局，如何明确制造质量强国的战略目标、战略任务、推进路径以及创新发展的工作举措等。此时的钟群鹏已步入耄耋之年，要领导100多位专家，历时两年进行一项开创性的、事关国家未来发展大计的战略研究工作，其艰辛可想而知。作为课题研究组组长，他不仅展现出极强的组织力、创新力、凝聚力，还以饱满的爱国热情和高瞻远瞩的战略思维，影响着研究团队的每一个人，出色地完成了任务。对此，课题组副组长张纲有着很深的感受：

　　钟院士学习不止、研究不止、贡献不止。年近八旬的他已经功成

---

① 张纲（1950-　），河北省平山县人。曾任国家质检总局总工程师，国家质量技术监督局锅炉压力容器安全监察局（特种设备安全监察局）局长。长期从事质量与安全管理工作。2011年2月任国务院参事，2021年4月任国家产业基础专家委员会副主任委员。

② 林忠钦（1957-　），浙江省宁波市人。机械工程专家，中国工程院院士，教育部科技委先进制造学部主任。曾任上海交通大学校长、党委副书记。

③ 刘源张（1925-2014），出生于山东省青岛市，原籍安徽六安市。管理科学和管理工程专家，中国工程院院士，国际质量科学院院士，曾任中国科学院系统科学研究所副所长。

④ 王礼恒（1938-　），出生于江苏省镇江市。导弹动力技术和航天工程管理专家，国际欧亚科学院院士，中国工程院院士，国际宇航科学院院士，中国航天科技集团公司科技委主任、研究员。曾任航空航天部副部长，国家航天局副局长，中国航天科技集团公司总经理、党组书记。

⑤ 陈钢（1958-　），江苏省江阴市人。清华大学固体力学专业毕业，曾任国家市场监督管理总局党组成员（副部长级）。

名就，仍毅然决然领导极具挑战性的战略研究，就已经让人敬慕了。后来我还了解到，钟院士左眼基本上看不到东西，右眼视力已经下降到 0.1，更是令人感动。战略咨询需要阅读研究大量资料，他需要通过秘书和老伴读给他听，而且是在反复听读中强行记忆、深入思考。每次开会，他都提前做前瞻性的准备，整体性地提出意见，在认真听取大家发言后，再吸收、凝练、升华，总结出具有很强指导性的研究部署。做到这些实属不易，令人敬佩。我佩服他严谨的治学态度和高远的战略眼光，更佩服他深厚的爱国情怀和不懈的精神状态。①

研究起步时，课题组遇到的一个重大问题是关于质量的认识与定位。基于制造业是立国之本、兴国之器、强国之基的认识，重大咨询项目的定位是战略研究，名称为"制造强国战略研究"。那么"质量"作为咨询项目的一个课题，是否有必要突出"战略"，将名称定位为"制造质量强国战略研究"呢？项目组一些专家对此多次提出质疑，认为在项目战略中套课题战略没有必要，同一个项目中设两级战略也不合适。钟群鹏与课题组反复研究，统一认识，坚定地认为这不是战略套战略，更不是一个项目设两级战略，而是质量本身的定位所致。基于战略属性的认知，他有三点深刻的思考：第一，质量强国具有极端重要性。现阶段中国制造业"大而不强"，一个重要原因就是质量不强。质量已经成为中国制造业转型升级的关键要素，成为中国制造业参与国际合作与竞争的关键内核。国家强，质量必须强。第二，质量强国具有鲜明的系统性。具体表现则有六个方面，即技术性、实践性、社会性、经济性、科学性、战略性。这些特征决定了质量强国需要顶层设计、整体规划、系统推进。在制造强国战略研究项目中设立制造质量强国战略研究课题，不仅不矛盾，而且是更好地支撑，可以促进制造强国与质量强国两个战略相辅相成、融合发展。第三，推进质量强国建设是长期性的任务。质量反映国家的综合实力，体现企业和产业的核心竞争力，也体现国家文明程度。质量

---

① 张纲访谈，2021 年 11 月 5 日，北京。资料存于采集工程数据库。

是科技创新、资源配置、劳动者素质的集成，又是法治环境、文化教育、诚信建设的综合反映。质量强，不可能一蹴而就，应当持之以恒、久久为功。在制造业领域实施质量强国战略十分必要，从长远看，质量也是中国经济社会发展的重大战略问题。这些观点得到了越来越多的专家认同，逐步形成了项目研究的共识。2015 年 4 月，"制造强国战略研究"项目总报告形成，提出了制造强国建设以"创新驱动、质量为先、绿色发展、结构优化"为指导方针。

　　研究初期，课题组遇到的另一个重大问题是对"制造强国主要指标"的认识与确定。指标具有导向性、支撑性、引领性作用，对于制造强国的进程十分重要。对主要指标的认识，反映的实质是对制造强国影响要素的认识，对主要指标的选定，影响的是制造强国进程的科学评价。"制造强国主要指标研究"课题组经初步研究，提出了"规模发展、效率效益、结构优化、持续发展"四个一级指标。他们认为，在四个一级指标中，都含有质量的影响因素，没有必要单列质量指标。有的专家甚至认为，制造强国建设主要靠创新，创新能力增强了，质量问题也将迎刃而解，主张将质量作为"效率效益"下的二级指标。钟群鹏与质量课题组反复研究认为，这是带有根本性的重大问题，是推进制造强国建设中极其重要的关键问题，需要把握制造强国内在规律，从国家战略高度科学研究、准确定位，并形成了以下认识：制造强国的表征除了产业规模、创新能力等因素外，一个主要特征是良好的质量效益，它是制造业核心竞争力和国际影响力的体现，包括生产技术水平、产业质量水平、劳动生产力水平、价值创造水平、品牌建设水平、产业结构优化水平等。为此，在制造强国主要指标中应当突出质量的战略定位，让质量定位与作用显性化，让质量与效益的关系明朗化，让质量效益型发展成为制造强国的战略支点。尽管主要指标形成过程经历多次反复，钟群鹏和质量课题组始终坚持认知、据理力争，又积极沟通、促进理解。最终，指标课题组全然接受了这一极具分量的建议，将"质量效益"与"规模发展""结构优化""持续发展"一并列为制造强国指标体系的一级指标，而且是权重最大、二级指标最多的一级指标。

在课题研究的全过程中，钟群鹏把握大局需求和研究规律，坚持科学严谨和求真务实的作风。他从开始就强调指出：

> 这个课题不是靠工作量的积累，而是靠我们的创新思维。课题组必须回答三个问题。第一，深度剖析质量发展的内在规律，包括影响因素、作用机理、演进逻辑等。第二，分析质量发展与经济社会发展的联系，研究制造质量提升的技术创新、管理创新、制度创新等。第三，研究制造大国向制造强国转变中质量的定位、作用，以及制造质量强国的目标、内涵、主要任务、推进举措等。只有准确深刻地回答了以上三个问题，我们才能够对制造业质量有科学的、全面的、清晰的认知，才有可能破解实施制造质量强国战略的这个重大命题。①

在研究架构建设与推进机制上，钟群鹏进行了系统思考与部署。课题组按照总体与分项、综合与专业，设置了综合组、核心组以及航天、汽车、工程机械、再制造等 15 个领域组。同时，根据咨询研究工作的特点，创建了协同高效的推进机制。钟群鹏回顾课题研究工作的过程，总结了五条经验：一是大家需要认识到这项工作的重要意义，它关乎国家发展大局，需要带着强烈的使命感投入工作中，努力实现有质量的研究、高效率的协同。二是要创造高效机制，各组要分工合作。核心组决策重大问题，领域组分专业开展研究，综合组统筹协调并负责总体报告的形成，分工不分家。三是要充分讨论、凝智汇力。课题组每一次会议都要突出主题，围绕一个或若干个关键问题开展深入讨论，在畅所欲言、各抒己见的基础上总结提炼、形成共识。四是搭建信息共享平台。各种会议、调研，以及专题讨论的信息，都以简报的形式与大家分享观点，一些重要信息还会点对点地及时发送给相关专家，让更多人了解研究的进展。五是尊重人才、激励创新。对课题研究中提出的重要观点予以充分肯定和积极采纳，如制

---

① 钟群鹏访谈，2020 年 11 月 18 日，北京。资料存于采集工程数据库。

造质量强国指标体系的确立（质量安全、质量发展、质量基础），质量对制造强国作用定位的表述（质量是竞争的核心要素，质量是实力的综合反映，质量是强盛的关键内核）等，还对作出突出贡献的专家致感谢信，以资鼓励。

课题组组织开展深入研究。钟群鹏以身作则，以80岁高龄带领综合组先后赴上海、四川、湖南、广东等省市，深入工厂企业、科研机构进行实地调研，开展座谈问询。仅综合组先后召开的各类会议达28次，共征集了35个单位69位专家的意见建议。历时两年形成了《制造质量强国战略研究报告》。报告共分为六个部分，从实施制造质量强国战略的重要意义、我国制造质量现状及国际发展趋势、我国制造业质量发展的指导思想与战略目标、提升制造质量的战略对策、提升制造质量的建议等多个维度对"制造质量强国战略"进行了全面的分析研究和系统阐述。钟群鹏因视力障碍，全部看完是有困难的，但是整个研究报告的整体结构、重要观点、主要论据，以及基于研究形成的战略思路和战略建议，都是在他组织指导和反复审阅下完成的。研究报告经历了八次大的修改，终稿形成后，他对这个报告表达了"较为全面、较为系统、较多亮点"的评价。中国质量界多位资深专家认为，这个报告具有较强的时代性、创新性、针对性。课题研究报告得到了中国工程院有关领导和专家的肯定，中国工程院办公厅书面表彰了包括钟群鹏在内的5名课题组核心成员。

在研究过程中，质量课题组还全程参与了"中国制造2025"的研究起草工作。课题研究的阶段性成果有力支撑了这个纲领性文件的出台，"质量为先"与"创新驱动、结构优化、绿色发展、人才为本"一并成为"中国制造2025"的基本方针。时任工信部副部长毛伟明对"制造强国质量战略研究"课题予以高度评价：

　　院士专家们历时两年的深入研究，形成了高质量的阶段性成果，为由工信部牵头制定的《中国制造2025》规划提供了重要支撑。

在钟群鹏倡导和推动下，2016 年课题组还编辑出版了《制造质量强国战略研究丛书》，共 5 部，约 100 万字，获得了国家出版基金支持。这是我国首套系统的质量科学与工程丛书，对我国制造业质量发展，特别是对促进产业质量基础设施建设起到了重要的推动作用。

"制造质量强国战略研究"课题是"制造强国战略研究"项目的重要组成。此项研究支撑了"中国制造 2025"的出台，还支撑了后期制造强国建设战略规划的研制。尤其值得提出的是，此项研究顺应了中国经济社会发展的大势，回应了中国高质量发展一系列亟待破解的重大问题。制造强国战略研究项目组采纳吸收课题研究的成果，并以中国工程院的名义向国家提出了若干建议，其中包括加快制定发布制造业质量升级的指导意见。两年后，即 2017 年 9 月，中共中央、国务院印发《关于开展质量提升行动的指导意见》，明确提出：以提高发展质量和效益为中心，将质量强国战略放在更加突出的位置。一个月后，党的十九大召开，将"质量"提到中国经济社会发展空前的高度，明确指出：我国经济已由高速增长阶段转向高质量发展阶段。必须坚持质量第一、效益优先。推动经济发展质量变革、效率变革、动力变革。必须把发展经济的着力点放在实体经济上，把提高供给体系质量作为主攻方向，显著增强我国经济质量优势。

回顾这段历史，重温"制造强国战略研究"项目的进程，无论是制造质量战略的提出，坚持将"质量效益"作为一级指标的确立，还是"制造质量强国战略研究"中提出的战略定位、战略目标、战略对策、战略建议，对推动制造强国、质量强国建设乃至中国经济社会高质量发展都具有先导性、支撑性作用。时至今日，课题研究的多项成果已经成为现阶段的行动方案，有的甚至成为国家重要的质量制度政策。课题组副组长、现在仍然在制造强国和质量强国建设中持续跟踪研究的张纲深有感触地说：

钟群鹏是一位战略科学家，其高远的全局观、战略的敏锐性、科学的方法论、前瞻的洞察力，以及系统化思维和颇具创意的见地，给我留下了深刻的印象，我受益匪浅。[①]

此外，在此期间，还有几件事值得一提。

一是 2020 年初，武汉发生了新冠疫情。不久，钟群鹏就在家进行生物安全的预测预防技术的认识和思考，通过近 2 个月的工作，写成《对新型冠状病毒感染疫情防控阻击战的关键和重点的一点思考》一文，于 2020 年 3 月 29 日送交中国工程院，文中提出"三定""三研判""三防控""三治疗""三研究""三建设""打赢三大战""三优势""三国三民"等共 37 条疫情防控意见和建议，得到有关领导和机构的充分肯定。

二是 2020 年 12 月 16 日，中共中央政治局常委进行总体国家安全观的学习和研讨，钟群鹏见到了报道后于 26 日开始对总体国家安全观进行认识和思考，撰写了《对总体国家安全观的几点认识和思考》一文，于 2021 年 6 月 26 日将第十稿送交中国工程院，对总体国家安全观进行了比较全面的认识和思考，对总体国家安全观的地位作用和战略重要性、初步分类和交叉综合性、挑战机遇和矛盾转化性、内忧外患和任务艰巨性、总体思想和整体引领性进行了阐述，得到有关领导的肯定。

三是 2022 年 7 月 24 日，长征五号运载火箭搭载问天实验舱成功发射，钟群鹏在火箭研制过程中也贡献了微薄之力。长征五号发动机壳体曾经在实验过程中焊缝出现裂纹，航天 703 所开展分析工作，长征五号总指挥王珏[②]邀请钟群鹏参加事故分析鉴定会议，钟群鹏提出，在实验过程中发生了裂纹应该找到力的来源。通过多方研究，将位移调节器装在壳体边上发现力量不平衡造成局部应力过大，后来在多方努力下，事故分析结果通过了鉴定。

可以说，2010 年之后，钟群鹏对失效分析的认识和研究已经由常规失效分析的研究，向广义失效学领域进行了发展。对这一段的研究，钟群鹏自己总结说：

---

① 张纲访谈，2021 年 11 月 5 日，北京。资料存于采集工程数据库。

② 王珏（1959- ），浙江省平阳县人。现任航天科技集团一院长征五号运载火箭总指挥。2024 年 1 月 19 日被授予"国家卓越工程师"称号。

　　失效是产品丧失功能的现象，广义失效是人、事、物的失效现象，广义失效分析诊断、预测预防是对广义失效所属的人、事、物的失效模式、原因和机理进行分析诊断、预测预防，以防止类似广义失效的再次发生的技术活动和管理活动。广义失效学是广义失效的理念、思想、理论、政策、体系、机制和管理相关的分支学科。我认为，广义失效学与综合安全观有着密切的联系：首先，它们之间具有互补关系；其次，它们具有对应关系，"广义"对应"综合"，"失效"对应"安全"，"学"对应"观"；第三，它们之间具有因果关系，失效分析预测预防是从失效入手、着眼于安全的科学技术，广义失效分析预测预防是从广义失效学入手、着眼于综合安全的科学技术。因此，广义失效学与综合安全观一样，具有战略重要性、内涵交叉性、矛盾转化性、使命艰巨性和顶层引领性。为此，我认为，和综合安全观一样，要对广义失效学进行全面的认识和思考、开拓和发展、创新和实践，以发挥广义失效学在综合安全观中的地位和作用。①

---

　　① 钟群鹏：失效分析预测预防技术开拓纪实。2022 年，未刊稿。资料存于采集工程数据库。

第六章
解密失效——安危运筹施妙手

20 世纪 70 年代末以来，钟群鹏主持、参与了 500 多例事故的失效分析，几乎每一次都得出了科学、客观的技术结论，被誉为中国最知名的机械"法医"。这些骄人的成绩无疑是对他严谨求实的工作作风和公正无私的人格精神的最好诠释，同时，也展现了他善于处理复杂事务和关系，总领全局的高超管理能力。通过这些具体案例的分析，钟群鹏也确立了自己在失效分析领域的"大师"地位。

油膜失稳初溯源——秦岭发电厂 5 号机组事故调查

1988 年 2 月 12 日 16 点 06 分，秦岭发电厂 20 万千瓦 5 号汽轮发电机组在进行提升转速的危急保安器动作试验时，发生了轴系断裂的特大事故。轴系的 6 处对轮螺栓、轴体 5 处发生断裂，共断为 13 段，主机基本毁坏。虽然没有人员死亡，仅 1 人受伤，但机头打穿 2 面墙，甩落在锅炉旁边，险些造成锅炉爆炸。事故造成直接经济损失 2500 多万元，间接损失 14 亿元。

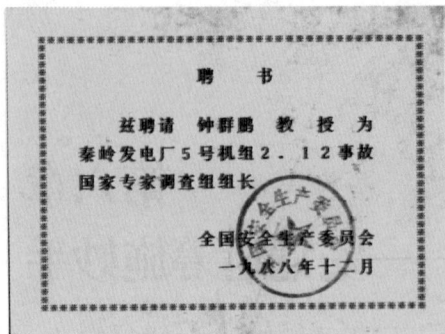

图 6-1　1988 年 12 月，钟群鹏被聘为秦岭发电厂 5 号机组 "2·12" 事故国家专家调查组组长（钟群鹏提供）

事故引起国家经委的高度重视，当时全国安全生产委员会挂靠在国家经委，由国家经委副主任叶青[①]担任办公室主任。国家经委决定成立失效分析专家组，进行机组破坏事故的模式原因和机理的分析工作，国家经委调度总局朱昕将传真电报送至钟群鹏家，任命他为专家组组长。但此时，钟群鹏却有些犹豫了。

此前，曾经发生过太原 20 万千瓦机组解体爆炸事故，事故的情况与此次秦岭发电厂有些类似。那一次的事故调查结果因种种原因有所偏差，从事后分析看，专家组并没有找到真正的事故原因，未能杜绝隐患，这次秦岭发电厂再次发生类似事故，与上次的调查不力不无关系。尽管上一次钟群鹏只是专家组的副组长，但他心中仍然觉得压力很大：如果重蹈上次的覆辙，如何对得起国家和人民的信任？但转念一想，失效分析预测预防原本就是从失败入手着眼于成功的科学技术，那就不能惧怕失败，上次失败，这次有机会弥补损失，不也正是自己的一次机会吗？于是，慎重思考之后，他接受了国家的任命，担负了此次重任。

以全国安全生产委员会名义组织的专家组，由全国各方面的专家 20 人组成，其中水电部 6 人、机械委 6 人，其他部委、高等院校 8 人，钟群鹏任组长，原国家经委生产调度局朱昕局长任副组长。专家组分为四个小组：第一组为材料和断口组，由航空航天部 621 所王仁智研究员任组长；第二组为轴承振动及强度组，由西安交通大学朱均教授任组长；第三组为调节保安系统组，由清华大学王维俭教授任组长；第四组为综合组，由西安交通大学孟庆集教授任组长。当时的建制是没有领导小组，专家组全权负责，直接向时任国务院总理李鹏同志发简报汇报。

---

① 叶青（1933-　），江苏省苏州市人。中共党员，高级工程师，1986-1988 年任国家经济委员会副主任、党组成员。

临行前，叶青同志召开了在京部分专家座谈会，传达了李鹏同志关于成立国家事故调查组的两次批示精神，并要求专家组"以客观、科学的求实态度，排除各方面的干扰，实事求是找出事故原因，吸取经验教训，改进今后工作"。会上，叶青同志问钟群鹏有什么想法。钟群鹏觉得这次任务十分艰巨，有太原事故的前车之鉴，这次一定要更加严谨认真，以防同类事故的再次发生，并提出了三条具体的要求：一是专家组有权向相关单位和个人询问、查阅和调查所有电机制造、运行、检修和完善工作中的所有资料，不得隐瞒；二是所有专家不代表本单位利益参加本次调查分析工作，不得做任何虚假的分析，如发现有不实之词或伪造信息和证据，专家组组长有权除名专家资格；三是所有工厂人员包括实验人员（事故在机组检修后进行验收超转实验时发生）不得隐瞒任何看到的和知道的信息，如果发现有伪造的情况，要诉诸法律，按伪证处理。①叶青同志当即表示："就按钟群鹏同志的意见执行照办。"

专家组于 1988 年 3 月 5 日第一次来到秦岭电厂进行实地调查，此时春节刚过不久，电厂地处华山脚下，天气寒冷，现场已经有机械部专家组、水电部专家组和其他有关调查人员、记者等 70 多人，当时明确所有专家组都要服从国家专家组领导，任何人不得清除、挪动和隐藏残片。钟群鹏带领专家组在凛冽的寒风中进行现场调查，几乎是一寸寸地进行勘测。第一次实地调查历时 12 天，几乎天天都冒着严寒在现场工作。

钟群鹏事后回忆，这 12 天自己很少睡觉，常常是彻夜难眠。一方面是因为工作复杂、压力很大。整个机组断为 13 段，残片数千片，要对所有残片进行收集分析，工作量极大。另一方面则是因为这个事故分析难度非常大：一是，事故机组原配有 11 块记录仪表，向专家组提供的 8 块仪表的实时记录中有 3 块（主蒸汽流量、真空及除氧器压力）处于不正常运行状态，不能提供事故当时的实况记录，其余 5 块运转正常；二是，事故记忆器在电缆着火电源被切断后，30 秒内记忆信号消失，未能取得应有的信息；三是，该机组虽具有主要轴承振动的手动切换表计，但在实验中无专

---

① 钟群鹏：失效分析预测预防技术开拓纪实。2022 年，未刊稿。资料存于采集工程数据库。

人监视。机组现场及集控室均备有数字式转速表，其显示周期为 2 秒，显示转速滞后于实际转速；四是，在事故调查中，有关人员对观察到的机组最高转速及打闸时的转速所提供的目击数值多次变化，无形中增加了调查的困难。

困难多，难度大，那就只能迎着困难往上冲。首要工作是进行断口分析。专家组断口机理研究小组在寒冬中从露天、水里、油里找到数千个断口，对每个断口进行检验，查出 20 多个可疑断口。所谓可疑断口，是指可能存在"老断口"特征的断口。随后将可疑断口送西安交通大学故障分析小组进行权威分析，进一步确定断裂的性质和原因。分析结果表明，所有断口都是一次性断口，就是说所有断口都是强振引起的断裂。

那么，究竟是什么原因引起的强振呢？当时，日本北海道 60 万千瓦机组不久前也发生了断轴事故，诊断结果是励磁机地脚螺栓发生断裂引起的。于是，专家组先把分析重点放在励磁机断口上。在对所有励磁机断口进行认真分析后认为，强振不是励磁机断口引起的，否定了日本失效模式。经综合分析，事故是在电机修理后进行超速可靠性试验时发生的，因此这个事故分析的关键之一是确定事故瞬间转速是多少，是不是超速了。

专家组由此开始进行多方面的分析研究。第一，对蒸汽能量分析，结果表明电机转速超过 3450 转，属于蒸汽过量供给，但这不是事故原因。为什么转速超过一点就会发生断裂，而且在 49 秒内发生解体？还是不得其解。第二，对检修、检测过程中电机的低频分量有无共振情况进行分析，发现电机曾有低频振动的情况，但这不足以引起断轴事故。第三，从汽机的末级叶片断口承受的剪切应力来分析转速，分析结果发现转速超过了 3458 转，超过了规定转速。现场有两块转速表，一块在电机机头，一块在综合分析室，监控人员和实验人员都说没有超过 3400 转。所有信息合在一起后，为什么会发生超速强力振动造成的瞬间断裂事故，仍然不得其解。

最后检查滑动轴承，它有 3 个润滑油道，如果属于超振引起的破坏，上轴承盖应该跟转速相同方向翻转，但检查发现有轴承盖发生了反向翻转，这就引起了重大的怀疑。反转说明有反向的涡动，经过进一步分析，反向振动是由于油膜振荡引起的。检查电机轴承间隙发现，电机垂直间隙超标。电机轴承间隙中有油膜，油膜是弹性的，轴在油膜里转动，不会发生干摩擦。当间隙超标时，可能发生油膜失稳，进一步产生油膜振荡，它的破坏力量是非常大的。此前，山西太原神头电站发电机组在超速实验时就发现了自动的转速飞升，并且做了记录。这个记录太重要了，专家组正郁闷：既没有共振，也没有其他摩擦振动，甚至已知的 51 种振动都没有，到底是什么引起振动呢？于是，结合上述怀疑，专家组开始进行油膜振荡实验。

实验结果表明，油膜振动过程先从失稳，再到油膜振荡，最后引起轴系破坏，是瞬间发生的。但它的基本条件有四个：第一，超速到 3450 转以上；第二，轴向间隙超标；第三，油温超过 43℃，油温和弹性、黏度有关；第四，油膜振动方向与轴的转动方向相反。涡动的结果把轴承盖往反向转动，这是重要的证据。于是，专家组得出结论：这次事故是由油膜失稳开始的，突发性、综合性强烈振动造成的轴系严重破坏。该机组的轴系稳定性裕度偏低和机组转速飞升超速到 3500～3600 转是酿成这次事故的主要起因，是一次综合原因引起的技术事故。20 个专家绝大部分都同意这个结论。

结论下了，但论据却不充分，油膜振荡的基本条件之一就是超速到 3450 转以上，可此前调查，相关人员对转速问题多有反复、语焉不详，这该怎么办呢？这时，钟群鹏显示了自己的决断力："查，一查到底。要让他们说实话，不能有侥幸心理。"于是他当即下令，秦岭电站有关人员、机头实验人员和综合监控室人员，看到转速的有多人，在当天下午 5 点以前要证明看到了多少转速，如果在这之后还不报告，将按作伪证处理，诉诸法律。结果在 5 点前传真电报纷至沓来，有看到 3458、3459 转的。最后在清华大学召开的事故结论总结会上，20 多个专家表决，其中 18 个专家签名同意，2 个专家持保留态度。

钟群鹏说专家有选择的自由，要技术民主，尊重专家个人意见。最终，在 9 月 29 日确定了分析结论，并将研究分析报告送交国务院总理李鹏同志。不仅如此，为了预防另外四台 20 万千瓦机组再次发生油膜振荡，专家组还提出 12 条措施：

> 针对危急保安器的动作试验，建议：改进调节系统，使其工作范围上限适当提高，改进超速试验滑阀设计，以便于准确操纵；尽快对同类机组的调速器滑阀结构进行一次普查；解决危急保安器的试验问题；提高超速保安装置的动作可靠性；重视热工检测系统的配备，保证仪表的工作完好率；加强机组关键运行参数的监测、保护的记录和记忆。
>
> 针对提高轴系的稳定性和可靠性，建议：研制稳定性良好的轴承，提高改进现有三油楔轴承以提高其稳定性裕度；确定各轴承的合理相对标高；提高轴瓦的制造质量及安装工艺；研究轴系重要螺栓的必要预紧力与防松措施；提高中低压转子接长轴的制造和安装质量；普查现运行机组的振动低频分量，制定合理的许可值。

同时，鉴于当时已投运的三排汽的 20 万千瓦国产机组已有 76 台，预计 1990 年将增加到 100 台左右，在一个时期内，它将是我国火力发电的主要机型之一。为从根本上采取有力措施，提高其运行的可靠性和安全性，钟群鹏带领专家组还特别建议对提高轴系稳定等课题进行研究，并将这些研究作为"八五"重大攻关项目。

最终，专家组的意见被采纳。这也是失效委成立后承接的最重大项目之一，国家经委拨付 20 万元经费，也是我国有史以来第一次电机诊断油膜振荡引起的断轴事故。此次事故调研，钟群鹏带领专家组从 1988 年 3 月 5 日至 9 月 29 日，先后进行过 5 次调研分析讨论会、5 次征求两部意见会，各组分别开过 1 次总结讨论会，累计集中分析讨论时间达 42 天。其间共进行了 51 项专题分析、试验研究工作，提出阶段小结 2 份，发了 6 个《调查简报》。编辑摄制了事故现场录像片，最终提出了共约 30 万字的调查分析总结报告及小组研究分析报告。

月牙多晶新发现——涡喷 13 发动机
涡轮叶片故障调查

作为北航培养出的院士，钟群鹏的科研生涯自然与中国空天事业的发展密切相关，从 20 世纪 70 年代末开始，他就承接了多项中国空军机械设备研发和失效分析的相关课题。曾经主持国营 372 厂"关于歼 -6 旋翼接头摩擦腐蚀疲劳断裂的分析和研究"课题，进行其破坏机理的研究工作，保证了产品生产定型过关；参加国防科工委组织的歼 -8 一号喷嘴断口定性"会诊"工作；以组长身份承接了"歼 -7 主起落架排故及延寿"的课题研究；受中国人民解放军空军装备技术部委托，主持涡喷七系列发动机 I 级涡轮叶片叶身断裂和叶片延伸段断裂原因的综合分析；受空军技术装备部邀请，担任"涡喷六发动机 II 级涡轮盘榫槽故障研究专家组"组长；主持的"歼七主起落架充气嘴断裂原因分析和提出改进措施"获得中国航空工业总公司科学技术进步奖三等奖；主持的"WP13F 发动机 II 级涡轮叶片断裂故障研究"项目获中国人民解放军总装备部军队科技进步二等奖。

因为在上述领域的出色表现，钟群鹏还在 2013 年被中国人民解放军空军聘为第五届空军建设发展院士顾问；还担任过中国人民解放军空军飞行安全专家委员会副主任，在任期间联名 24 个院士就加强飞行事故安全研究管理和分析提出建议，得到了首长的肯定；其后，还参加了有 7000 人参与的全军飞行安全报告会，就安全事故分析作报告，受到广泛好评。

在和中国空军的合作中，钟群鹏多次参与重大失效事故的分

图 6-2 2005 年 9 月，"WP13F 发动机 II 级涡轮叶片断裂故障研究"获总装备部军队科技进步二等奖（钟群鹏提供）

析，这其中，最令他印象深刻的，当属涡喷 13 发动机 II 级涡轮叶片断裂故障调查。

1998 年 8 月—2002 年 2 月，国产空军涡喷 13 发动机 II 级涡轮叶片在使用过程中有 19 台发动机的 42 个叶片发生了断裂，直接导致二等飞行事故 2 起，严重飞行事故征候 1 起。该重大故障一度导致全军配装该系列发动机的飞机全部停飞，总部机关高度重视，委托钟群鹏组成专家组查清故障原因，提出预防改进措施。

之所以选择钟群鹏负责该起事故的调查，不仅是因为他此时已经成为中国失效分析领域最具知名度和权威性的专家之一，更为重要的是，此前，钟群鹏就曾经负责处理过涡喷七系发动机 I 级涡轮叶片断裂故障，在处理涡轮叶片断裂故障方面有成功的经验。

涡喷七系发动机 I 级涡轮叶片断裂故障发生在 1992 年。当时，这一故障已严重影响我军飞行员的安全和战训任务的完成，航空工业部和空军联合组织了 40 多位专家，分成四个组进行综合分析攻关。钟群鹏先是任材料断口组组长，对客观事实进行了缜密分析，提出了有一种附加力影响了叶片寿命的论断。后来四个组合并为一个综合组，钟群鹏又担任综合组组长。综合专家组用了不到一年的时间，对设计强度、应力集中效应、振动模态分析、孔边强化可能性等进行了多项专题研究，最终找出了强迫振动这一附加力的模态，并提出了分阶段的预防改进措施和工作步骤，为数十万支叶片的报废停用解除了禁令。改进后的叶片寿命由 400 小时延长到了 600 小时，预计寿命可达 900 小时，不仅保证了飞行安全，而且产生了 11 亿元以上的经济效益。

涡喷七系发动机 I 级涡轮叶片断裂故障的成功解决，为空军排了忧、解了难，也让钟群鹏的专业素养为空军所认可。因此，涡喷 13 发动机出现类似故障时，空军相关部门第一时间就想到了他。

涡喷 13 叶片由贵州安顺 460 厂① 负责生产，具体是由其下属的 170

---

① 460 厂是中国航空发动机集团的一部分，位于贵州，主要从事航空发动机的研制和生产。该厂隶属于中国航空发动机集团，是该集团的重要生产基地之一。

厂①制造，材料是 621 所研制。2002 年的暑期，钟群鹏带领一个 5 人的专家调查组，远赴贵州平坝 170 厂展开驻场调查，前后一共待了 20 多天。

钟群鹏领导专家组针对涡轮叶片裂纹故障进行了材料性能试验、断口汇总观察、修理发动机叶片缺陷的统计分析等研究，对叶片断裂故障原因进行了全面的综合分析。涡轮叶片采用的是一种叫作 DZ4 的材料，这是我国第一次把这种定向凝固柱晶用到航空发动机上面，但并没有对这种材料经过充分的认识和论证。DZ4 是柱状晶，没有横向晶界，它的晶粒是沿着叶片旋转方向分布的，可以承受叶片高速旋转的离心力和高温，但当时并不知道，DZ4 在一定条件下会出现非正常的横向晶界。钟群鹏小组研究发现，在发动机进气边、排气边温度较高的叶片会发生横向断裂，断裂处会出现一个月牙形的缺陷。

当时钟群鹏他们并不知道 DZ4 材料的这种缺陷，只是发现这种月牙形缺陷不同寻常，以前没见过。于是，他们就从 170 厂的铸造车间、加工车间、腐蚀车间等一个车间一个车间地看，从每一道流程中找原因。一个偶然的机会，专家组的傅国如（钟群鹏的学生）在酸洗车间发现有一片叶片在桌上放着，酸洗后表面晶粒跟此前发现断口的特征非常相像。于是，他把叶片拿回去做检验，果然是一个月牙形缺陷，多晶区的晶粒形状与事故上的晶粒形态基本一致。

得知这个结果后，钟群鹏很生气，这么明显的故障，厂家自己也发现了月牙形缺陷，怎么不采取措施呢？有一天，170 厂的厂长来招待所看望专家小组，钟群鹏按捺不住怒火，就发脾气说："厂长，你明明知道这个事故是你们柱状晶拉出来的，是你们的问题，你们跟我们打哑谜，非要把责任推到吹砂，不是合金制造问题，我非常不满意。"②但事后钟群鹏和小组的人分析，170 厂很可能真的不知道是月牙形缺陷造成的问题，这个月牙形缺陷是个毫米量级的缺陷，此前，170 厂针对叶片上十几个微米的分散性亮点缺陷都采取相应措施弥补了，一个这么大的毫米量级缺陷怎么会放置不管？

后来，专家小组又进行一系列的模拟实验和论证，最终钟群鹏小组确

---

① 国营新艺机械厂，军工代号 170 厂，始建于 1965 年，主要从事航空发动机叶片的制造。

② 钟群鹏访谈，2020 年 11 月 18 日，北京。资料存于采集工程数据库。

认，涡喷 13 发动机 Ⅱ 级涡轮叶片断裂故障是材料问题，是因为材料存在月牙形缺陷。这一发现对我国叶片制造、修理的质量控制无疑有着重大的意义，这项研究还获得了中国人民解放军总装备部军队科技进步二等奖。

对钟群鹏而言，在上次发动机叶片失效分析中发展了"强迫振动"这一附加力的模态之后，这次又有了"月牙形"铸造多晶区的新发现，对于完善其失效分析研究具有积极的意义。

这次研究也有一些缺陷，那就是钟群鹏觉得自己的结论还没有"闭环"，就是没有得到完全的实验证实。虽然发现叶片是在不完全结晶区横向断裂，但这个事故的再结晶是什么时候发生的？直到现在这个问题也没有得到完全验证。但后来钟群鹏也想清楚了：有些事故受条件限制，实验是无法完全模拟出来的；另外，断裂是个小概率事件，一百万片叶片大概有一两片发生断裂，模拟小概率事件需要做大量的实验，量级要与使用的概率相当才有可靠性，但当时的条件做不到。不过，事后针对月牙形缺陷做的改进工作，的确避免了事故的再次发生，这也说明当时的结论是科学有效的，经得住实践考验。更何况，如今 DZ4、涡喷 13 已经不用了，发动机材料也有了革命性的发展。

科学良知终制胜——北京东方化工厂
爆炸事故调查

在钟群鹏多年的失效事故分析生涯中，北京东方化工厂爆炸案事故调查应该算是最让他记忆深刻的一件事了。之所以这么说，不仅仅是因为这个事故影响巨大，还因为事故调查前后历经三年之久，钟群鹏还因此上书中央。最后，钟群鹏坚持的科学良知起到了至关重要的作用，让整个事故调查得到了科学公正的结果。

1997 年，就在香港回归中国仅剩 3 天的这一天，位于北京市通州区的东方化工厂发生了一次极为罕见的特大火灾爆炸事故。北京时间 6 月 27 日晚上9点27分，突如其来的大爆炸发生在石脑油灌装区域，强烈的爆炸引燃了油罐区罐顶的支架和罐体本身，火势迅速蔓延到与石脑油罐区相连的乙烯存储罐区。晚上9点42分，距离火势最近的乙烯B罐在火势的蔓延之下发生了惊天动地的大爆炸，这座能够存储上千立方米乙烯的球罐，由于内部乙烯被引燃，巨大的球体发生了解体。据后来地震台测定，这次爆炸的威力相当于一级地震，附近数公里的民房玻璃全部被震碎，远在30公里之外的河北省三河市都能感受到强烈的震感。

大火总共烧毁了10座大型油罐，其中发生剧烈爆炸的乙烯B罐在爆炸之中被炸成7块碎块，一块重达46吨的碎片飞离了现场234米；另一块重达13吨的罐体碎片则是直接被抛到840米外的附近麦田之中，当时强烈的热辐射将周围大约五公里范围内的所有草木全部烤焦。这次事故造成9人当场死亡、39人受伤，直接经济损失高达2亿元。

北京市当即聘请了9位专家组成第一专家调查组，奔赴现场展开调查，钟群鹏被任命为第一事故专家调查组组长。9位专家对事故现场进行了详细的勘察分析，然后进行了细致的实验分析和专题研讨。

一开始专家组认为是乙烯B罐爆炸。后来疑点转移，因为乙烯B罐没有爆炸的迹象，有几个原因：第一，除了挨着油泵的报警器之外，乙烯B罐周围的报警器没有报警；第二，位于万米罐和乙烯罐中间的泵房是向外翻的，说明泵房是内部爆炸，如果乙烯罐先爆炸，泵房应向一面倒塌；第三，所有与万米罐连接的地沟的盖子燃烧得非常厉害；第四，轻柴油罐燃烧严重，而旁边的罐子燃烧不重；第五，石脑油的总阀应该是关着的，却发现是开着的。结合上述调查，三个月以后，第一专家调查组给出结论：这是万米罐外溢泄漏引起的空气爆炸事故，危及乙烯B罐发生第二次爆炸。

初步调查结论上报至北京市劳动局之后，开始有关领导同意这一意见。但2天之后，第一专家组的主要成员接到劳动局的电话，追回了他们事故调查报告的初稿，要求他们只调查乙烯B罐的爆炸原因即可。这其实就意味着北京市拒收专家组的结论报告。随即，北京市政府又从沈阳消防救援局、天津消防救援局和黑龙江消防救援局请来另外7名专家组成了第二专家组，仅仅用了不到一周的时间就得出了初步结论：石脑油 A 罐并未出现冒顶事故，本次事故是因为乙烯泄漏引起的火灾爆炸，乙烯泄漏部位位于乙烯 B 罐的一处液体管线。换言之，这一结论将一起责任事故变成了一起因为设备问题引发的事故。结论一出，钟群鹏就意识到，自己写出来的调查结论不符合有关领导的"要求"。

尽管并不认可第二专家组的意见，但作为一名科学家，反驳他人意见要有充足的证据。于是，钟群鹏立刻带领第一专家组又进行了一轮调研。

调查发现：事故前半个月左右，乙烯 B 罐储罐进行过检查，检查记录表明，乙烯 B 罐没有问题，符合生产要求。乙烯 B 罐是意大利生产的，意大利专家住在北京饭店，等待结论。北京市让专家组和意大利专家商谈，要求确认乙烯 B 罐的质量问题。钟群鹏硬顶着不同意："没有证据，乙烯 B 罐运行前的参数正常，事先的检查正常，又无泄漏预警，用什么跟人家谈？我们需要进一步分析。"第二专家组拿出他们的证据，说罐区的植物中分析出来有乙烯。这个证据显然站不住脚，乙烯是挥发性的，在空气中很快就会挥发掉，跟酒精一样不会留痕迹。同时，钟群鹏还请科学院院士来认定乙烯的残留问题，院士也说残存不了。第一专家组又请教了生产阀门的温州厂家，问阀门能不能在爆炸过程中开启。厂家说不可能，一爆炸就卡死，不能开启。事发当天下午卸的是石脑油，等晚上八点接班的时候应该卸轻柴油，专家组检查阀门的时候发现，石脑油的总阀按理应该是关着的，但是却是开着的。而石脑油按照下午的记载已经达到 13.725 米的高度，达到了额定容量的 99.64%，再灌必然会从灌口上部的一个窗口溢出来，这个溢出来的东西是轻柴油和石脑油的混合物。现场 9 名遇难者的肺里有石脑油和肺叶溶解物，说明他们吸收了石脑油的残存物。专家组又请教科学院，空气爆炸需要多大能量，得到的答复是几个电子伏特就能引起爆炸。而当时恰逢北区民工下班做饭，地沟挥发石脑油遇明火燃烧，并通过地沟将火引到万米罐区，发生了第一次爆炸。第一次爆炸炸坏了石脑油储罐下管，造成石脑油外溢，越溢越多，进而引起第二次爆炸。这是一个证据充分、逻辑严密的结论，最后，钟群鹏小组坚持了最初的结论：石脑油外溢引起爆炸事故。

但北京方面仍旧不同意钟群鹏专家组的结论，1997年11月4日，北京市相关领导在事先没有通知钟群鹏调查组的情况下，就直接以消防专家组的调查结论，向国务院上报了有关"6·27"特大火灾事故的调查结论，这种情况令钟群鹏颇感意外，就上书劳动部部长李伯勇要求调查此事。劳动部后来组织了第三专家组，由南京工业大学知名教授戴树和担任专家组组长，最后也同意钟群鹏专家组的意见。但北京市相关领导始终不愿接受这一结论，后经国家经委三次协商，北京市相关领导态度强硬，事故迟迟未能结案。

1998年，"6·27"事故调查悬案被移交给新成立的国家经贸委安全生产局进行处理。9月24日，国家经贸委召开了"6·27"事故原因分析辩论会，三个调查组的专家悉数到场。在会议上，第二调查组的专家老调重弹，说遇难者气管内提取的烟尘和毛发含有乙烯残留，乙烯爆炸燃烧之后烧毁密封圈导致阀门脱落。钟群鹏当即予以反驳，北京市公安局尸检报告显示，9名遇难者肺部都存在石脑油和轻柴油的成分，并没有乙烯成分；另外，实验表明，密封圈烧焦之后活塞与气缸之间不可能有间隙，因此也绝不会出现所谓"阀门脱落"的情况。由于双方各执一词，这次协调最后也是无疾而终。

多次协调不成，面对"6·27"北京东方化工厂特大爆炸火灾事故迟迟不能结案的情况，钟群鹏心急如焚，最后决定直接上书国务院总理朱镕基。2000年3月21日，钟群鹏给国务院总理朱镕基写了一封长信，内容大致如下。

朱镕基总理：

我们是"6·27"北京东方化工厂特大爆炸事故的第一专家组成员，现特地向您反映北京事故调查小组扭曲事故真相，导致有关部门迟迟不能结案的相关问题。这起事故发生在香港回归之前，大火燃烧了大约40多个小时，造成了9人死亡、39人受伤的惨烈后果，直接经济损失高达2亿元，这一特大事故中外皆知，广大人民群众十分关心这起事故的后续处理情况。

在经过 50 多天的调查取证之后，我们第一专家组得出了事故的主要发生原因：是当班操作工操作不当，导致石脑油 A 罐装满外溢，从而导致扩散的油气外溢，遇到明火发生爆炸，这是一起重大责任事故，我们相信这个最终结论是经得起历史考验的。然而，北京市事故调查领导小组却并不愿意接受这个结论，他们另外组成了一个调查组，在缺乏足够物证的情况下，坚持认为这是一起乙烯外漏引起的事故，并且在没有征得我们同意的情况下直接将他们的结论上报至国务院，并且在上报材料之中还刻意回避了这起事故的主要性质。

数年来，国家经贸委就这起事故的主要原因，多次和北京市委交换意见，并且多次发函征求其意见，但北京市事故调查小组依然坚持原有的错误调查结论，导致本案的结案工作迟迟未能进行，我们对北京市的这种做法感到深深的遗憾。为此，我们特地向总理您反映这件事，烦请总理在百忙之中予以批示。另随信附《劳动周刊》2000 年第三期以供总理参考，恳请您批示。

接到这封来信之后，2000 年 4 月 8 日，朱镕基在信上批示：转呈吴邦国同志酌处。吴邦国副总理接到来信后，对这一情况十分重视，立刻同时向国家经贸委和北京市委主要领导下达批示："希望双方能够统一认识，要以科学的态度批示此案。"

5 月 30 日，国家经贸委召开了第四次论证会，参加会议的三个调查组专家使用了计算机全程模拟事故发生经过，并且发表了自己的看法。这次讨论之中，绝大多数专家都认同第一专家组的建议，认为这一结案依据是建立在大量物证之上，经得起时间考验，希望北京市委有关领导尽快结案。

最终，一直到 2000 年 12 月中旬，由国务院二局下结论，同意专家组意见：第一，这是万米罐石脑油灌装外溢引起的空气爆炸事故；第二，这是一次安全生产责任事故。北京市最终也同意了这一结论。至此，这起事故历经三年半的争论，终于以科学和良知的胜利落下帷幕。这个案例还被全国机电装备失效分析预测预防战略研讨会授予了全国优秀失效分析预防项目一等奖。

回忆起这三年多的坚持，钟群鹏尤为感慨：

> 每个事故思想斗争、组织斗争非常严重，坚持下来非常不易，我的信访报告中说"要给人民一个负责的交代，要科学地做出结论"。从这个事故我感觉到技术要精炼，品德要历练，名利要淡泊，才能为人民作出贡献。[1]

"6·27"北京东方化工厂爆炸案事故的影响不仅仅在事故本身，更为重要的是，对这起事故的处理对此后处理空气爆炸事故也起到了积极的作用。当时，空气爆炸事故还时有发生，哈尔滨某厂煤气灌装车间在吹扫煤气罐过程中发生爆炸，造成工人当场死亡。钟群鹏和压力容器检测研究中心的梁金忠以及其他专家经过分析，认为是吹扫过程中罐内的残留液化石油气体在静电作用下发生空气爆炸。这其实和"6·27"事故一样是个责任事故，在这之后，工厂在气罐开盖倒空之后，不再马上吹扫，而是改为多天之后再进行吹扫，就很少再发生煤气罐的空气爆炸事故。对此，钟群鹏表示："每起事故都要举一反三，吸取教训，防止事故的再次发生。"

心系民生细求真——春海餐厅及蚌埠幼儿园事故调查

失效分析作为一门发展中的新兴学科，最初更多集中在军工、机械等领域，但随着研究的深入，也逐步向着民生领域普及。钟群鹏经历的500多件失效分析案例中，就有许多事关民生的经典案例，这其中最令人印象深刻的，当属春海餐厅卡式炉爆炸和蚌埠幼儿园电暖器爆炸两个案例。

---

[1] 钟群鹏访谈，2020年11月18日，北京。资料存于采集工程数据库。

春海餐厅卡式炉爆炸之所以让人瞩目，是因为这个案例社会影响力巨大，作为中国第一起精神损害赔偿案，它入选了"改革开放四十周年40个重大司法案例"。钟群鹏作为证人，直接参与了这一案例的现场庭审。

1995年3月8日，贾国宇一家在北京市海淀区的春海餐厅吃火锅。当时贾国宇年仅17岁，用餐过程中，餐桌上的卡式炉突然爆炸，他的面部、双手烧伤。经诊断，贾国宇面部、双手背部深2度烧伤，烧伤面积8%。由于烧伤主要集中在面部，贾国宇可以说是毁容了。

1995年底，贾国宇将春海餐厅、燃气罐生产厂家北京国际气雾剂有限公司、卡式炉生产厂家山东省龙口厨房设备用具厂上诉至海淀区人民法院，要求三被告赔偿160余万元，其中精神损害赔偿65万元。

这个案子当时社会影响巨大，要知道，1995年，城镇居民年均收入是3893元，65万元相当于一个人150年的总收入。如此巨大数额的精神赔偿诉求，如果法院支持，那么具体的责任划分直接决定了被告三方的赔偿数额。此时，确定事故发生的真正原因就变得至关重要。钟群鹏就是在这种情况下介入了这起案件。

事实上，事故发生后，钢铁研究院十三室已先进行了事故分析，结论是卡式炉的边炉石油气罐（卡在炉子旁边装石油气的小罐子）有质量问题。卡式炉的生产商不服，认为罐子是符合生产要求的，没有问题，因此提出上诉。于是，国家质检总局专门组织专家组，由钟群鹏担任专家组组长，对事故进行重新分析。

钟群鹏接受任务后，首先带领团队还原事故过程。卡式炉在工作十分钟后，边炉石油气罐底部脱落，随即引发爆炸。为什么罐底会脱落？为什么会引发爆炸？这成为专家组首先要解决的两个问题。

钟群鹏首先顺着钢铁研究院的思路，进行了卡式炉的空罐爆炸实验，以检查边炉石油气罐的质量。这个实验就是将水灌入边炉石油气罐中，逐步增加水压，最后让罐子爆炸，来测试爆炸压力是多少。做了三十多个爆炸实验后，确定边炉石油气罐的爆炸压力符合标准要求，否定了边炉石油气罐存在质量问题。随后调查炉具，边炉石油气罐需要卡入炉具中才能工作，当时的要求是重复 3000 次卡入槽位不发生问题才算合格。但是，通过重复卡装边炉石油气罐的可靠性试验，发现 2000 多次后就会出现气罐卡歪的问题，边炉石油气罐的罐口对不上炉具的进气口，这样就可能导致罐中的可燃气体泄漏，这就说明卡式炉有质量问题。

随后专家组又调查了燃气罐生产厂家。根据要求，燃气罐内应该罐装丁烷气，但专家组分析发现罐装的是液化石油气，罐内压力很高，达到了规定压力的 1.5 倍，这显然不符合要求。为检验装填液化石油气罐子的爆炸条件，专家组到访气雾剂有限公司，从其库房拿了一个罐，现场进行燃烧测验。结果发现罐子在燃烧过程不断减压，不会升压。当时是燃烧十分钟后发生的爆炸，现场测试十分钟后只有 0.6 个大气压，不足以引发爆炸。那只能是刚卡进去，有一个大气压的时候有可能爆炸，但怎么会在十分钟后爆炸呢？

为解开这个谜团，钟群鹏安排小组人员进行了实验，结果发现，在边炉石油气罐卡不到位、漏气的情况下，卡式炉的喷口在燃烧，卡式炉箱体也在燃烧，这样会使卡式炉整体温度升高，燃烧十分钟后正好会使温度达到最高，边炉石油气罐的压力也会随之升高，超过 1.5 个大气压，从而发生底部脱落爆炸，这样就将整个事故过程模拟出来了。最后专家组给出结论：边炉石油气罐的爆炸是由于气罐不具备盛装液化石油气的承压能力引起，同时卡式炉也存在漏气的可能性。

结合这一失效分析结论，法院最终判决：判令北京国际气雾剂有限公司、龙口市厨房配套设备用具厂连带赔偿责任，总计判决赔偿 277078.53 元，其中包括残疾赔偿金（也就是精神损害赔偿）10 万元。气雾剂公司承担 70% 的赔偿责任，而卡式炉生产厂家承担 30%。

同时，该案件也引发了国家对卡式炉安全的重视。1996 年 6 月 3 日，国家技术监督局等七个部委联合发通知，要求加强对该产品的安全管理，同时提出了几条要求，如丁烷气瓶只能一次性使用，不能重复灌装；瓶内气体应为丁烷气；便携灶不能漏气等。当年 12 月 18 日，国家强制标准《便携式丁烷气灶》（GB16691—1996）和《便携灶用丁烷气瓶》（GB16692—1996）批准发布，于 1997 年 4 月 1 日起实施。

对于此案，钟群鹏回忆说[1]：

> 当时我还作为证人参加了审判过程。这是我有生以来第一次坐在公证席上，作为证人对事故进行了陈述。当时，法院的判决令我记忆深刻，判决书说这次事故给被害者"造成除肉体痛苦外，无可置疑地给其精神造成了伴随终身的悔憾与伤痛，甚至可能导致该少女心理情感、思想行为的变异，其精神受到损害是显而易见的，是较为典型和惨重的。必须给予抚慰与补偿"。通过这个案子，我也接受了教育，法律是公正的、客观的、有科学依据的，而这个案件的科学依据就是我们的失效分析。

图 6-3 1998 年 10 月，"卡式炉丁烷气罐爆炸事故分析"被第三次全国机电装备失效分析预测预防战略研讨会授予一等奖（钟群鹏提供）

由于影响大，这个案件登上了中央电视台第一期"3·15"节目。事后法院专门对专家组表示感谢，说："这个案件的事故诊断、调查和分析手段是海淀法院受理所有案件中最有技术含量的，你们立了功，你们为法院开辟了一条路——严密的技术诊断为刑事案件提供了有力的技术支持。"后来，这个案例还被第三次全国机电装备失效分析预测预防战略研讨会授予一等奖。

蚌埠二级幼儿园电暖器喷油爆炸起火事故是钟群鹏接触的又一起对受害人造成毁容危害的事故，而且受害者是未成年人，更让他记忆犹新。

2000 年，安徽蚌埠二级幼儿园发生了电暖器喷射燃烧事故，三个未成年小女孩在这次事故中毁容。蚌埠市民政局成立事故调查专家组，钟群鹏担任组长。

---

[1] 钟群鹏访谈，2020 年 11 月 18 日，北京。资料存于采集工程数据库。

钟群鹏带领专家组赴蚌埠调查。调查首先需要解决两个问题：一是电暖器怎么会有油喷出来？二是喷出的油为何会发生燃烧？

专家组首先对电暖器进行检查。电暖器是上海光华电器厂生产的，在当时也算是知名品牌。由于这个事故影响比较大，上海光华电器厂非常重视，将该厂王总工程师派到蚌埠协助调查。专家组当着王总工的面把电暖器当场解体，结果发现这个电暖器没有热电偶。热电偶是用来测量电暖器加热过程中油温的器件，由继电器控制，电暖器正常的温度一般设定在120～150℃，如果油温超过150℃，热电偶就会触发继电器进行断电，电暖器会停止加热，保证电暖器的安全。现场解体发现既没有热电偶，也没有继电器，只有电加热器。王总工当场就傻了眼，目瞪口呆，无法解释。钟群鹏质问："你们公司怎么生产了一个没有温度控制的电暖器呢？"王总工也觉得不可思议，这个低级错误是不该发生的，漏洞到底出在什么地方呢？仔细一查，发现这个电暖器根本就不是上海光华电器厂生产的，而是委托另外一个生产厂家代加工的。那个厂家为了降低成本，偷工减料，没有安装热电偶和热继电器。所以说，发生事故的产品是一个不合格的产品。

但调查到这一步并不能解答事故最根本的问题。没有温控装置，电暖器怎么会有油喷出来且发生燃烧呢？没有热电偶的电暖器是怎么会升温到300℃？电暖器的加热和散热到一定程度会达到平衡，温度是不会一直升高的，因此一定还有外界的因素。

钟群鹏他们详细走访幼儿园的工作人员，了解到保育员习惯在电暖器上搭孩子尿湿了的尿布、衣服、被子等，这样使电暖器的热得不到及时散发，会超过电暖器内的温度平衡。那么，搭衣服达到什么程度才会导致事故的发生呢？专家组随即进行了一系列实验，发现搭一两件衣服是不会出事的，但搭被子会出现问题。保育员当时就是将尿湿的被子搭在了电暖器上，这么一来没有热电偶和继电器的电暖器里的油温一下子就升高了。

温度问题解决了，接下来的问题就是为什么会发生喷油？钟群鹏请石景山石化公司做了实验，用同样的油看看在多少温度下才能发生燃烧。燃烧有两个概念，一个是到达闪点，即油温到了一定温度就会冒火花；二是达到燃点，如果温度再升高就会使油喷出来，接触到空气中的氧气助燃，然后就燃烧了，这就到了燃点，这时候温度就会达到 300℃。

另外，还有一个问题需要解决，电暖器怎么会破损导致喷油呢？专家组发现电暖器的外皮是由薄的低碳钢板做的，这个材料的热传导性比较好。生产时先用压边的方法压紧，然后用点焊的方式加固，在检查焊接时，专家组发现，电焊缝有疲劳的痕迹，这就说明该电暖器被多次捂住不散热而达到油温 300℃，使得电暖器的外壳处的应力超过了疲劳强度极限。在这种情况下，电暖器第一次升温会产生小裂纹，第二次升温会把裂纹拉长，经过反复升温，电焊缝就撑破了，把焊边也拉破。事发当晚，电暖器的外壳达到了应力疲劳强度极限，发生破裂，里面超过 300℃的油喷射出来，遇见空气就发生燃烧了，最终造成了此次事故。

事故原因清楚了，这是一起生产质量和管理的双重问题。事后，钟群鹏对上海光华电器厂的王总工说：

> 第一，你们控制质量不严格，不要为了经济利益，轻易转移产品的制造责任单位，你们要负责赔偿。第二，保育员多人多次用被子捂住电暖器，是事故的诱发原因。但我们查规定，发现厂家并没有明确的使用规定，没有强调不应遮盖电暖器。这个不能处分保育员，她没有刑事责任。但保育院规章不全，应该负一定的责任。但总体而言，还是质量和管理问题，保育院应该建立规章制度，厂家应该完善质量保障体系和生产管理体系。①

后来，这个事故调查得到了民政部的表彰，但钟群鹏每每回忆起这件事总是感到心情无比沉痛。他无法忘记调查过程中，那几个被毁容的小女孩坐在门边上玩耍的情景。小朋友单纯可爱，还无法得知毁容的严重性，但长大以后呢？这件事对他们造成的将是终生无法弥补的伤痛。失效分析不能只关注事后分析总结，更重要的是要通过事后的分析提升质量管理和

---

① 钟群鹏访谈，2020 年 11 月 18 日，北京。资料存于采集工程数据库。

安全预防，做到事前预防。做到了这一点，也许才能真正避免类似春海餐厅卡式炉爆炸事故和蚌埠幼儿园电暖器爆炸事故的再次发生。

国际索赔有铁证——三峡工程"九·三"事故调查

在钟群鹏经历的诸多失效分析案例中，三峡工程"九·三"重大伤亡事故调查尤为值得关注。这一事故一方面涉及三峡工程的建设，另一方面还涉及中美之间的企业合作，因此广受关注。最终，因为钟群鹏带领的专家组提供了无可辩驳的证据，使得中方在与美方打国际索赔官司的过程中始终立于不败之地，赢得了官司的最后胜利。

事故的原因要从三峡大坝的建设说起。1994 年，经过长达 40 年论证的长江三峡工程正式启动，三峡大坝开工建设。1998 年底，三峡大坝开始进行混凝土浇筑，为了确保混凝土浇筑工作的高质量完成，中国斥巨资从美国引进了一种更先进的塔带机，然而就是这种塔带机最后出现了大纰漏。

2000 年 9 月 3 日，三峡工程工地泄洪坝段的 3 号塔带机处于回收检修状态，1 号皮带机头部用钢丝绳悬挂在爬升架转料下平台上，塔机大钩在当日 18 时 25 分已与 1 号皮带机脱钩，18 时 48 分 1 号、2 号皮带机突然坠落仓面，当时皮带机上共有 30 名作业人员，长约 40 米、重量不超过 20 吨的机臂及部分皮带落至 19.6 米以下的混凝土浇筑仓面，造成 34 人伤亡的重大伤亡事故，其中死亡 3 人，重伤 20 人。该设备是 1999 年从美国罗泰克公司引进并投入使用的，至事故发生时 3 号塔带机累计运行 6100 多小时，皮带机累计运行 5300 多小时，它是三峡建设工程中的重要设备。[①]

---

① 张峥：三峡工程"九·三"重大伤亡事故原因分析。见：中国机械工程学会编，《2006 年全国失效分析与安全生产高级研讨会论文集》。北京：中国机械工程学会，2006 年。

事故在国内外造成了极大的负面影响，而且严重影响到三峡工程的建设进度，引起了有关部门的高度重视，经国务院领导批准，国务院三峡工程建设委员会专门成立并派出"三峡工程'九·三'重大伤亡事故调查组"，下设事故专家组，钟群鹏任事故专家组组长。11月4日，他带领专家组奔赴三峡，开始对事故进行调查。

由于事故牵扯到美方企业，美国罗泰克公司也派出了专家来到现场参与调查。但是，在调查还未有定论的时候，美方专家就已经开始推卸责任，说自己的产品质量过硬，这一定是中方人员操作、维护不当引发的事故。这些言论更是让钟群鹏感到责任重大，事关中方利益，千万不能大意。他带领专家组数次赴三峡大坝现场勘察，其后在实验室对现场的零件和残骸逐个分析。

第一项工作是皮带机坠落过程和首断件的确认。这项工作相对简单，专家组很快就确定右吊耳是整个皮带机坠落仓面的首断件，其根部焊缝则是这次事故的主断口。这一结论美国专家也认可，但是接下来对于断裂原因的分析，双方则产生了分歧。现场检测塔带机的轴承，发现轴承的润滑很差，轴承的滚珠都有大量的破坏。美方由此认为中方的日常保养不当是右吊耳断裂的核心原因，因为美方的使用说明明确了像轴承这些关键部位必须15天要做一次润滑，而中方显然没有做到。

那么真实的原因是否如此呢？按照中方的日常保养记录，葛洲坝集团确实是每15天做一次润滑。但为什么会出现润滑不到位甚至滚珠破坏的事情呢？通过对设备的进一步检测，竟然发现设备上预留的润滑油注油孔竟然是盲孔，虽然轴承一圈有很多的润滑注油孔，但是全部都没有打通，润滑油根本进不到设备里边去。这就导致设备从安装到事故发生这一段时间，基本没有经过润滑。这简直是一个令人震惊的低级错误，专家组找到证据后提交给设备制造厂商的时候，他们也只能接受。不过，经过实验发现，即便是出现润滑保养问题也不会导致右吊耳断裂，真正的事故原因另有玄机。

通过对右吊耳断裂部位的分析发现，右吊耳根部焊缝的断口形貌宏观主要为塑性断口，微观为韧窝，箱形断口的四个角上有高应变疲劳区。疲劳区域的总面积占总断口面积的约 5.5%，表明吊耳根部曾经承受异常交变载荷的作用，但是最后的瞬时断裂区不是上述交变载荷引起的，而是右吊耳根部剩余静强度不足引起的塑性破坏。

进一步的检测发现，按照设计图纸要求，吊耳根部焊缝设计图样规定为双面填角焊，焊脚尺寸为 9.5 毫米，实物则为单面填角焊，使吊耳根部焊缝的承载面积减少了约 45%，吊耳根部焊缝焊脚尺寸不符合要求，使单面焊的承载面积又减少了约 30%，加上断口上存在的未熔合、气孔等焊接缺陷，致使实物焊缝的有效承载面积仅为图样规定的双面填角焊有效承载面积的 1/3。通俗来讲，右吊耳是一个四方的箱形结构，焊接的时候，图纸规定内外两面都要开豁口去焊接，但美方在焊接的时候，只焊了外圈。这就好比茶杯盖上盖之后内圈肯定就焊接不了，只能焊外边一圈。这时焊缝的面积就变成了原来设计值的一半了，而且就在这一半里头，还出现了未熔合、气孔等缺陷。因此，可以判定，吊耳根部焊缝不符合图样要求和存在不允许的焊接缺陷是酿成这次事故的首要原因。

这个结果一出，更是让众人大吃一惊。要知道，双面填角焊本来就不是什么了不得的焊接技术，而且未熔合、气孔等焊接缺陷更是一种低级错误。当时，中方的焊工就对钟群鹏专家组说过，如果在焊接过程中哪怕有一个熟练焊工当班长，都不会出现如此低级、严重的质量瑕疵。后来了解到，罗泰克公司为节省成本，相关业务都是外包给乙方，而乙方显然也存在为节约成本偷工减料的行为，针对如此关键部位的焊接工作，整个生产班组连一个熟练工人也没有，完全不具有技术能力。但是，这样的公司因其过去有着良好的供货记录，反而能够中标，罗泰克公司接收产品时，竟然也没有检查出这种低级失误，就直接交付中方使用了。

不仅如此，后续的调查还有让中方所有人员大为震惊的低级失误。进一步检测发现，轴承选型也有问题，塔带机选用的 A13-40E2 四点接触双向推力球轴承不具有塔带机所要求的承载和定位能力，且因回转轴承不适应塔带机的工作状况，使回转轴承长期处于一种润滑也无法改变的非正常的工作状态，最后造成大概率的早期失效。因此，塔带机的回转轴承选型不当也是酿成这次事故的重要原因。

　　这还没完，原来设计的皮带机总长为 84 米，但为了应付中方的要求，美方就将皮带机总长增加到了 100 米。但是，却未对整体结构做任何改变，这就极大地增加了水平载荷，不但使吊耳根部焊缝的应力增加，且使回转轴承倾覆力矩大幅度提高，加速轴承损坏，当回转轴承卡死时，再强行回转致使吊耳的水平载荷成倍提高。因此，3 号塔带机的皮带机总长从 84 米加长到 100 米是酿成回转轴承失效和吊耳根部焊缝断裂的另一个重要原因。

　　初步调查结果出来之后，钟群鹏简直不敢相信自己的眼睛。这可是涉及总金额超过 20 亿元的设备购买合同，事关中国三峡工程的建设安危，美方公司竟然敢如此糊弄，出现如此多的低级错误。慎重起见，钟群鹏带领专家组反复进行实验分析，历时三个多月得出最终结论：吊耳根部焊缝不符合图样的要求和存在不允许的焊接缺陷、塔带机的回转轴承选型不当、在结构未做任何改变的情况下将塔带机的皮带机总长从 84 米加长到 100 米是造成右吊耳根部焊缝断裂的三个首要或重要原因。

　　另外还有三个可能的附加因素：第一，在发现回转轴承已经倾覆的条件下，还施行转动皮带机，使吊耳的水平载荷成倍提高，造成吊耳根部焊缝某种损伤，降低了其抗变形和断裂的能力。第二，在检修回转轴承后，将原左、右吊耳的位置相互调换，使右吊耳箱式根部焊缝的受拉边与受压边对换，使右吊耳根部焊缝抗拉能力降低了 22.6%。第三，在塔带机大钩已经脱钩，连续有 30 名作业人员在 1 号、2 号皮带机上进行各种修理工作的条件下，吊耳本已受力最大，加上由于作业人员的流动性和引起偏载的可能性，有使吊耳根部焊缝受力进一步恶化的可能。

　　上述三个首要或重要的原因，加上三个可能的附加因素，最后导致 1 号、2 号皮带机坠落的重大伤亡事故的发生。[①]

　　原因查明，各方哗然。然而，当我方向罗泰克公司提交调查报告时，他们竟然颠倒黑白，不仅不承认问题，还把责任推到中国工人身上，并声称是工人的不当操作导致事故发生。即使有如此确凿的证据，罗泰克公司仍然狡辩，他们的无底线行为实在令人无法接受，更让中方上级部门极度

---

　　① 张峥：三峡工程"九·三"重大伤亡事故原因分析。见：中国机械工程学会编，《2006 年全国失效分析与安全生产高级研讨会论文集》。北京：中国机械工程学会，2006 年。

愤怒。在和美方长达一年多的谈判后，问题依旧没有任何进展。为了维护自身利益，中国方面决定将罗泰克公司告上法庭，以法律手段解决问题。

罗泰克公司的态度十分强硬，不承认是自己的问题，采用拖延战术，希望消耗中方的耐心。罗泰克公司的资产主要在美国，即使败诉，也不怕中国强制执行。但中方态度坚决，再加上我们有大量的科学证据，可谓是铁证如山，这一次绝不妥协，坚持把官司打了下去。最终，除设备维修、更换之外，针对中方公司和人员的赔偿问题，法庭判决罗泰克公司赔偿人民币 3275 万元。但是，在签署赔偿文件时，罗泰克公司又开始挑剔其中的语句，试图修改其含义，以便逃避向我国支付赔偿款。最终，这些伎俩都未能得逞，在经过长达 8 年的跨国官司后，所有赔偿最终到位，算是取得了圆满的胜利。

这个官司，对于钟群鹏也有极大的触动。虽然从结果看很简单，就是一个设备出了简单的质量问题。但是过程却极为复杂，钟群鹏带队经过了大量的排查，才最终掌握了关键证据。钟群鹏常说：

> 失效分析工作是一个漫长曲折艰苦的过程，你可能做了大量的工作，但最后得到的结论可能会很简单，别人往往看不到你过程中的艰辛和付出，但这就是科学工作的一部分。有时候，你的付出，不仅仅事关产品质量，更可能对国家和人民的生命财产安全产生极大的影响，马虎不得。

长空冰翼酿失效——2004 东方航空 包头空难事故调查

民航由于载客量大，一旦发生空难，往往会带来灾难性的人员伤亡和财产损失。尽管航空飞行器技术日渐提升，但各种空难事故仍然频发。钟群鹏作为中国知名的失效分析专家，自然也会遇到相关的民航空难事故分析案例，这其中，2004 年发生的东方航空包头空难事故是他印象最为深刻的一次重大航空空难事故。

2004 年 11 月 21 日，中国东方航空云南公司 CRJ-200 机型 B-3072 号飞机在执行包头飞往上海的 MU5210 航班任务时，在包头机场附近坠毁，造成 55 人（其中 47 名乘客、6 名机组人员和 2 名地面人员）遇难，直接经济损失 1.8 亿元。

中国民航总局将此事故定为特大飞行事故（一等飞行事故）并立即组成事故调查组，由钟群鹏担任事故调查专家组组长。调查组于事发当日下午抵达包头开展事故调查工作，并根据国际民航组织公约的相关规定通知飞机制造所在国加拿大运输安全委员会和引擎制造商所在国美国国家运输安全委员会派出授权代表参加事故调查。

调查组赶到现场时，清理打捞的工作还在进行。现场一片混乱，不少遇难者的尸体还停放在事发地的湖边。根据坠机现场勘察，坠落时飞机左翼翼尖与南海公园碰碰车游乐场顶棚碰撞为第一撞击点，以此为原点，飞机残骸散落在沿坠毁方向夹角为 30° 的扇形区域内，第一撞击点的碰撞导致左翼尖断裂，燃油外泄起火。此后，飞机从相距 8.4 米的路灯灯杆和右侧的一幢二层小楼之间穿过，以近 90° 的左坡度接地，左侧机翼整个折断。地面被撞出了一个面积为 2 米 ×3.5 米的撞击坑，周围散落着部分左翼、机身、机尾残片和左侧主起落架。在距离第一撞击点 94.9 米处，两艘玻璃钢游船被撞击，周围散落着飞机的左侧引擎、前起落架和机身的残片，绝大部分残骸上都有烧损的痕迹。湖边游船检票亭和湖区码头部分栈桥被撞毁，还有大量飞机残骸散落在栈桥前方的湖水中。

在进入现场之前，钟群鹏最初判断可能是发动机问题，飞机起飞 19 秒就发生事故，发动机出现故障是大概率事件。专家组组成前，国内两位最知名的飞机发动机专家——民航科学技术研究院的栗牧怀和北航的发动机权威陈光，加上钟群鹏和两位助手，一起进入空难现场勘察。发动机被打捞上之后，几个人围着发动机仔细观察，结果发现发动机里搅了许多栈道的木头屑。这说明飞机在坠落侧滚的时候，发动机还在运转，才会把栈道木屑搅到发动机里，因此发动机很有可能并没有坏。11月24日，飞机的黑匣子被成功打捞出来，立刻被送到北京进行分析，钟群鹏也带领专家组对发动机每个叶片的断口进行分析，验证到底是不是发动机的原因造成的失效。结果发现，黑匣子参数表明，失事时发动机还有94%~96%的转速，断口分析也证明发动机没有发生疲劳断裂，每一个断口都是过载断裂，这就进一步证明发动机没有问题。

发动机没有问题，那么问题出在哪儿？钟群鹏研究飞机坠落形态，发现飞机发生了侧滚。正常情况下，飞机的两个机翼升力是相同的，但失事飞机向左发生了侧滚，说明左侧机翼升力小、右侧机翼升力大。为什么会有一侧升力变小呢？

当时包头正值初冬，钟群鹏和专家组人员都穿着军大衣在现场勘察，仍然被冻得瑟瑟发抖，勘察到机翼时，发现由于天气寒冷，机翼有的部位结满了霜雪和泥土的污染物。钟群鹏就想到，会不会是飞机结冰或者结霜导致的问题。要知道，飞机结冰结霜造成的空难不在少数，历史上，"4·2"俄罗斯秋明客机坠毁事故、全美航空405号航班事故、美鹰航空公司4184号航班事故、安大略航空1363号航班事故、飞箭航空1285号空难都是因为结冰结霜造成的事故。

钟群鹏立刻联系机场调来了MU5210航班起飞前的相关记录，结果发现，飞机于11月20日晚在包头机场停了一晚，在包头机场过夜时存在结霜的天气条件。东航云南公司派驻包头机场放行该次航班的地面人员反映："2004年11月21日早晨，机务人员对飞机实施例行的外部检查时，用手触摸机翼，发现机翼上有水汽。"但从早晨的例行检查至起飞这两三个小时内，没有对飞机再进行过任何外部检查，更枉论进

图6-4　2004年11月，钟群鹏调查包头空难事故现场（钟群鹏提供）

行除冰作业。也许是机组认为白天的太阳能够让机翼上可能留有的冰霜化掉，但是包头机场当天日出时间为7时31分，8时15分飞机从停机位滑出，根据事故后几天的实地观测，这段时间内太阳不会直射到飞机停放的位置，因此如果机翼上有霜，不会因为阳光照射而融化。

这是一个极为明显的线索，说明当时的条件下，飞机机翼有大概率的结霜可能。但是，结霜会造成飞机升力不足乃至侧翻吗？

回到北京，钟群鹏专门请中国民航大学的专家做了结霜实验。结霜之后的机翼表面变得粗糙，升力随之下降。实验室不能模拟结霜，就在实验模拟机翼表面贴一片400号的砂纸，砂纸是粗糙的，霜也是粗糙的，有点相似。实验发现，升力系数降低了10%左右，这就会造成飞机发生倾斜。

就此，通过一系列对CRJ-200机型飞机进行气动性能、机翼污染物、机组操作和处置等的分析后，专家组第一时间给出的事故分析结果认为，本次事故的原因是飞机起飞过程中，由于机翼污染使机翼失速临界迎角减小，在飞机刚刚离地后，在没有出现警告的情况下飞机失速，飞行员未能从失速状态中改出，直至飞机坠毁。飞机在包头机场过夜时存在结霜的天气条件，机翼污染物最大可能是霜。飞机起飞前没有进行除霜（冰）。

但是，这其实并不是整个空难原因的全部，还有一个重要原因，那就是飞行员没有低空解决侧滚的经验和训练，事发时举措失当，造成坠机。这一点，从事后飞机黑匣子提供的飞行数据也能看出端倪。

数据显示，飞机在滑跑和起飞阶段操作正常，离地抬轮的操作也正常，飞机离地后就出现非指令性大坡度快速滚转，飞机的异常状态是在失速保护系统没有给出任何警告的情况下提前发生的，虽然机组迅速采取了压盘、蹬舵的修正动作竭力控制，但飞机没有按照机组的操作恢复至机组预期的状态，坡度反而继续增大，这使机组觉得迷惑而紧张，说明机组自始至终都没有能判明到底发生了什么情况。

由于飞机刚刚起飞离地，高度低、坡度大、变化快，且操纵反应异常，语音记录分析此时机组的精神高度紧张。在这种紧急情况下，机组的注意力很可能集中在如何尽快获得对飞机状态的控制，而对随后出现的失速警告及失速推杆器的工作没有意识，没有判断出飞机失速，特别是没有判断出飞机失速是因为机翼失速，因此机组采取的压盘、蹬舵措施没有起到任何效果。控制机翼失速的正确方法应该是推杆较小迎角，使飞机改出失速，使机翼动力恢复正常，消除升力不平衡产生的滚转力矩，并使副翼重新恢复功能，有效控制滚转。但是因为高度过低，机组本能地向后拉杆试图控制飞机高度，这一操作导致俯仰角和迎角增加，并与推杆器的工作对抗，从而使因为推杆器工作而改出失速的飞机再次进入失速状态。

最终，这次事故被认定为是一次责任事故，东航公司对这起事故的发生负有一定的领导和管理责任，东航云南公司在日常安全管理中存在薄弱环节，相应管理者都受到了处罚。

但是，钟群鹏却认为，这不仅仅是一次中国管理方面的责任事故，外方对此也有一定的责任。首先，这架航班的机长王品曾是东航波音737最优秀的机长，2001年之前，还去加拿大参加CR-J200机型的飞行技术培训。王品有着超过6800小时的飞行时间，技术十分过硬，去世时才33岁。机长驾驶是严格按照飞行手册和训练进行的，但东航云南公司并没有对机组进行提前失速引起的非指令性滚转的应对培训，飞机制造商庞巴迪公司的飞行手册也没有提及相关的应对举措。从这一点来说，飞行员并没有什么责任。其次，飞机的设计也有问题，庞巴迪公司的飞机没有安装前缘装置。这种飞机在高空的操纵性能很好，但是机翼一旦出现负载问题，就很容易发生事故。

另外，在进行事故调查时，钟群鹏还发现了一点奇怪的现象，当天早上另外一架飞往北京的飞机早起飞了几分钟，却安全飞走了。钟群鹏后来深入研究之后发现，虽然是同等条件，两架飞机的机翼表面都可能结霜，但早飞的是一架老飞机，虽然比较笨重，但是它设计的时候安全裕度留得大，能确保在极端条件下飞机仍能安全运行，而且老飞机经过多年飞行磨合，在保养及时全面的情况下，飞行性能反而会更好。而这架失事飞机是2002年才开始运行的，出事之前总共飞行了约3000多次，飞行时间将近5000个小时，可以说是飞机中的"新人"。这架飞机可能经济性能很好，但相应的设计缺陷却会导致安全系数降低。

后来，遇难者家属起诉东方航空公司、飞机制造商庞巴迪公司经济及精神损害费共 1.32 亿元，还要求在事故发生地为死难者建立一座永久性纪念碑。钟群鹏听说了这事，还是很赞成的：

> 在现场勘查的时候，事故已经发生了好几天，东湖上摆放了很多尸体、花圈，我们看了之后都掉眼泪，好多家人都在哭嚎。我觉得这个事故责任方应该给出一个负责任的交代。但是，仅仅是我们给交代是不够的，责任方对遇难者的赔偿也是必需的，那么多条鲜活的生命，总要有个交代。还有，事故让整个南海公园都受了污染，南海公园是湿地自然保护区，号称"塞外西湖"，这种对环境的污染是很多年都无法消除的。这起事故再次让我感到，失效分析事关重大，而且一定要从事故中汲取经验，能够保证飞机质量、管理质量，实现事前预防，才是我们失效分析人员追求的结果。①

---

① 钟群鹏：失效分析预测预防技术开拓纪实。2022 年，未刊稿。资料存于采集工程数据库。

第七章
致力管服——俯仰皆为孺子牛

钟群鹏从 2002 年 4 月 15 日开始担任北航学术委员会主任，至 2014 年 6 月卸任，历时 12 年。他忠实履行职责，充分发挥学术委员会在教授治学、学科规划与建设、人才建设、学校发展战略规划咨询等方面的作用，为北航新世纪的跨越式发展和卓越发展贡献了卓越力量。

秉笔直道谓为真

1999 年当选中国工程院院士前后，钟群鹏在从事具体学术工作的同时，就已经开始从事相关的管理工作。除了失效委的管理工作之外，他还担任了北京航空航天大学材料科学与工程学院的学术委员会委员，协助系里的工作。此后，随着学术影响力的增强，尤其是在失效委任职期间和处理各种重大失效分析案例中表现出的卓越管理能力，钟群鹏更为北航所看重，开始担任校学位委员会委员、学术委员会委员和主任委员等职，在管理工作上前后干了 23 年之久。2018 年退休的时候，时任北航学术、学位委员会副主任委员的黄海军教授（时任北京航空航天大学党委常委、副校

图 7-1　2002 年 4 月 25 日，钟群鹏被北京航空航天大学聘为第六届学术委员会主任（钟群鹏提供）

长、研究生院院长）代表学校为钟群鹏颁发了一枚 70 克纯金奖章，以表彰他在北航学术、学位管理工作上的贡献。

在钟群鹏担任的诸多管理工作中，最为重要的就是北航学术委员会主任。

2002 年 4 月 25 日，北京航空航天大学正式发布红头文件，聘任钟群鹏为校学术委员会主任。然而，钟群鹏没有第一时间得到这个消息，因为当时他正在北京同仁医院住院，治疗困扰自己很久的青光眼。

1974 年修理透射电子显微镜时，因辐射留下青光眼的痼疾之后，钟群鹏的青光眼一直没有得到有效的治疗，视力每况愈下，一直拖到 2002 年才做第一次手术。此时，他的左眼已经失明，右眼也仅有 0.1 左右的视力。住院治疗期间，北京航空航天大学主管校领导亲自来医院看望，并对钟群鹏说："钟老，我可是临危受命，请您出山。学校目前学术道德和学风建设亟待改善，希望您能承担起学术委员会管理的重任。"

病榻之上，钟群鹏和主管领导沟通了学术委员会的具体情况，他没有推辞这一任命："我一定不辜负学校的期望，要科学、民主地，而且是严密、严格地发挥学术委员会的作用。"了解到当时学校存在几起学术不端的行为，钟群鹏在病床上当即提出了"认真调查，严格定性，教育为主，提高素质，以防战败"的工作原则，还未上任，就有了自己的"施政纲领"。①

4 月 30 日，戴着眼罩的钟群鹏出院，参加了北航学术委员会的换届选举，正式走马上任，出任学术委员会主任一职。

上任伊始，就有五六起学术不端行为等待调查。此时，钟群鹏将自己病床上提出的"施政纲领"细化总结为六条方针——认真调查，一丝不苟；

---

① 钟群鹏：成长过程要点简述。2024 年，未刊稿。资料存于采集工程数据库。

正确定性，实事求是；治病救人，惩前毖后；师德规范，正己律人；优质发展，承载品质；警钟长鸣，长期坚持。按照这一方针，钟群鹏与学术委员会的同志们一道调查处理了学校个别学术不端行为，并配合学校相关部门于 2006 年 4 月制定了《北京航空航天大学教师道德规范》，为学校师德师风建设作出了积极贡献。

所谓"秉笔直道谓为真"，在制定《北京航空航天大学教师道德规范》时，钟群鹏就建议根据国家相关法律规定，结合学校实际，遵循"德才兼备、知行合一"的校训，弘扬"勇于创新、敢为人先；艰苦奋斗、百折不挠；笃行诚信、严谨求实；团结奉献、爱国荣校"的北航精神，树立高尚的师德师风，维护学术道德，严明学术纪律，规范学术行为，鼓励学术创新，促进学术发展。

针对具体的学术评定工作，则倡导实事求是的科学精神，坚持严谨、严格、严密、自律的治学态度，认真对待各种学术立项、鉴定、评审、答辩、验收和评奖等活动，提供客观、真实、详细的资料。

对学术不端行为的处理，则要本着实事求是、严谨慎重的态度，要尊重和维护当事人的尊严和正当合法权益。对于认定为非学术不端行为的，应在所有知情人和被举报人要求的范围内公布事实和结论。对举报不实、受到不当指控的单位和个人要及时澄清，被举报人名誉受到损害的应为其恢复名誉。

在具体处理相关学术不端的过程中，钟群鹏也真正做到了认真调查，实事求是，严格定性。例如，针对一段时期一些匿名举报学术不端的事件，钟群鹏从来不偏听偏信，而是结合举报情况进行细致的调查，不仅会找当事人调查，还会走访相关知情人，亲自访谈实名知情人来确定事情真伪。钟群鹏说："我从来不偏信匿名举报者的话，事情经过调查，如果实名知情人或举报人的说法与匿名举报者的不同，我就以实名举报者的为准。我们做事要光明正大、经得起调查。匿名的人不敢接受调查，我当然会更相信实名人的话。"在这种严谨的工作作风之下，避免了许多失误和错判。

上任初始，在钟群鹏的带领下，北航的学术道德和学风建设为之一振，出现了明显的好转。但是，钟群鹏深知，学术道德和学风建设问题是一个全局性、长远性和战略性的重要问题，它是学校学习实践、科学发展的重要基础和前提之一，它是一种软实力，又是不可或缺的核心竞争力。对建设世界一流大学来说，它是一种必不可少的重要指标。对一个学者来说，是成人、成才、成功的基本品德、素质和基础。良好的学术道德和学风是建校之基、发展之略、立人之本、成功之道，是需要花大力气、用大手笔长期坚持不懈建设和营造的人文氛围和历史沉淀，是值得全校师生员工高度的、长期的关注和重视的重要问题。为此，在担任学术委员会主任期间，钟群鹏一直对学风问题常抓不懈，并在历次学术委员会会议上对学风问题都给予了专门的建议。

例如，2009 年教育部下发了《关于严肃处理高等学校学术不端行为的通知》。钟群鹏特别撰文对教育部的通知进行分析，并组织学术委员会进行有针对性地学习。在学习中，除了对通知具体条款进行分析外，他还特别指出：

> 学校要将学术道德和学风建设作为深入贯彻落实科学发展观的重要内容。开展专题讨论，提高广大师生的自律意识。要作为新教师培训的必修内容，纳入本专科学生和研究生的教育教学之中，作为教师考评的重要内容，把学风建设绩效作为高校各级领导干部考核的重要方面。

> 要通过校内报刊、电台、电视台、网络、宣传橱窗等各种有效的途径和形式，广泛深入地开展学术道德宣传教育活动，发挥学术楷模的示范表率作用和学术不端行为典型案例的教育警示作用，努力营造以遵守学术道德为荣、以违反学术道德为耻的良好氛围。形成学校学术道德和学术规范教育的长效机制。

> 把学校学术道德和学风建设工作提高到学校科学发展的战略高度，需要学校全体人员给予更大的重视。

对北航如何加强学术道德和学风建设，钟群鹏也提出了针对性的几点建议：

一是我们要从进一步学习实践科学发展观的战略高度，进一步重视我校学术道德和学风建设工作，将它列入我校"十二五"战略发展规划，从战略观念和指导思想、方针和政策、体制和机制、查处机构和调查程序、道德规范和考评条例、培训和教学大纲、宣传和教育活动等方面形成一整套的规范、条例和制度，逐步发展和完善我校学术道德和学风建设有成效的长效机制和良好氛围。

二是在校党委和行政的领导下，以院、校两级学术委员会为学术不端行为的调查承办机构，对现行的《北京航空航天大学教师学术道德规范》进行补充、修改和完善，并制定我校学生学术不端行为的"调查程序、步骤和评判办法"，使我校对学术不端行为的调查和处理工作进一步合法化、规范化和制度化。

三是在我校各级干部的绩效考核、教师的考评、各级业务职称的评审、本科生和研究生的品德考查等工作的条例条款中，列入学术道德、师德规范、学风素质和建设绩效等具体要求条款，并制订出具体的执行办法。对学术不端行为机构和人员，要给予严肃处理，绝不姑息，从而进一步提高全校师生员工的学术自律意识和自觉性。

总体而言，在任学术委员会主任12年的时间里，钟群鹏努力引导北航始终紧扣立德树人根本任务，把教师思想政治和师德师风建设作为教师队伍建设的首要任务，并且在抓实榜样示范上下功夫。2017年，北航设立人才培养最高荣誉"立德树人奖"。2018年，学校全面启动"立德树人奖"各类奖项评选，并以此为切口来树立身边"立德树人"的典范，强化榜样引领，讲好师德故事。在北航广大教师心中，"立德树人守初心、空天报国担使命"的职业风尚业已形成。而这一切，与钟群鹏领导下的学术委员会出色的工作都是紧密相连的。

询谋咨度竭全力

在担任北航学术委员会主任之初，钟群鹏就对自己的职责有着清晰的认知，他曾经在学术委员会的工作报告中明确指出：

> 学术委员会是《中华人民共和国高等教育法》规定的法定机构，它的任务是"咨询、审议和评定"。这是一个软任务，但是硬道理。做好学术委员会的工作十分不易，我希望大家努力探索如何才能完成好自己的工作和责任。

在上述诸多任务中，对于咨询工作，钟群鹏尤为看重，他认为"学术委员会就是要为北航科学发展提供关键性、决策性、全局性和战略性的咨询，这是我们最关键的职责之一。"为了做好咨询工作，他曾发动整个学术委员会做了系统的办学、科研和管理方面的咨询课题，并汇总出版了咨询集。而且，每年都会结合学校的具体发展，制定相应的咨询主题和实施方案。例如 2005 年，学术委员会就确定了两大咨询主题：

> 一是在进一步强化我校、院（系）学科优势和特色的同时，如何有计划、有步骤地谋划和论证进一步拓宽学科覆盖面和加快科研、教学基地的建设，包括根据学科发展的需要更合理地布局学科，新增 1~3 个边缘的、交叉的学科研究方向和 1~2 个新兴学科的谋划和论证，并认真总结在发展优势特色学科和新增学科发展方面的经验和教训。
>
> 二是根据目前我国试行的高等学校主要评估体系，在注重发展内涵、苦练内功和真正提高学校（学科）核心竞争力的同时，研究和分析各主要评估体系中具体指标项目上我校存在的差距、原因和近期（1~3 年）内提高这些指标的可能性和应采取的措施和策略。

图 7-2　2008 年 2 月 14 日，北航院士联谊会合影（右 5 为钟群鹏，陈超志提供）

对于如何落实咨询工作，学术委员会也有针对性的指导意见，比如要求"以院（系）学术委员会为主体，校、院（系）学术委员全员参加，并成为这次咨询工作的主要倡导者、宣传者和核心成员"。"在整个咨询工作的过程中，吸收校、院（系）各级领导和职能部门的负责同志参加，加强校、院（系）学术委员会与行政职能部门的有机结合。"还强调"提倡和实行生动活泼的咨询形式，可按专题举办沙龙论坛和交流"。

钟群鹏作为管理者，不仅要规划、落实学校的整体咨询工作，同时对学校未来的发展也提出了许多卓有见地的意见，得到了校领导和广大教职员工的认同。

2008 年 9 月 2 日，在北京航空航天大学的暑期工作会上，钟群鹏就作了题为"关于'强化特色、提高办学质量和核心竞争力'的思考"的发言。其中的许多观点不仅成为此后北航办学的基础原则，甚至为之后北航确立"建设空天信融合特色的世界一流大学"的发展大战略起到了积极的促进作用。

在这次发言中，钟群鹏首先强调了"强化特色的重要性"，认为：

> 特色是立校的基础，没有航空航天特色就不成其为北京航空航天大学。学科建设中，在强调扩展学科数量、学科入流和发展学科优势的同时，还要强调形成、发展和强化航空航天特色。要努力把两个

"特色"统一起来，形成交叉、融合和有机的"特色"。而要真正确立自身的"创新特色"，还要注重"领军人才或顶层人才"的造就要实施培养和引进并重的方针。

一代人才，一代事业，要用一代具有强化的航空航天特色的人才促进我校"具有航空航天特色的、理工为主的、理工文管法相结合的、国际知名的高水平研究型大学"这一事业又好又快的发展。

对于学校总体发展思路，钟群鹏概括为"特色立校＋质量取胜＋创新引领＋学风保证"，并强调：

产学研三结合是我校特色发展重要的模式和机制之一。国家实验室的筹备、建立和发展是确立我校特色领先地位的重大机遇与挑战之一。加强高水平、高质量的国际合作与交流是我校成为国际知名或国际一流大学重要的有效途径之一。

另外，在讲话中，钟群鹏还多次强调了"学科交叉融合"的重要性，指出：

我校的学科特色和领域特色主要体现在航空航天科学与技术方面，但也和新兴交叉学科的发展有着密切的关系。新兴交叉学科的发展十分有活力，发展迅猛，在新思路、新方法和新工艺探索方面具有很大的潜力，与航空航天科学与技术的发展是相辅相成的、互相促进的关系。因此，需要学校统筹兼顾，合理布局学科，处理好新兴交叉学科和强化航空航天特色之间的辩证关系，争取学校的整体推进和发展。

2008年暑期工作会上的发言引起了全校广大干部的强烈反响，得到了大家极高的评价。当时还是北京航空航天大学电子信息工程学院院长的张军[1]对钟群鹏的发言就记忆犹新，他后来回忆道：

> 当时北航处于一个蓬勃发展期，北航怎样才能有更好的发展是大家尤为关注的问题。钟老当时的发言不仅金句不断，而且逻辑清晰，有高屋建瓴之势。我印象最深的有三方面，第一个方面就是要做好学科的总指挥，而且要走交叉融合的道路，因为我们学科面比较窄，要想发展得比较好，一定要走交叉融合的道路，钟院士举了很多例子，他说他自己所从事的专业，就是材料、力学、制造、化学等等多学科交叉的体现，这是他提到的非常重要的一个方面。第二个就讲到了人才，希望学校里能营造一个能让年轻人茁壮成长的环境。钟先生实际上对年轻人的提携和培养是非常到位的，虽然他当了院士，包括他支持的徐惠彬当了院士，王华明当了院士，宫声凯当了院士，所以他当时的想法对年轻人都有作用。第三个讲到的非常有意义的就是，要让我们在科技创新上，要加强基础研究，同时要注重重大项目的应用和重大成果的推广。[2]

听了钟群鹏的讲话，张军在现场就修改了自己的讲话稿，结合钟群鹏发言中有关"学科交叉融合"的建议，特别结合电子学院在空天融合以及交叉领域的发展做了未来展望。此后，电子学院结合这次会议的启发，重新凝练了科研方向，确立了"空天地一体化网络""空天信息处理""卫星导航""电磁兼容""太赫兹""高精度的探测与检测"六个方向，走学科交叉路线，鼓励年轻人成长，每一个方向都出了国家科技奖励一等奖，取得了很大的发展成就。对于这些成就，张军后来也说：

---

[1] 张军（1965- ），安徽省合肥市人。中共党员，航空交通工程技术专家。2009 年 9 月任北京航空航天大学副校长、党委常委；2013 年当选中国工程院院士；2014 年 11 月任北京航空航天大学党委副书记、副校长；2015 年 9 月任北京航空航天大学党委书记；现任北京理工大学党委书记。

[2] 张军访谈，2021 年 5 月 21 日，北京。资料存于采集工程数据库。

这些都归功于学科交叉的同时注重重点项目成果应用，与当时在暑期工作会上，钟先生他们提出这个视角以后，我们怎么样学习，同时能够把它发扬光大密不可分。

实际上，钟群鹏所做的相关咨询工作对张军这样的北航不同院系的领导者的帮助，不局限在具体的学科建设工作上，在个人发展方面也有极大的帮助。

张军2009年任北航副校长，分管学校科研工作，就曾和钟群鹏探讨工作发展，那时钟群鹏和张军谈的更多的是如何进行"科研的科技创新"。钟群鹏认为："北航虽然在科技创新发展上有很多成绩，也取得了非常大的进步，但是我们也有问题，很大的问题就是我们的学科面非常窄。"他希望张军在任副校长期间，要突出学校航空航天特色，关注主干学科特色弱化的问题；关注从海外回来的青年教师，怎么样能传承好航空航天特色。他还特别希望"学校里有一个国家实验室，那对于整个航空航天技术创新发展就是一个更高的平台"。

2015年张军被中央任命为北京航空航天大学党委书记时，又专门去钟院士家看望，咨询钟老对后续工作的建议。这时候，钟群鹏谈的就和张军当选副校长时的定位不一样了。钟群鹏首先就强调："当了书记之后就要把学校里的方向把准了，把握好坚持党的教育方针，把学生培养成为立大志的接班人。"他强调：

> 一个是政治方向把准，二要依靠北航广大师生。本来基础就非常好，能够在新的岗位上，瞄准一个新的发展方向，我们已经启动双一流的建设了，要了解世界一流大学，怎么在学科上有重大的进展，在学风建设上有重大进展，在人才培养上有重大进展。在科技创新上，能不能国家级的奖不断线。在传承上，怎么把一批老先生在北航发展中做的贡献传承下来。①

---

① 张军访谈，2021年5月21日，北京。资料存于采集工程数据库。

可以看出，此时，对已经担任党委书记的张军，钟群鹏给出的建议更具有政治战略眼光。张军后来回忆道：

> 后来工作中的很多思路，实际上都是跟钟老交流以后得到的启发。我觉得钟先生在北航给我提的建议和经验对我在北航甚至此后到北理工以后的工作也是非常受益的。此后到北理工发的文章也主要集中在教育、教学改革和人才培养的思考，这里面很多东西还是借鉴我在北航时的实践，钟先生对我的启发教育使我受益终身，所以特别感谢钟院士。

在这里，还有一件事需要特别强调，钟群鹏的咨询工作不局限在学术委员会任职期间。那一时期，北航每年都要举行院士咨询会，汇聚北航的两院院士，对学校的各种工作进行探讨。钟群鹏在每一次的院士咨询会上都有相关的咨询报告或者咨询发言，这项工作和学术委员会的咨询工作是一脉相承的，而且，在院士咨询会上的报告往往涉及面更广，囊括了学校的学科发展、战略发展、科研、人才和教育等方面。

例如，在 2009 年的院士咨询会上，钟群鹏就特别提道：

> 学校本科基础教学存在传统的、拿手的基本课程（如五系的飞机空气动力学、飞机结构力学、航空航天概论等课程）被削弱，新的主干特色课程尚未开设和形成体系（如飞行器总体设计、飞行器适航管理与技术等）的问题。科研方面存在主干院系（如航空科学与工程学院、能源与动力工程学院）近几年都没有排名第一的国家级科技奖励，甚至没有得到国家奖的问题。这说明我校主干院系存在科学研究相对落后的问题。学校的战略目标应该定位为以航空航天特色为主、军民结合的、理工为主、理工管法文兼有的高水平、研究型的一流大学。进一步科学发展的指导思想应该是在科学发展观的指导下，坚持与时俱进地按高、精、尖、和的原则，贯彻"不懈怠、不动摇、不折腾"的方针。

在 2011 年院士咨询会上，钟群鹏则重点强调"如何转变办学方式，把科学发展观转化为科学的办学观"问题。并给出了两点具体建议：

> 首先，要从过去"教学"和"科研"的两个中心向"人才培养"一个中心转变，从"以教师为本"和"以学生为本"两个为本向"以育人为本"一个为本转变，从"传授知识为主"向"培养道德高尚、能力过硬、知识丰富的优秀专业人才和创新拔尖人才"转变，这种转变是具有战略意义的转变，是十分重要的转变。
>
> 其次，在学校的管理运行方式上也面临着一系列的转变。根据现代的管理模式，要从事故后的分析管理到事先的风险隐患管理，从单位领导少数的管理转变为全员参与的民主管理，从一般的行政粗犷式管理转变为精细的数据驱动式的管理，从只考虑个人因素责任转变为分析组织和系统的防范科学管理，从结果控制管理转变为全过程的控制评估管理，从一般条例制度管理转变为科学的效益管理（KPI）等。

不仅是教学科研等宏观战略上的建议，在一些具体政策的执行上，钟群鹏也都竭尽所能给出咨询建议。比如，对一段时期大家关注的以英才教育为中心地位的学科建设三要素——人才、科研和基地建设之间的关系，钟群鹏专门提出了自己的建议；对北航"两地办学"问题，也结合《两校区发展规划》提出了自己的论证观点；对《校史馆简明大纲汇总版》也提出了自己的补充修改建议；甚至对如何做好北航兼职教授（包括顾问教授、名誉教授）登记清理工作也提出了具体意见。

凡此种种，桩桩件件，无论是在学术委员会的任上，还是此后退休在家，钟群鹏都是兢兢业业，时刻积极参与学校发展战略规划，以其远见卓识、创新思维，在北航发展理念、战略定位、远景目标、文化传承等关键性的战略选择过程中都提出了宝贵的、具有战略思维的咨询建议，为学校的重大战略决策和战略规划制订做出了不可替代的贡献。

空天融合谋远策

前面提到过，钟群鹏院士作为北航学术委员会主任，为北航发展提供了各种咨询服务，其中有很多是事关北航发展大计的宏观战略规划咨询，这其中，最值得称道的有两件事：一是 2005 年，作为"985 工程"二期校内验收评审专家评议组的组长，参加了全程评审，圆满完成了专家组工作，为北航的"985 工程"顺利验收乃至后来位列"双一流"建设高校奠定了基础。二是 2009 年，参加了北航"建设空天信融合特色的世界一流大学"办学目标的战略咨询工作，为北航世界一流大学建设奠定了较好的思想基础，做了一次很好的动员。

北京航空航天大学于 2001 年入选国家"985 工程"建设高校行列。此后，北航一直在进行系统的"985 工程"建设。2005 年 8 月，"985 工程"二期建设进入尾声，即将进行校内验收评审。在评审会召开前两周，作为评审专家组组长的钟群鹏却再一次进了医院——青光眼的痼疾已经影响到了日常工作，他不得不进行第二次青光眼手术。

尽管医生已经再三叮嘱钟群鹏，不能再开展高强度的工作，尤其要注意眼睛的日常保养。钟群鹏的青光眼属于不可根治的疾病，日常工作繁忙、用眼过度都会导致眼压升高，视力急剧下降。钟群鹏的两次青光眼手术其实都是一种"治标不治本"的保守治疗，是通过手术降低眼压，以延缓视力下降。但他却放不下学校的工作，前期的工作已经进行了一大半，此时放下工作，"行百里者半九十"，这不是钟群鹏一贯的工作态度。于是，就像第一次手术后戴着眼罩任职北航学术委员会主任那样，这一次，钟群鹏再次在刚刚手术之后，一点工作也没耽误，全程参与了"985 工程"二期校内验收评审工作。

北航的发展规划处于 2005 年 8 月 31 日—9 月 1 日组织召开了北航"985 工程"二期平台建设评审会。专家评议组由校内外 18 名专家组成，校学术委员会主任钟群鹏院士担任组长，管德院士、李德毅院士任副组长。会上，怀进鹏常务副校长结合日前召开的教育部"985 工程"二期建设经验交流会上周济部长的讲话精神，以及北航的建设目标和要求，对评审要求和重点考核内容作了说明。钟群鹏带领专家认真听取了北航"985 工程"二期建设的 11 个科技创新平台和 2 个哲学社会科学基地负责人就总的《平台建设实施方案可行性论证报告》及其《2005 年度平台建设实施方案可行性论证报告》所进行的汇报，从平台和基地的建设目标、建设内容、管理机制、资金使用、预期建设成效和大型仪器设备开放共享等方面进行了量化评价，并对每个科技创新平台和哲学基地的论证报告给出了具体的修改意见和综合评价。学校则根据专家评议组意见，按照"需求牵引、目标明确，重点突出、绩效明显，论证充分、条件成熟"的平台启动建设原则确定了分批启动建设的平台或基地。

"985 工程"建设是事关北航未来发展大计的战略性建设规划，在具体的评审中，钟群鹏更多地以国际科技前沿和国家重大战略需求为导向，以学科建设规划为指导，紧密围绕国家中长期科技发展规划和创新型国家建设目标，针对国家重大基础研究、战略高技术研究和重大科技计划，重点审核了校内相关"985 工程"科技创新平台的创新性和可持续发展有关内容，尤为关注这些平台与国家实验室、国家重点实验室、国家工程研究中心、国家工程技术研究中心等国家创新体系建设是否有机衔接。此次评审，保证了北航"985 工程"二期建设质量和建设成效，为北航未来迈向国际知名的高水平研究型大学注入强大的发展动力。

2009 年初，全国高校发起了学习实践科学发展观活动。科学发展观是党中央关于发展的重要思想的继承和发展，是指导发展的世界观和方法论的集中体现，是指导我国经济社会发展的重要指导方针。科学发展观不仅是一个完整的理论体系，同时也是一种方法论，是观察问题、分析问题和解决问题的重要方法武器。在高校领域，学习实践科学发展观也被认为是掌握破解发展难题、推动世界一流大学建设的强大思想武器。

北航在学习实践科学发展观中，率先提出"把科学发展观内化为办学观"，把科学发展观的要求转化为学校科学发展的正确思路与自觉行动。2009 年 12 月，学校第十五次党代会从国家建设世界一流大学的要求出发，全面审视学校的历史定位和改革发展成就，确定了"建设空天信融合特色的世界一流大学"的新的远景目标，为学校在新的起点上实现新的跨越指明了方向。

"建设空天信融合特色的世界一流大学"的新的远景目标可以说是北航建校以来最为重大的战略发展和战略规划之一。为了广泛听取意见，进行科学的战略定位，钟群鹏参加了"建设空天信融合特色的世界一流大学"办学目标的战略咨询工作，这个工作是北航有史以来空前的、系统性的、大规模的战略咨询，在北航 37 个基层组织中从下到上、从上到下地开展了北航有史以来最大一次群众性的、有组织的战略咨询，不同的系、院、部门都分别做了规划，学校也做了自己的规划，最后总结所有的战略规划，又做了综合性的规划，最终确立了"建设空天信融合特色的世界一流大学"的新的远景目标。

钟群鹏作为北航学术委员会主任，不仅参与了咨询管理，还参加了所有重要的会议，最后在全校干部会议上，提出来要定位在"建设空天信融合特色的世界一流大学"。在会议的前一天晚上六点，北京航空航天大学的主管校领导又一次找到了钟群鹏，说："钟老，你全程参与了战略咨询，又有战略眼光，又有办学管理实践，我觉得你应该做一个报告。要告诉大家，为什么要做这样的定位？怎么做这个定位？什么是'空天信融合'？怎么做好这个融合？怎么做到世界一流？"

这次拜访其实让钟群鹏有些措手不及，临危受命，他几乎准备了一个晚上。这时的钟群鹏视力已经极差，不能操作电脑，他就找了一个研究生，自己口述，让这个研究生帮自己制作打印了一份相关的 PPT 报告。第二天在全员报告团会上，钟群鹏做了一个多钟头的报告，系统阐释了对"建设空天信融合特色的世界一流大学"战略定位的理解，提出了几点看法和建议。

对于新定位的看法，钟群鹏首先肯定"这在北航的发展历史上，具有全局性、长远性、战略性的里程碑作用，对今后一个时期具有重要的战略指导意义。以书记和校长的 2 个报告为主报告、以各院（系）的发言为分报告的 29 个发言，初步描绘了我校战略发展的宏伟蓝图。"

其次，从各个层面充分肯定了"建设空天信融合特色的世界一流大学"战略发展目标的及时性和必要性。提出这一定位是形势的需要、发展的需要，也是学校多年发展继承、优化、凝练的结果，更突显了学校的特色定位、水平定位、学科定位和培养定位。对于未来，将起到汇聚人才、凝练方向、激励士气、提高水平、提升地位的作用。

对于实现战略目标的具体步骤，钟群鹏提出了三步走的规划：2012年，调整优化，稳居前列；2015年，重点提升，夯实基础；2020年，凸显优势，形成格局。为了保障战略目标的最终实现，强调所有人要"不动摇、不改变、不折腾"，定准目标埋头苦干。

对于战略实施存在的问题，钟群鹏也进行了系统分析，认为"对当前存在的问题和深层原因还认识不够；对学科群融合的困难和障碍还估计不够；对'空天信融合特色'的内涵和途径还阐述不够；对世界一流大学的要求和标准还明确不够；校院（系）对战略发展构想还有机统一不够；对世界一流大学的教学质量和特色还规划不够"。"作为一个战略发展的规划，目前还需要进一步的协调统一、修改完善。"

对于战略实施的具体落实，钟群鹏建议今后一个时期抓四件事情：抓完善贯彻、抓管理执行、抓师德建设、抓软科学研究。

钟群鹏的讲话，事实上也是北航对新的战略目标的一次系统阐释，在一定程度上提高了大家的思想，取得了共识，并且开阔了视野，找到了差距，还明确了目标，进而增强了大家的信心，鼓舞了斗志。其后，"建设空天信融合特色的世界一流大学"这一发展目标成了指导北航发展的核心战略，影响了北航之后几乎所有的大小战略。

当然，任何战略都不会是一成不变的，随着时代的前进，北航"建设空天信融合特色的世界一流大学"在核心内容不变的情况下，也进行了发展和内核的延伸。2016年，在北航第十六次党代会召开前夕，北航正在对学校战略定位及其相关的若干要素进行深入的讨论和规划，钟群鹏此时又提出了自己对于学校战略新的思考和建议。

首先，钟群鹏建议北航新的战略定位表述为"建设扎根于中国大地空天信医融合的世界一流大学"。在这个新的定位中，加上北航属性定位，一方面体现了与原北航战略定位——"建设空天信融合特色的世界一流大学"——的延续性，另一方面加了"医"，去掉了"特色"二字。加"医"是为了北航学科战略布局的需要，去除"特色"是考虑到融合不仅是特色，而且是战略途径和目标。

其次，钟群鹏建议为了与上述新的战略定位相一致，北航的学科发展战略布局为"引领的理科（学）、优质的工科（学）、卓越的医科（学）、基础的文科（学）"。

再次，对于北航战略的水平属性问题，钟群鹏建议定位在"具有世界一流的本科——世界一流大学的基石""具有世界一流的人才——世界一流大学的根本""具有世界一流的成果——世界一流大学的标志""具有世界一流的学科——世界一流大学的基础"。之所以如此建议，将"具有世界一流的本科"放在首位，将"具有世界一流的学科"放在最后，钟群鹏的想法是：本科是一所高等学府的基石，一流的学科不仅要居国内第一，而且要世界一流。

最后，钟群鹏认为北航的发展正处在"转型中腾飞"阶段，正面临着重大发展的挑战和机遇，如何谋划我校的战略发展规划，是一个重大的软科学课题。建议以北航十六次党代会召开为契机，开展以北航发展战略为主要目标的软科学课题研究和思考。为此，钟群鹏还专门撰写了"加强软科学，强化创新力"的论文，供学校参考。

立科兴学求一流

钟群鹏在任学术委员会主任期间，最重要的一件事情，就是积极促进北航的学科建设。事实上，关于北航学科建设，钟群鹏早期在北航任教时，就已经开始做一些具体工作了。比如，他曾经具体参与过两个专业的起步建设：一是 20 世纪 50 年代末至 60 年代初，创建粉末冶金高温陶瓷专业，并培养了一届专业学生；二是参与建立安全科学与工程一级学科，促其于 2011 年列入研究生培养目录，并担任筹备委员会的教材建设工作。

不过，早期的相关工作，更多的是某一个具体学科的建设。而从担任北航学术委员会主任开始，钟群鹏更多的是从宏观层面进行北航整体学科的规划与建设，尤其是在北航确立"建设空天信融合特色世界一流大学"发展战略之后，围绕这一战略不断推动学科建设。在他的积极努力下，北航学科建设取得了一系列出色的成就。

北航在 1952 年成立时，只有"半个"一级学科和 4 个本科专业（宇航科学与技术一级学科中只有飞机设计与工艺、发动机设计与工艺的 4 个专业）。截至 2021 年，北航已经有 39 个一级学科，25 个一级博士点，39 个一级硕士点，78 个本科专业，还有 10 个北京市重点学科，10 个国防特色学科。2022 年，北航又新增"1+3"个本科专业。

从 2002 年担任学术委员会主任，到 2018 年正式退休（2014 年卸任北航学术委员会主任后，还继续担任北航学术委员会名誉主任），钟群鹏带领学术委员会参加了几乎所有的学科评估审查工作，对提交的每份报告都进行系统审核并给予意见。在 2012 年的第三次学科评估中，北航有 8 个一级学科成为重点学科，在钟群鹏辞去学术委员会名誉主任退休之前，2017年第四次学科评估中有 4 个学科成为 A+ 学科，3 个成为 A 类学科，7 个为 A- 学科。A 学科加在一起有 14 个之多，涵盖了工科、理科、文科，为北航第五次学科评估奠定基础。

除了进行学科评估审核，钟群鹏任职学术委员会主任期间，对北航学科建设最主要的贡献，更多地体现在对北航学科建设提供的系统分析和规划。几乎每年，钟群鹏都要结合当年北航的具体学科发展情况，对发展进行总结、对问题进行归纳、对未来进行规划。十几年间，钟群鹏在各类学术委员会的会议上以及每年的院士咨询会上，撰写相关报告、论文、发言近百篇，其中就有许多北航学科建设的真知灼见。

2008 年，在北航学术委员会暑期工作会上，钟群鹏就特别对北航宇航学院以及航空科学与工程学院学科建设等问题进行了系统地分析。

北航1958年就正式组建了火箭系（即现宇航学院），但是这个火箭系"起了个大早"，却"赶了个晚集"，先天不足，后天又失调，虽然宇航学院的领导和师生十分努力，但目前我校的航天学科主体专业及配套专业的发展仍然面临着许多问题，这种局面值得关注。

目前航空科学与工程学院的老一辈科学家年事已高，缺乏中青年的领军人物，至今还没有国家级的创新团队，除湍流空气动力学之外，缺乏具有影响力的创新科研成果，"十五"以来，没有排名第一的国家级科技奖励。总的来看，学科建设缺乏重要的标志性成果，缺乏具有核心竞争力的特色，老五系教学上的王牌课程，如飞机空气动力学、飞机结构强度学、航空概论等课程也在削弱。航空科学与工程学院不能再吃老本了，要急起直追，亟待加强，再创辉煌。

钟群鹏在发言中还特别提到，北航的学科特色和领域特色主要体现在航空航天科学与技术方面，但也和新兴交叉学科的发展有着密切的关系。需要学校统筹兼顾，合理布局学科，处理好新兴交叉学科和强化航空航天特色之间的辩证关系，争取学校的整体推进和发展。2002年北航学科规划提出建设学科群的构想，按照重点学科、主干学科、带动学科三个层次进行学科布局，并且提出了"航空科学与技术学科群""航天科学与技术学科群"等十个校级重点建设的学科群的构成。但是，这一规划由于种种原因没能付诸实施。

对于如何解决上述问题，钟群鹏也提出了自己的建议：

从目前的我校实际情况来看，组建以航空科学与工程学院为总体学科的"大航空"和以宇航学院为总体学科的"大航天"建设，发展和强化我校航空航天特色的方案是唯一的可行方案。应该借筹建航空科学与技术国家实验室和建设"211"三期项目为契机，采取切实的组织行政措施，分别委派一名副校长分管，逐步、坚决地推进我校"大航空""大航天"的特色建设。

图 7-3　2006 年 6 月 28 日，钟群鹏（左 1）参观验收北航宇航学院某实验室（钟群鹏提供）

其后，按照钟群鹏的建议，宇航学院加强了学科建设，整体实力有了显著提升，尤其是在航空宇航科学与技术和控制科学与工程方面拥有强大的学科实力，这两个学科均为国家重点学科，并设有博士后流动站。特别是航空宇航科学与技术学科，在国内排名第一。另外，飞行器设计与工程（航天工程）专业和飞行器动力工程（航天工程）专业也属国家重点学科。

2010 年，钟群鹏在学术委员会全体会议上，就如何进一步促进北航的学科发展又提出了较为系统的建议。

从 2004 年至 2009 年的六年内，北航获得四项国家技术发明一等奖和两项国家科学技术进步奖一等奖，六年六项大奖是一个很大的成绩，但我们也要看到存在的问题。目前，北航的学科面窄、综合性差，学科发展的后劲不足，影响了学科的进一步提高和扩宽。在学科发展的问题上，应该保证金牌一流学科核心优势，强化"空天信"主干学科融合特色，实现理文法一级学科零的突破，增加各门类博士点学科总体数量。

对于未来发展，钟群鹏提出了三个具体的建议：

一是按"建设空天信融合特色的世界一流大学"的目标，科研处组织六项大奖所在团队与航空、航天主干院系的有关学科和专业交叉融合，规划新的学科生长点，并提出和共同申报进一步突出航空航天特色的项目，以促进"空天信"的有机融合，保证金牌学科优势。

二是为了加强六项大奖为基础的基础理论研究，取得科研原创性的进一步突破和加强我校理文法门类有关学科的建设，建议由北航科研处组织六项大奖所在团队与理科、管理学科及原来研究方向偏理论性的团队共同规划和提出理论性研究课题或学科新的生长点，以进一步取得原创性研究的突破，为不久的将来申报国家自然科学奖提供积累。

三是为了进一步深化和拓宽产学研结合的思路，建议以张军团队与民航有关单位产学研三结合的经验为范例，科研处促进六项大奖所在团队和院系提出"源于企业、高于企业、先于企业""互补、互融、互强"和"一个目标、一股劲头、一条主线"的产学研有机、有效、长效的"三结合"规划，以提高科研成果的转化率和逐步形成我校科研创新的长效机制。

不仅如此，在历年的院士咨询会上，钟群鹏也不断提出各种建议。例如，2011年的院士咨询会上，针对即将展开的第四次全国重点学科评审，钟群鹏就特别建议：

一级重点和二级重点要"上、保、增"，多上国内一流，保住全国一级重点，增加一级重点学科。在拟增加的一级重点学科中，有生物医学工程、光学工程、数学、物理、公共管理学（或教育学）、电工科学与技术、信息与通信工程等七个一级学科，要保5争7，使我校重点学科数从8个发展到13~15个，要切实做好建设和评审的准备工作。

要加强ESI规划建设，我校有2个ESI（材料学和工程学），未来有希望进入ESI的有计算机科学（65.8%）、社会科学总论（40.1%）、化学（28.8%）、数学（25.4%），其他学科均相距甚远。ESI规划一定要认真分析、整个规划、重点突破、逐步增加，急不得、慢不得。

2013 年，在全国高校即将开展又一次重点学科排名评定时，钟群鹏结合此前的学科评比情况，对北航重点学科评估提出了新的建议。在建议中，他不仅有针对性地提出北航 2013 年重点学科"保 8 增 3"的发展目标，更对未来进一步强化北航学科建设提出了具体的建议。他强调学科是"主线""龙头"和"基础"，是非常重要的、具有战略意义的工程，具有全局性、长远性和根本性的属性，要下大力气来做好这一方面的工作，为此还提出了如下建议：

一是学校要作为一项战略性的工程，由专人长期系统分析、全面规划和认真落实来做好这方面的工作，特别要注意学科建设的全局性、全过程性、相对稳定性和系统的特征，着力理顺各方面的关系。

二是建议各院系以这次学科排名情况为契机，进一步分析学科发展形势、发展中存在的问题、本学科的主要差距、下一步突出的重点和进一步的战略措施，学院一定要下大力气抓好学科建设工作。

三是从学科发展的成功经验和教训来看，人才是"根本"，一定要花大力气、不惜工本地引进顶尖人才，开展交叉学科的研究，增长新的学科方向，特别关注年轻有为人员的破格培养，加强学科的顶层谋划工作。

退休后，钟群鹏也没有放弃对北航学科建设的关注。不仅继续通过院士咨询会提出自己的相关建议，还多次参与北航的学科建设大会，尽全力为北航的学科卓越发展做出努力。尤其是北航进入"双一流"建设时期之后，钟群鹏针对北航"双一流"学科评估建设又提出了自己独特的建议。

例如，2021 年 4 月 29 日北航召开了学科建设大会，其后，钟群鹏根据大会精神撰写了《对我校"双一流"建设的再认识和再思考》一文，并提出了六点"双一流"建设的关键点，包括：

强化深入学习"双一流"建设的有关理念、思想、政策、评价方案和指标体系，形成引领政治思想体系。强化党委领导下的校长负责制的核心领导引领作用，发挥发展规划部的规划和协调作用，形成一个完整的"双一流"建设管理体系。根据新时代教育改革总体方案要求和新一轮学科评估指标体系，争取学科建设有一个扎实的、持久的和创新的卓越发展，形成"双一流"学科建设的创新体系。强化"四强"培养理念等的指导、督促，形成培养具有"两领"人才基本素质的立德树人教学模式体系。强化我校老中青高层人才建设良好发展趋势的基础，形成高端人才引领、领军人才、各级教学名师、管理高层人才和青年卓越人才整体发展的人才建设体系。强化紧扣国家重大需求和紧跟原创性前沿研究的辩证关系，提倡开展创新探索研究，形成我校与立德树人需求密切结合的全链条科学研究体系。

另外，对于北航的"双一流"建设，钟群鹏还提出了自己独特的发展路线图和"双一流"要素矩阵系统。其中，发展路线图是指"一稳四求一变"：稳中求进，进中求特，特中求优，优中求强，强变一流。"双一流"要素矩阵系统则是由纵向的"三全"与横向的"三强"交叉组合形成，可以用"全机构""全人员""全任务"三个矩阵子系统来表述。"双一流"要素矩阵系统涉及北航"双一流"建设的方方面面，结合系统不仅能促进学校"双一流"建设的探索、提高、发展和创新，更重要的是，它还能促进北航主题教育的学习深化、贯彻执行，可以算是钟群鹏晚年对北航学科建设的一个小小创举。

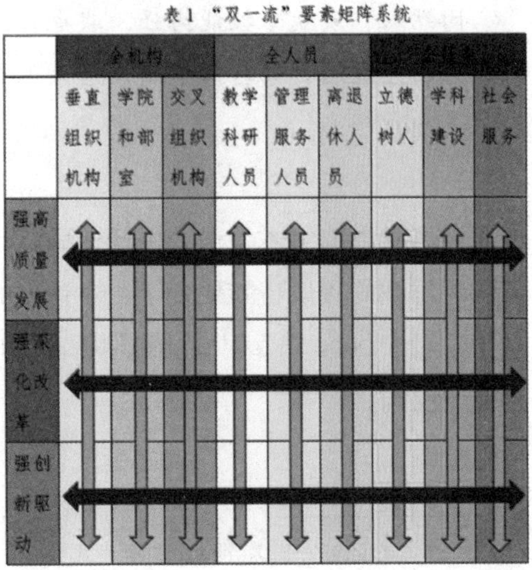

图7-4　2021年钟群鹏设计的北航"双一流"要素矩阵系统（钟群鹏提供）

钟群鹏在学科建设上作出的贡献，得到了北航校领导和广大师生的一致认可和高度评价，许多曾经和他一起为北航学科建设努力奋斗的同事，对那段日子都是记忆犹新，其中就包括曾经担任过北航学科办主任、现任北京语言文化大学副校长的魏晖教授。

魏晖教授在 1997 年到 2002 年，曾经长期担任北京航空航天大学研究生院副院长兼学科建设与学位办主任，这期间和钟群鹏在学科建设方面有很多工作交流，对他的很多事情有着深刻的印象。例如，在钟群鹏还没任学术委员会主任之前，魏晖教授就曾经和钟群鹏打赌，说他一定是下一任的主任。

> 2001 年底，北航材料学院申报国家重点学科，钟老和当时北航材料系系主任徐惠彬[1]一起参加答辩，在回来的路上，我们三个一起聊天。那时，北航领导层正在调整。我就和钟老说，这次您一定会当选咱们学校的学术委员会主任。钟老当时还不相信，我就和钟老打赌说咱们到时候看。实际上，我之所以看好钟老当学术委员会主任。就是因为在具体工作接触中，看到钟老对材料学院的学科建设非常积极，而且钟老在工作中不仅认真，还特别有领导艺术，他能团结人，宏观掌控能力强。我也知道学校很多领导对钟老的工作很认可。才敢和钟老打这个赌。后来不久，钟老果然被选为了学术委员会主任。[2]

钟群鹏当选学术委员会主任之后，更加看重北航的学科建设，魏晖教授和钟群鹏的接触也就更多了，对钟老的工作风格也有了更深的印象，这其中，对于 2004 年 2 月底北航在香山饭店召开工作会议时钟群鹏的表现记忆尤为深刻。

---

[1] 徐惠彬（1959-　），河北省邯郸市武安市人。金属材料专家，中国工程院院士。曾任北京航空航天大学党委副书记、校长。

[2] 魏晖访谈，2024 年 11 月 11 日，北京。资料存于采集工程数据库。

这次香山会议上，针对学科建设工作的一个重点——"构建北航科技创新大平台"进行了集体讨论。在会上，钟老对平台建设接连提出了两个"钟六条"。首先一个是需要搞清楚的六个问题，包括：为什么要构建平台？什么叫平台？建什么样的平台？平台的定位是什么？我们未来的战略、战术是什么？指导思想、如何达到最终目标。接着，又对具体操作平台的方式提出了六个方面的建议，包括总体规划设计、建设的关键内容、平台内容和关键分解成几部分、组织和机制、具体实施方案、预期成果。实际上，钟老是要求我们在建设科技创新大平台时，从宏观上为什么建设这个平台，建设平台的战略规划，到微观上建设平台的具体战术都要想清楚。实际上两个"钟六条"是提纲挈领地为我们捋清了今后的建设思路。

对于钟群鹏的两个"钟六条"，与会的校领导也是极为关注。当时的副校长怀进鹏在会上特别发言指示：

要在钟院士两个6条的基础上，学科办再拿出一稿"科技创新大平台构想"，站在全局角度，下周大家再头脑风暴一次，进行批判性论证，然后再向学术委员会咨询、向校长办公会报告。

其实，这次香山会议上召开时，魏晖教授已经不再担任学科建设与学位办主任，而是任校人事处处长，但是由于此前魏晖教授长期在学科办任职，熟悉情况，因此这次会议还是由他来做科技创新平台的汇报工作。在开会之前，由于长期和钟院士一起共事，了解钟院士的做事风格和关注要点，已经提前在报告中针对钟院士的两个"钟六条"做了相关准备，在钟院士提出问题后，魏晖教授的汇报也基本回答了钟院士的提问，后面的现场讨论工作也就做得十分顺畅。对此，魏晖教授也表示：

和钟老共事多年，钟老对北航学科建设的热情和认真让我深有感触。钟老的某些工作习惯和思路也在不知不觉中影响了我。这次香山会议，我能够摸准钟老的脉，提前有针对性地准备，其实也是受到他严谨的工作作风和日常在学科建设上的工作思路的影响。①

正是有了钟群鹏这样心系北航、无私奉献的老科学家的关心，北航的学科发展也得到了不断的完善。北航完成了首批"2011"协同创新中心的建设工作，2020年成为"双一流"大学。在2021年"双一流"学科中期评估中，有8个学科入选"双一流"建设学科，有5个学科成为培优学科，成为为数不多的拥有多个"双一流"学科的大学。根据教育部公布的第二轮"双一流"建设学科名单，北航的"双一流"学科包括力学、仪器科学与技术、材料科学与工程、控制科学与工程、计算机科学与技术、交通运输工程、航空宇航科学与技术、软件工程，共8个学科。这些学科涵盖了从理工科到工程技术的广泛领域，体现了北航在多个学科领域的领先地位和综合实力。北航的这一成就，不仅体现了学校在教育、科研方面的卓越表现，也为其在国际和国内的高等教育领域赢得了极高的声誉。此外，北航的这些学科在航空宇航、仪器科学、材料科学、软件工程等领域具有引领优势，为关键战略领域输送高素质后备人才，进一步巩固了其在航空航天等领域的领先地位。此外，2021年北航又经教育部批准，成立了未来空天技术学院，成为全国首批12个未来技术学院之一。

不拘一格降人才

对于任何一所高校而言，人才都是其发展的根本。钟群鹏在任北航学术委员会主任期间，就特别关注北航的人才队伍建设，他始终坚持"牢固确立人才培养在高等学校工作中的中心地位，着力培养信念执着、品德优良、知识丰富、本领过硬的高素质专门人才和拔尖创新人才"。这其中，

---

① 魏晖访谈，2024年11月11日，北京。资料存于采集工程数据库。

尤以以下几个方面的成绩得到了学校和同事们的一致好评。

第一个方面，不拘一格降人才。

钟群鹏提出了一系列超前的破"五唯"的原始思想，曾多次提出"干什么评什么"的做法和思想；提出管理人员和教职人员也要有绿色通道；提出教职人员过少、管理人员"剃光头"是不正常的，是偏废的人才建设思想；提出考核研究生以三篇 SCI 为标准有片面性，应该有替代物的思想……这些思想都为以后的破"五唯"奠定了一定的基础，做了一定的舆论准备。

提出了思想，在实践中钟群鹏也是这么做的。

2003 年，钟群鹏从英国伯明翰大学引入北航材料科学与工程学院的教授吴素君老师。吴素君教授 1992 年到英国伯明翰大学冶金与材料科学系攻读博士之后就留在了伯明翰大学，后来成了伯明翰大学冶金与材料科学系的研究员。2002 年回国办事时，偶然得知钟群鹏正在为北航材料系招人，但是条件很高，不容易进。吴素君这时也想回国发展，就想去试试。第二天，经人介绍，和钟群鹏在材料学院的会议室聊了三四个小时。其间，钟群鹏了解了吴素君的具体情况，也把北航和自己方方面面的情况进行介绍，尤其是未来的发展规划以及可能给予吴素君的发展空间。钟群鹏觉得吴素君各方面条件都不错，研究的方向也符合材料科学与工程学院的实际情况。但因为长期在国外工作，吴素君的一些具体条件并不太符合北航当时的要求。最后钟群鹏走了"特招"的路子，吴素君算作"北航校长特聘教授"引进的人才。

吴素君来到北航之后，和钟群鹏一起完成了多个重点项目，还一起将"结构完整性国际会议"这个原来只在英国举办的会议引入国内，在北京举行了第九届结构完整性国际会议。最为难得的是，在两人的努力下，会议成功邀请了中国工程院和英国皇家工程院，把国际上相关的组织都聚到了一起，对于北航材料科学与工程学院扩大国际影响力，提升学院专业建设都作出了积极的贡献。

2010 年，在钟群鹏的主导下，北航引进了一位没有一篇论文发表的教授——林允清。林允清是 1964 年出生的年轻学者，是英国的双博士（英国

牛津大学语言学博士、英国埃塞克斯大学计算机科学博士）。林允清 2004
年夏受聘于北京师范大学外国语言文学学院，任语言学教授；同年被评为
博士生导师，并入选教育部《新世纪优秀人才支持计划》。2010 年，北京
航空航天大学在积极地引进各类人才，以充实学校师资。当时的外国语学
院主任就推荐了林允清，报请了北航评审委员会、引进委员会，希望将林
允清作为特殊人才引进北航。

北航对引进人才的要求极为严格，在论文发表数量上有着严格的要
求。但是，林允清还没有发表论文。事实上，当时他已经撰写了 8 篇论文，
但是据说他的论文核心观点跟当时的美国语言学泰斗艾弗拉姆·诺姆·乔
姆斯基[①]的普遍语法理论观点不同，很多核心期刊尤其是这一领域最权威
的期刊之一《语言》(*Language*) 不同意发表，论文就被压着。当时，北
航评审委员会、引进委员会组织了 17 人的专家团队审核林允清的引进问
题，其中外语教研室只有 1 人参加，外行多于内行，意见不一致，如果投
票肯定落选。钟群鹏当时是学术委员会主任、引进组的组长，看到这种情
况，就暂时叫停了评审。他找到了当时的北航人事处处长李军锋，请示说：
"李处长，引进林允清这个事情不好评。我们学问都不够，外行审核内行，
判断不了，到底该不该引进，难度太大了，你得另请高明。我们这次别对
他投票了，暂时缓评行不行？"

李军锋看钟群鹏态度挺恳切，而且意见也很中肯，就同意暂时不评。
随后，对如何评审林允清的问题征求钟群鹏的意见。钟群鹏说："语言学专
业性极强，你请咱们外语教研室主任出面，请其他学校、学院的语言学专
家来担任评委，我们就不参加评审了，就让这些专家来定。"[②]

后来，北航还真邀请了包括山东大学、上海交大在内的几所学校的外
语系主任参与评审，最终认可了林允清，同意引进。2010 年 6 月，林允清
作为"杰出人文教授"调入北京航空航天大学外国语学院工作，并在 2011

---

① 艾弗拉姆·诺姆·乔姆斯基 (Avram Noam Chomsky, 1928-)，美国哲学家，麻省理
工学院语言学荣誉退休教授。他的《句法结构》被认为是 20 世纪理论语言学研究上最伟大的贡献
之一。

② 钟群鹏访谈，2021 年 9 月 8 日，北京。资料存于采集工程数据库。

年出任新建的语言科学与工程系的系主任。2015 年，林允清教授的论文
"What is Really Wrong with Universal Grammar?"（《普遍语法到底错在哪
里？》）发表在 *Language* 第 91 卷第 2 期。几十年来，鲜有大陆学者的论文
在 *Language* 上发表，林允清论文的发表不仅标志着其观点已经引起国际
语言学界的重视，很有可能对语言学研究产生重大的影响，也说明当初钟
群鹏排除众议，促成北航引进林允清决策的正确性。

另外，钟群鹏在职称评审当中，还特别强调对管理干部的选拔。他多
次重申"干什么评什么"的理论，不应该是两张皮，要求管理干部也要有
专业论文。在 2009 年的院士咨询会上，钟群鹏还特意就此做了发言：

> 管理干部的职称要认真研究解决，虽然在过去的职称条例中对管
> 理干部的职称有不同的要求条件，但不够明确，在高评委投票时往往
> 落选，因此造成我校教授职称评审中，管理干部连续两年空缺。这种
> 情况对管理干部的工作积极性和稳定性影响很大。为了改变这样的情
> 况，建议在职称条例中单列管理研究员职称，重点考核他们在岗位上
> 的业绩、贡献和水平，加强学科评审组的评审和高评委的评议，尽可
> 能使他们的优秀代表在职称评审上也有所回报，进一步发挥他们在我
> 校科学发展的道路上建立新功。

在钟群鹏的建议下，高评委对管理干部的审核有了明显改变，接连有
好几个管理干部在他的主张下评上了相应的职称。比如，现任北航副校长
的张海兰，当时还是北航的财务处处长，她在香港大学进修时发表了一篇
文章，参加了高评委评审。当时很多人不同意，说至少要五篇才能评上。
钟群鹏就说："这已经很不错了，能发表一篇文章，而且是香港大学搞财
务的，足够体现她的专业性，希望大家能考虑通过。"后来张海兰成功评
上高级职称，2011 年她还和钟群鹏一起当选了北京市先进党务工作者，其
后调入西北工业大学担任党委副书记、纪委书记，最后又回到北航任副校
长。对于这一段经历，张海兰一直都非常感谢钟群鹏最初的帮忙，但钟群
鹏却说："我没帮你，我就说了一句话，归根结底还是你够资格。"

第二个方面，重视高层人才成长建设。

钟群鹏高度重视高层人才的成长和建设工作，针对高层人才的建设，他多次强调："北航要从科研、教学成果，到高端人才引领建设，向院士后备队伍和领军人物的造就方向发展。"这其中，针对增选院士和院士团队的建设，钟群鹏在 2011 年春校院士联谊会上专门给出了具体建议：

院士候选人要单列档管理，具体解决他们成才中的特殊问题，不能放羊式管理，今年是院士增选年，学校要做好动员、分流、把关、评审、宣传、处理等六个方面的工作。作为院士候选人本人也要做好总结好、定位好、申报好、自述好、活动好、处理好等六个方面的事情。

院士团队应该属于创新团队之列，虽然它没有什么命名。它涉及院士所属专业创新发展和后继有人的问题。已故院士沈元、高为炳、张启先都因为种种原因没有留下团队，专家趋于消亡，这是一种损失。我们需要关注现有院士团队的建设问题。

对于高端人才和创新团队发展的趋势，钟群鹏也在积极促进北航蓝天创新团队和科研课题组，到省部级创新团队和重点实验室，向国家基金级

图 7-5　2006 年 4 月 2 日，钟群鹏（二排左 7）参加北航 2006 届研究生毕业典礼（钟群鹏提供）

创新团队和国家重点实验室或国家工程中心的方向发展。推动北航从高端青年人才的引进和培养，到人才队伍的质量提高，向形成人才队伍建设的优势和"香港科大模式"的方向发展。

上述一系列的举措，极大地促进了北航高端人才的建设。仅以增选院士为例，在钟群鹏担任学术委员会主任期间，北航当选两院院士的有 7 位，还有 2 位是外单位申报、北航协助的。

第三个方面，在人才建设理论上创新。

钟群鹏做事，一贯主张理论和实践相结合，尤其善于对工作进行总结，在理论上进行创新。这不仅表现在失效分析的专业领域，在管理工作上同样如此。此前，对于北航的"双一流"建设，他就提出了自己独特的发展路线图和"双一流"要素矩阵系统，用以指导北航的学科建设。在人才培养方面，结合多年的实践，钟群鹏也提出了"六个结合"发展趋势和"十二条"人才建设模式。

其中，"六个结合"指的是：国际化和本土化相结合；引进和培养提高相结合；专业化和复合化人才培养相结合；高端化和多规格整体推进相结合；年轻化和结构优化相结合；博才化和高能力素质相结合。

"十二条"人才建设模式指的是：因地制宜培养人才，不拘一格使用人才；千方百计引进人才，想方设法留住人才；严格要求提高人才，抓住机遇提升人才；宏伟壮志激励人才，推心置腹引导人才；满腔热情关怀人才，长远眼光造就人才；规章制度服务人才，战略规划发展人才。

第四个方面，设立专门的"管理服务贡献奖"。

钟群鹏虽然是专业领域出身，但从来没有看不起管理人员。相反，在任学术委员会主任期间，还一直关注管理人员的职称评选等工作。2009 年时，对于北航教授评审中存在对管理干部和工程人员"用一把尺子一刀切"的情况有专门的关注，指出"我校每年评出教授 30 人左右，但校部管理干部的教授级职称已二年空白"是非常不正常的现象，因此此后一直在积极促进管理干部的职称评选，帮助了许多管理干部。即便是退休之后，也十分关注管理干部的建设。在退休前夕，为了发展学校管理人才队伍，激励管理干部的创新投入，钟群鹏用科研结存经费捐助 100 万元，建议北航党委设立管理方面的奖励。北航党委于 2021 年 1 月 14 日决定设立北航"管理服务贡献奖",并正式开展了评选工作。钟群鹏为管理队伍的激励和成长也作出了非凡的贡献。

从 2002 年 4 月 15 日开始担任北航学术委员会主任,至 2014 年 6 月卸任,12 年间,钟群鹏在北航学术委员会的工作得到了校领导和广大师生的一致认可。2008 年 1 月 16 日,北航学术委员会换届时,北航党委书记在讲话中有一段对钟群鹏和校学术委员会的评价,就很能代表大家对钟群鹏工作的肯定:

> 学校成绩的取得,无不凝聚着校学术委员会的辛勤劳动和卓越工作。在校党委和校长的领导下,以钟群鹏院士为主任的校学术委员会充分发挥了教授治学的核心作用,特别是在学校发展战略、重点学科建设、高层次人才引进、学术道德建设等方面做了大量卓有成效的工作,对学校的长远发展作出了突出贡献。一些老专家、老教授急学校发展之所急、想学校发展之所想,时刻站在学校发展全局的高度,不辞劳苦、亲力亲为,工作很投入、很认真、很严谨,提出了很多高层次、高质量和高水平的建设性意见,做了很多感人肺腑的事情,表现出了高度的责任感、严谨的学风和高尚的学术风范,在做人、做事、做学问方面也为全校师生树立了榜样。在此,我代表校党委对全体校学术委员会委员表示衷心的感谢和崇高的敬意!

第八章
桑榆晚景——霞光片片尤满天

退休之后，钟群鹏仍然在发挥余热，积极与疾病作斗争，尽可能保持乐观健康的状态，充实积极地过好退休生活。他关心国家大事，积极参加国家和学校的重要咨询工作，接连获得中国机械工程学会"特别贡献奖"、中国特种设备安全与节能促进会"终身成就奖"、北航"立德树人成就奖"、第七届"感动北航"榜样人物；还向北航材料学院捐赠了结余的科研经费100万元，成立了"成才金奖"奖学金；捐出"立德树人成就奖"奖金，与陈懋章院士一起设立"青出于蓝"奖学金。

功成行满促安全

2018年9月10日，钟群鹏响应国家号召，功成行满，正式退休。闲来回顾一生功业，有一件事情让他觉得十分自豪，那就是自己一生参与或创建了5个学会，并且都干到一级学会的副理事长。这体现了他跨专业、跨学科的综合能力。

第一个是中国机械工程学会，钟群鹏于2001—2006年任副理事长。

从 1997 年到 2018 年，他在机械工程学会干了 20 多年，可谓感情深厚。第二个是中国特种设备安全与节能促进会，这个是钟群鹏参与发起的一个学会，并在 2011 年担任第一届理事会副会长，前后担任了 10 年副会长。另外，钟群鹏还兼任了全国安全生产委员会副理事长、中国职业安全健康协会副理事长、中国质量检验协会副理事长。5 个学会都与失效分析、机械安全、质量检测等相关，钟群鹏担任学会的副理事长并不是担个虚名，他为每个学会的发展都作出了积极的努力和不可磨灭的贡献，可谓是"功成行满促安全"。

当然，功成圆满并不是钟群鹏个人说了算的。退休后，几个学会对他在学会中的功绩都给予高度评价，授予他机械工程学会"特别贡献奖"和特种设备安全与节能促进会"终身成就奖"，从一个侧面体现出钟群鹏在国内机械失效分析及特种设备安全领域的特殊地位。

中国机械工程学会成立于 1936 年，是我国成立较早、规模最大的工科学会之一。学术交流是学会的基本职能，学会每年举办数以百计、丰富多彩的学术会议。特别是每年一度的中国机械工程学会年会，是集成各类专题活动的大型综合性会议，在行业内外乃至全国都产生了巨大影响。学会还主办了 60 余种期刊，其中最为知名的学术刊物有《机械工程学报》《中国机械工程》，是中国机械工程领域最权威的专业期刊，对推动学科发展起到了重要作用。

钟群鹏和中国机械工程学会之间可谓渊源颇深。早在 1985 年，钟群鹏发起成立了我国第一个失效分析的学术组织——失效分析工作委员会，就是在中国机械工程学会下设立的一个分支机构；1986 年 9 月—2006 年 11 月，钟群鹏担任了中国机械工程学会第五、六、七、八届理事会常务理事，2001—2006 年任副理事长。这 20 年里，他为学会的发展尤其是中国机械装备失效分析预测预防的发展作出了巨大的贡献。

钟群鹏与《机械工程学报》和《中国机械工程》两个刊物也有深厚的感情。钟群鹏自 1997 年担任两刊编委，2003 年担任两刊编委会主任，为两刊的发展作出了突出贡献。为感谢 20 多年对刊物的无私奉献和带领编辑部取得的辉煌成绩，中国机械工程学会特别在 2018 年 12 月 1

日，为他颁发了"特别贡献奖"。

这个奖是专为钟群鹏设立的一个开创性的奖项。对于为什么要颁发"特别贡献奖"，当时的中国机械工程学会监事长、《机械工程学报》编辑部主编宋天虎特别表示：

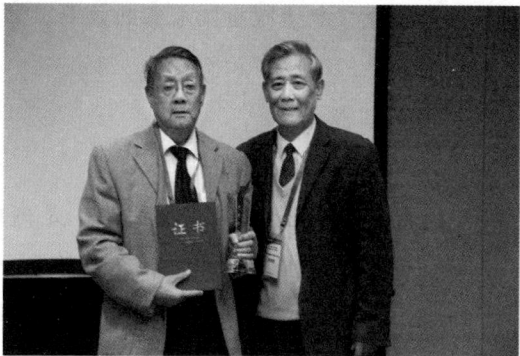

图 8-1　2018 年，钟群鹏获得中国机械工程学会"特别贡献奖"（钟群鹏提供）

从钱学森到钱伟长，再到路甬祥[①]、钟群鹏，几代科学家都在支持学会和学报。钟院士从 2003 年开始担任两刊编委会主任，从这一年开始，编委会成为第一届国际化编委会，我们不仅邀请国内专家，还邀请了很多国外专家加入。可以说，钟院士加入编委会，让我们编委会由国内真正走向了国际，让视野更广大。学报现在具有了国际知名度，跟钟院士当主任时高瞻远瞩的眼光密切相关。[②]

两刊常务副主编王淑芹肯定了钟群鹏在两刊发展方向上的成绩，她表示：

2006 年编委会会议上，钟群鹏院士明确提出了刊物的发展目标：把《机械工程学报》办成世界一流的学术期刊。这也是第一次给我们提出了一个非常高的目标，至今都是我们的办刊宗旨。到 2008 年我们又换届成立了第九届编委会，钟院士连任编委会主任，2013 年再次连任。2013 年的时候，我们刊物创刊 60 周年了，钟院士又带领我们出版了六十周年的纪念册，这也把我们学报整个发展脉络都进行了总

---

① 路甬祥（1942－　），浙江省宁波市人。流体传动与控制专家，中国科学院院士、中国工程院院士、第三世界科学院院士，浙江大学原校长，中国科学院原院长。

② 宋天虎访谈，2021 年 3 月 31 日，北京。资料存于采集工程数据库。

结，受到了很多院士及专家的鼓励。①

钟群鹏则表示：

> 这个奖不是发给我个人的，是颁给我们第八、九、十届编委会的，这是集体努力的结果，是对编委会的高度肯定，也是对董事会的高度认可。我们的目标是做世界一流期刊，其路线图是：稳中求进，进中求特，特中求优，优中求强，强变一流。以质量为中心，建立事业共同体，要奋斗、坚持、努力。行业专家要与刊物共谋、共事、共建、共发、共赢、共荣，以担任编委、董事为荣，形成事业共同体。②

2020年12月30日，中国特种设备安全与节能促进会又授予了钟群鹏同志"终身成就奖"。值得一提的是，他是第一位也是迄今为止唯一获此殊荣的杰出人物。这个奖项饱含着这位科学家对特种设备安全事业发展的艰辛付出和重要贡献。

特种设备是中国创立并先后经国务院行政法规和国家法律确立的新概念，包括锅炉、压力容器（含气瓶）、压力管道、电梯、起重机械、客运索道、大型游乐设施和场（厂）内专用机动车辆八大类设备。特种设备有以下特点：一是特别重要，例如锅炉是发电和供热系统的"心脏"，压力容器和压力管道是石油、石化、冶金等行业的"枢纽"，起重机械是现代港口、现代建筑产业的"脊梁"，长输油气管道是国家能源经济的生命线，燃气压力管道和气瓶进入千家万户，电梯是现代生活中不可或缺的代步工具，客运索道、游乐设施成为人民群众休闲娱乐的重要载体。二是应用特别广泛，作为经济社会发展和人民群众生活不可或缺的重要基础设备设施，全面覆盖一二三产业的各个领域。近年来特种设备的增长速度等于甚至大于GDP增速，2023年底全国特种设备总量达2128.91万台，另有气瓶

---

① 王淑芹访谈，2021年3月31日，北京。资料存于采集工程数据库。

② 钟群鹏在《机械工程学报》第十一届编委会董事会工作会议上的讲话，2018年12月1日，未刊稿。资料存于采集工程数据库。

2.88 亿只、压力管道 99.13 万公里。三是具有特殊危险，由于特种设备本身具有在高压、高温、高空、高速条件下运行的特点，具有易燃、易爆、冲撞、高空坠落等危险性，一旦发生事故，极易导致严重的人身伤亡和财产损失。为此，国家对特种设备设立特别制度，实施专项安全监管。

为了充分发挥社会各方力量，整体推进特种设备多元共治机制的形成，经国务院领导同意，民政部批准，2011 年 10 月 26 日，中国特种设备安全与节能促进会正式成立。作为中国特种设备领域唯一的全国性、综合性行业协会，促进会承担起团结凝聚会员，促进安全发展、绿色发展、优质发展、创新发展、共同发展的使命。在党和国家机构改革和社会组织管理制度改革的进程中，促进会先后隶属于国家质检总局党组、市场监管总局党组、中央社会工作部管理。

相对而言，中国特种设备安全与节能促进会成立较晚，最初成立的时候，可以说是一穷二白，筹备委员会一个院士也没有，筹委会的负责人就找到了钟群鹏，希望得到他的帮助。

此时，钟群鹏在特种设备领域已经有了非常高的声誉。20 世纪 60 年代以来，他参加压力容器、锅炉和压力管道的科技工作，历经 60 年，辛勤耕耘在特种设备科学研究、事故调查与失效分析、重大工程技术攻关、政策研究与法规标准体系、人才培养等领域，创造出了多项重要成果，解决了一批技术难题，编制了一系列关键标准，培育了一批优秀人才，从某种程度而言，钟群鹏可以说是中国特种设备安全科技事业的重要奠基者。

20 世纪 80 年代初期，改革开放伊始，我国工业生产全面恢复，遇到了一个重大技术难题，就是作为重要生产装备的压力容器存在很多先天缺陷，如果都停用报废，生产将全部中断，经济损失不可承受；如果直接使用，则存在不可预计的安全风险。因此，迫切需要一种安全评定方法去评估这些缺陷的安全性。为此，科技部专门设立了科技攻关课题，研究在役锅炉压力容器安全评估技术，这也是公共安全领域最早设置的国家级研究课题之一。课题汇聚了一批行业内的顶级专家，钟群鹏负责其中最为关键的综合安全评定方法研究。经过长期反复地论证、验证、协调，凝聚各任务研究成果，攻克了评定过程中的路线、程序、技术等一系列难题，提出了"在用含缺陷压力容器安全评定方法"。这一安全评定方法的应用，有效解决了当时困扰国家的大量在用含缺陷压力容器安全性和经济性的矛盾问题，产生了巨大的经济和社会效益，以此方法为基础编制的国家标准《在用含缺陷压力容器安全评定》，获得了首届中国标准创新贡献一等奖。从"七五"到"十四五"，特种设备的科技攻关研究领域不断扩展，项目层级不断提升，300余家高校、科研院所和企业面向国家重大需求联合攻关，但其本源和技术主线都来自这个课题。

另外，钟群鹏还是业界认可的特种设备事故调查和失效分析技术方法体系的创立者和布道者。特种设备安全监察机构和制度的创立起因于1955年天津棉纺厂锅炉爆炸事故。应当说，特种设备安全监察因事故而起，最终也是为了减少和预防事故。科学的事故调查分析是避免事故再次发生，并从本质上予以预防的最重要技术手段。钟群鹏最早把机械失效分析的科学方法手段引入特种设备领域，在他主持或参与的500余例重大失效事故分析中，50多项为国务院安全生产委员会及有关部委委托的重大事故，很多都和特种设备相关，包括北京海淀春海餐厅卡式炉爆炸事故、北京东方化工厂"6·27"特大火灾和爆炸事故、海南文采食府12.12YSP-4型液化石油气钢瓶爆破事故、三峡工程"九三"重大伤亡事故等，他不仅为这些事故调查做出科学、客观、公正的结论，也为预防同类事故的重复发生提出了重要的技术改进和制度性建议。更为重要的是，他创立了一整套事故调查分析的技术方法和工作程序，如今的特种设备事故调查与失效分析的技术性工作，都是遵循着这一方法和程序。他主编的《机械产品失效分析丛书》《失效分析基础》《断口学》《裂纹学》等多部专著，已经成为每一个特种设备事故调查和失效分析技术人员的理论基础和工作指南。

还有一点需要特别强调，钟群鹏在特种设备人才培育领域，也有突出的贡献。在他直接培养的学生中，很多已经成为特种设备设计制造、检验检测、科学研究、监督管理诸多领域中的领军人才。除自己的学生外，他还以自己特殊的组织力、协调力、影响力、凝聚力，指导、推动、推荐、培养了特种设备行业中一大批德才兼备的技术骨干、科研中坚和业务管理人才，例如，目前特种设备领域的几名年轻院士都得到过钟群鹏的关心和指导，中国特检院最早的 5 名正高职称研究员也都是他亲自推荐的。

钟群鹏还是一位战略科学家，以其全局性、系统性、前瞻性思维，对特种设备安全与节能事业发展提出了多项极具价值的意见与建议，不少已成为技术管理与制度政策体系的重要内容。在国家的"十一五"规划中，把"特种设备"写进了总体科技规划，钟群鹏发挥了至关重要的作用。他积极参与《中华人民共和国特种设备安全法》的调研论证工作，并做了书面发言，为立法工作作出了贡献，他参与了多项特种设备安全法规、标准战略研究，积极推动特种设备安全工作的法治化、标准化建设。在特种设备领域，钟群鹏同志享有崇高威望，大家都折服于他饱含激情、创新进取、追求卓越的工作精神和求真务实的严谨科学态度，敬重他对同志谦虚谨慎、乐观豁达、以诚相待，始终保持满腔热情的长者风范。

鉴于上述钟群鹏在特种设备领域的突出贡献，中国特种设备安全与节能促进会筹备之初，筹委会的负责人就找到了钟群鹏，谈了对促进会未来发展的一些规划，钟群鹏觉得促进会的成立对中国特种设备未来的发展具有积极的促进作用，不仅同意加入促进会，还联系了当时的国务院参事张钢（钟群鹏后来与张钢在"制造质量强国战略研究"综合课题组有过良好的合作）和一位石化公司副总经理作为共同发起人，参与了促进会的发起工作。最终，张纲担任促进会首任会长，钟群鹏担任促进会第一届理事会副会长。

此后十年间，钟群鹏一直积极为促进会的发展献计献策，不仅参与了促进会众多的学术交流活动，更参与了促进会主导的相关课题研究，还参加了《特种设备 2025 科技发展战略研究报告和"十三五"科技发展规划》高层专家论证会。

在此期间，钟群鹏还和浙江省特种设备科学研究院有紧密的合作。2011 年 11 月，浙江省特种设备科学研究院与钟群鹏院士、赵振业[①]院士共同建立杭州市院士专家工作站，该工作站屡获绩效考核优秀，成功申报国家级科技项目 4 项，获得科技奖项 19 项。成立了"特种设备机器人智能

---

① 赵振业（1937- ），河南省新乡市原阳县人。金属材料专家，中国工程院院士，北京航空材料研究院研究员、高级顾问、博士生导师。

检测技术研发中心",通过数年的建设,攻克了数项关键技术难关,主持起草了首部特种设备检测机器人国家标准,累计授权专利80项,其中发明专利16项,多项研究成果填补国内空白。工作站创新团队中,院士团队有2人,配套团队123人,双方主要在失效分析、金属材料疲劳等方面开展合作。

钟群鹏不仅在宏观发展方向上指导院士工作站的工作,而且还在具体技术上给予工作站和研究院相关指导。2015年9月29日,钟群鹏就在浙江特种设备检验研究院给全院同志作《特种设备全寿命周期可靠性、完整性和安全性保障关键技术》的报告。结合自身几十年来从事特种设备失效分析的工作经历,全面分析了特种设备的特点、现状和发展趋势,阐述了加强特种设备全寿命周期可靠性、完整性和安全性保障能力建设的重要性,提出了特种设备安全研究的思路和原则、主题和方向,并结合"爱、自、实、一、吃、严、坚、基、力、成"十字箴言,就如何践行"三严三实"提出了建议和希望。

正是由于上述出色的工作,钟群鹏得到了促进会全体人员的一致认可,在授予钟群鹏"终身成就奖"时,促进会对他的成绩也做了高度的评价:

> 钟群鹏院士热爱祖国、学风正派并具有献身敬业精神、很强的开拓能力,他对工作饱含激情、创新进取、追求卓越,对同志谦虚谨慎、乐观豁达、以诚相待,他是特种设备安全事业64年发展历程的参与者与见证者,是特种设备安全领域技术进步的引领者与推动者,为我国特种设备安全水平的不断提升作出了巨大的贡献。

新当选的中国特种设备安全与节能促进会会长陈学东[①]院士在颁奖典礼上也对钟群鹏给予了高度评价,认为他:"胸怀组织、服务人民、攻坚克难、传播科学,为中国特种设备安全事业做出了巨大的、重要的贡献。"

---

① 陈学东(1964-),安徽省铜陵市人。中国工程院院士,中国科协副主席,特种设备设计制造与维护工程科技专家。

钟群鹏在颁奖典礼上也发表了热情洋溢的讲话，表达了对促进会的感激之情，更给予促进会未来发展更多的期望：

我希望大家在特种设备的岗位上不断地努力，不断地奋进，使特种设备得到创新的、高质量的、安全的发展，使特种设备在我们十年未有的大变局当中，在民族振兴当中起到一个砖头的作用，垫砖的作用。希望大家在自己的道路上尽快成才，成为有用的栋梁之材。

在讲话的最后阶段，钟群鹏还幽默地用四句打油诗总结了自己在促进会工作多年的感受："长江后浪推前浪，人才辈出挑大梁，特种设备新篇章，复兴民族耀中华。"

可以说，六十年来，钟群鹏为我国特种设备安全事业做出了不可磨灭的重大贡献。此时接受这个"终身成就奖"可谓是"功成行满"。对此，国务院原参事、中国特种设备安全与节能促进会首任会长张纲予以这样评价：

钟群鹏同志对特种设备安全事业发展的贡献是全面的、重要的。这种贡献不仅体现在科学技术层面、人才培养层面、工作方法层面，还体现在战略指导层面、精神激励层面。授予钟群鹏同志特种设备安全与节能"终身成就奖"是实至名归、众望所归！[①]

立德树人育桃李

2022年9月9日，北京航空航天大学举行庆祝第38个教师节表彰大会，钟群鹏作为北航首届学生、在北航教书育人大半生的"大先生"，获得了

---

① 张纲访谈，2021年11月5日，北京。资料存于采集工程数据库。

钟群鹏

材料科学与工程学院

2022年立德树人

成就奖

"智慧未自勤奋，创新基于实践；成功在于坚持，
辉煌源于理念；做人先于成才，素质优于博才。"

图 8-2　钟群鹏获得 2022 年北航
"立德树人成就奖"（钟卫提供）

"立德树人成就奖"。

北航于 2017 年设立"立德树人奖"作为人才培养工作的最高荣誉，旨在表彰北航优秀教师队伍中的杰出代表和先锋榜样。包括"立德树人成就奖""立德树人卓越奖"和"立德树人优秀奖"三大奖项，这其中，获得"立德树人成就奖"的，无一不是在北航教书育人工作中有突出贡献的"大先生"，而钟群鹏正是其中的一个典范。

回顾钟群鹏的教学生涯，从 1957 年毕业留校到 2018 年正式退休，60 余年间，一直在教书育人。毕业后历任助教、讲师、副教授和教授，于 1993 年被国务院学位委员会批准成为第五批博士生指导教师；曾带本科生进行生产实习，作为"工农兵学员"班主任在"文化大革命"期间坚持教学；从教 60 多年来，共培养硕士、博士、博士后 50 多名，其中绝大多数成为所在单位的科研攻关骨干力量；曾开设基础课、专业基础课和专业课共计 16 门，编写教材 11 部；曾经参与了 3 个一级学科的建设或教学科研工作。

自 1957 年 7 月到材料科学与工程学院工作以来，他一直没有离开学院的工作岗位，全身心投入学院的建设和发展工作。在他的努力下，名不见经传的航空冶金系建立了一级博士点学科，2008 年在教育部全国一级学科评估中，成为北航 8 个全国重点一级学科博士点之一，全国排名第九。2017 年钟群鹏退休前夕，北航材料科学与工程学院的"材料科学与工程"学科在第四次全国学科评估中被评为"A+学科"。通过钟群鹏和全院同志们的共同努力、奋斗和创新，材料科学与工程学院现有 5 名院士（其中 4 名在职院士），是全校在职院士最多的学院之一，走上了又好又快的学科发展的道路。

60 余年间，钟群鹏获得了许多教职荣誉；1989 年被评为北京市先进教师；1992 年获航空航天工业部突出贡献专家称号，享受国务院政府特殊津贴；2007 年被评为全国优秀教师。

在颁奖典礼上，校长王云鹏[①]发表讲话：

希望全体教职工向获奖教师学习，努力成为钟群鹏那样的"大先生"，做学生为学、为事、为人的示范。坚守立德树人初心，为党育人、为国育才，努力成为党和人民满意的"四有"好老师，为培养传承空天报国精神、堪当民族复兴重任的领军领导人才贡献力量，展现出一代代北航教师的贡献和担当。

钟群鹏表示：

今天我非常激动！我是北航办学的受益者，北航发展的参与者，北航卓越的见证者，我更是一名普通的教师，在北航建校 70 年之际，我的学龄加上工龄和北航同龄。希望北航继续产出"高创新、高水平、高质量、高影响、高贡献"。

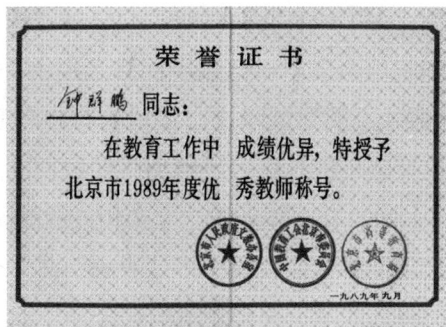

图 8-3　钟群鹏获得北京市 1989 年度优秀教师称号的证书（钟群鹏提供）

图 8-4　钟群鹏获得 2007 年教育部全国优秀教师称号的证书（钟群鹏提供）

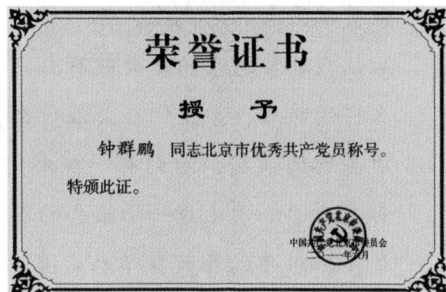

图 8-5　钟群鹏获得 2011 年北京市优秀共产党员称号的证书（钟群鹏提供）

---

　① 王云鹏（1966-　　），吉林省吉林市舒兰市人。中国工程院院士，现任北京航空航天大学校长、党委副书记。

为了报答北航对自己的培养、教育、信任和支持，在退休之前，钟群鹏将结余的科研经费 100 万元捐出，设立了"成才金奖"奖学金。如今，"成才金奖"奖学金已经成为材料科学与工程学院学生的最高荣誉，每年度评选一次，用来表彰那些在校期间勤奋学习、刻苦钻研、品学兼优的学生。2022 年获得北航"立德树人成就奖"之后，钟群鹏和陈懋章院士一起，捐出全部奖金，设立了"青出于蓝"奖学金，又一次彰显了传道授业、润己泽人的"大先生"风范。

钟群鹏作为北航材料学院教授，在向学生传播知识的同时，非常重视对学生思想品德的培养。在教学工作中，他始终坚持以人为本，以尊重学生个性特点为指导思想，遵循学生个性发展的特点，着眼于学生终身良好思想道德与行为习惯的形成，着眼于学生的全面发展。而且，在具体对人才培养的过程中也是高度重视且极其负责任的。

钟群鹏的同事和好友之一，现任西北工业大学党委常务副书记程基伟对他认真负责的育人态度就有着深刻的印象：

> 钟先生评上院士之后，材料系想让钟先生给全院的学生作一场报告。钟先生刚开始的时候不答应，他不答应的理由是当时系里还有其他贡献更大的老先生，他不够格。反复劝说后钟先生最终同意了，之后让我非常感动的是大概有三到五次在他家里面讨论现在的学生有什么样的特点，学生们在关注什么，他应该跟孩子们讲点什么。最后一次去他的书房，看到有一摞书大概堆得有半米多高，足足有十几本，都是为了给学生作一场报告的参考资料。前前后后准备了三四个月之久，2000 年的春天在学术交流厅举行报告，全系的本科生都去了，老先生讲了大概三个多小时，中间就休息了几分钟。讲完以后，我们又把先生的讲话总结成了一个书面的材料，发给每一届的新生。[①]

就是在那一次的报告中，钟群鹏系统总结了自己的治学理念："智慧来自勤奋，创新基于实践；做人先于成才，素质优于博才；力量系于集体，

---

① 程基伟访谈，2021 年 10 月 8 日，北京。资料存于采集工程数据库。

功绩归于团队；成功在于坚持，毅力源于理念；伟大寓于平凡，英才出自青年。"

2013 年，钟群鹏做客北航沙河校区首期"名师恳谈"活动，与本科一二年级学生面对面、近距离交流探讨。他在百忙之中用了半个月的时间对上次讲稿又进行了精心的修改，最后总结成了"三学""三会""三基""三成"

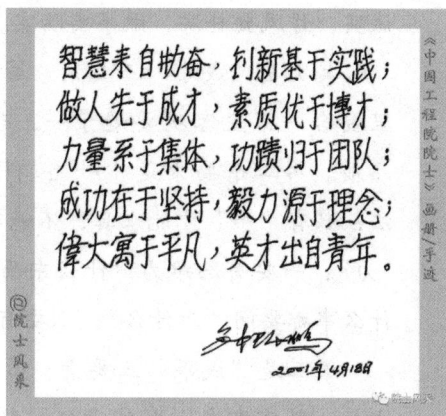

图 8-6　2001 年，钟群鹏总结的成才理念

理论：学习做人、学习做学问、学习做事；学会做人、学会做学问、学会做事；奠定成才的基石、夯实成才的基础、练就成才的基本功；成人、成才、成功。为同学们学习、创新、成才指明方向，其中浸透了几十年科学工作的亲身体悟以及深刻的失效学哲学理念。

2014 年八十寿辰之际，钟群鹏根据此前的成才理念，重新总结了自己的人生感悟和成才理念："智慧来自勤奋，创新基于实践；成功在于坚持，毅力源于理念；做人先于成才，素质优于博才；事业始于足下，伟大寓于平凡；精英出自少年，世界属于青年。"相关感悟被收录在世界知识出版社出版的《中国院士治学格言手迹》中。

2024 年九十寿辰之际，钟群鹏又将上述成才理念进行了修改拓展，总结了 12 句自己的人生感悟："智慧来自勤奋，创新基于实践；成功在于坚持，毅力源于理念；做人先于成才，素质优于博才；力量系于集体，功绩归于团队；事业始于足下，伟大寓于平凡；精英出自少年，世界属于青年。"

2016 年 6 月 16 日，钟群鹏又结合自己多年治学经验，首次提出了"三学""三会""三成"的成才理念，其中心是"成人、成才、成事"。

首先是"成人"三要素。第一个要素是"爱"：爱国、爱党、爱民、爱单位、爱职业，这是做人的基石。第二个要素是"自"：自律自强，要发挥主观能动性，努力成才。第三个要素是"实"：做人要诚实，作风要朴实，做事要踏实。

其次是"成才"三要素。第一个要素是"一"：言行要统一，表里要合一，主客观要趋于一，理论与实际统一，"一"是做学问的品质。第二个要素是"严"：科学的严肃精神、严格精神、严格方法，只有"严"才能求真，不能有半点的虚假和伪造。第三个要素是"力"：一要有思维力，什么东西都要思维深入思考；二要有批判力，什么事都要问"为什么"；三要有创造力，又立又破，不拘一格。

第三是"成事"三要素。第一个要素是"坚"，坚守岗位，坚守立场，坚守职务，坚守责任，坚定方向，坚持不懈。第二个要素是"吃"，要吃苦，吃苦才能立志；要吃亏，吃亏得福、得到拥护；要会吃堑，吃堑是长智，增加知识。第三个要素是"基"，做事一定要有良好的人文基础，要有良好的人文修养；要有扎实的科学基础，才能应付各种复杂的场面；要有扎实的实践基础，实践是提高知识的途径，实践是提高直接知识的重要方式之一，间接知识是不牢靠的，直接知识才是牢靠的。

"爱严一坚基，实吃自力成"这十个字的成才理念，钟群鹏通过跟研究生多次座谈，得到学生的响应，成为学生的座右铭。和学生相处时，他常常用自己的亲身体会告诫学生：

不要向社会、向别人索取什么，要看自己能给社会、给别人带来什么，踏踏实实地做好自己的工作，为将来的发展奠定坚实的基础。

要想成为一名对国家、对社会有用的人才，要做到三学、三会、三基、三成，即学习做人，做好人，奠定人生基石，成人；学习做学问，学会做学问，奠定科学基础，成才；学习做事，学会做事，奠定基本功，成功。品德先于做事，素质优于水平，使他们立足社会，尽好责任，作出贡献。[1]

---

[1] 钟群鹏访谈，2021 年 11 月 18 日，北京。资料存于采集工程数据库。

春风化雨更护花

60余年执教生涯，钟群鹏可谓是桃李满天下，尤其是后期培养的50多名博士后、博士和硕士中，有不少已成为骨干、中坚。比如张峥（教授、博导，中国机械工程学会失效分析分会理事长，第五届中国青年科技奖获得者）、朱立群（教授、博导，北航材料科学与工程学院党委书记）、贾国栋（获得国家科学技术进步奖二等奖两次，中国标准创新贡献一等奖等省部级奖励十余次，曾任国家质检总局特种设备安全监察局局长，现在是中国特检院副院长）。

钟群鹏不仅关注学生们的学业，更关心他们的生活。有的学生家庭条件不好，钟群鹏千方百计为他们解决生活中的困难，在早期科研经费十分紧张的情况下，自掏腰包为学生垫付生活费，并经常请学生到自己家里来吃饭。

钟群鹏的学生中有一些是在职博士生，平时在各自单位承担繁重的工作任务，钟群鹏就主动牺牲自己的休息时间，在晚上或者周末指导学生。学生觉得过意不去，他却说："你们肩负着振兴祖国航空航天事业的重任，你们的时间很宝贵，我牺牲一点没什么。"每当学生要毕业的时候，也是钟群鹏最忙碌的时候。他对学生的要求十分严格，论文的质量必须达到他的要求，不能有半点马虎。学生们遇到困难时，也总会找到他寻求帮助，小到科研中遇到的问题，大到人生目标的规划，他们总会从钟群鹏那里得到满意的答案。在学生的眼里，他不仅是学识渊博的导师，更是慈爱的家长。

每当谈起恩师，学生们总是有说不完的感激和崇敬。钟群鹏开办的第一个专业金属陶瓷班的班长王崇琳，算得上是钟群鹏最早的学生了，从1962年毕业分配到中科院金属研究所之后，两人一直保持着联系，师生之情维系了60多年。毕业之后，钟群鹏始终关注着王崇琳的发展，得知王崇琳在金属所从事高温烧蚀材料和粉末冶金工作时，他将自己的上下两册英文版《粉末冶金教程》（*Treatise on Powder Metallurgy*）送给王崇琳。20世纪80年代，金属所建立疲劳与失效国家实验室，钟群鹏应邀担任该实验室的学术委员，常来沈阳开会，每次都来王崇琳家看望。2016年，王崇琳专门去北航拜访钟群鹏老师，还特意送钟老师《相图理论及其应用（修订版）》，还受金属研究所创建者李薰先生女儿李望平之托，送他《李薰传》。钟群鹏则送给了王崇琳自己写的《断口学》和《裂纹学》。

回忆起与钟老师的交往，王崇琳百感交集：

大学分配时，我第一个就去拜访了钟老师，钟老师那时就指导我做人要又红又专。80年代从德国留学回来，一段时间工作中遇到不顺，钟老师还专门到我家鼓励我。那时候，觉得钟老师特别平易可亲。有一次到北航出差，到钟老师家拜访，他亲自下厨做鱼招待我，至今回想起钟老师在厨房挥舞锅铲的情形，我都是特别感动！[1]

图8-7　2002年，北航陶瓷班聚会（右3为钟群鹏，王崇琳提供）

---

[1] 王崇琳：我们从这里起航——记北航七四大班的五年大学生活。2019年，未刊稿。资料存于采集工程数据库。

图 8-8　2012 年，北航陶瓷班聚会（前排左 2 为钟群鹏，王崇琳提供）

后来，王崇琳和陶瓷班的同学到北航参加 50 周年、60 周年校庆时，钟群鹏都特意赶来和同学们聚会，还即兴表演苏州评弹。

张峥被钟群鹏众多的博士、硕士学生戏称为大师兄。他是跟钟老师接触时间最长的学生，从 1987 年推荐研究生的时候开始跟钟老师接触，到 1991 年硕士毕业留在北航工作，再到 1998 年博士毕业，乃至其后评上北航教授，一直跟随钟老师从事跟失效分析、材料科学与工程相关的教学、科研工作。钟老师最早创立的中国机械工程学会失效分析工作委员会，张峥也一直在里面兼职工作，现在已经是该分会理事长。

图 8-9　钟群鹏即兴表演评弹（王崇琳提供）

作为大师兄，张峥几乎参加了钟

群鹏后期所有的重大失效分析研究和案例调查，可以说是钟群鹏最为主要的助手。由于接触时间长，又常年在一起工作，张峥与钟老师之间建立了近乎父子一样的情谊，日常也常去钟老师家请教、蹭饭。张峥后来回忆，对钟老师的最大的感触就是"开朗、勤奋、执着、认真"：

> 钟老师性格十分开朗，我们在一起谈事情，谈到会心处，钟老师常常发出特别爽朗的大笑声，这笑声经常感染得我也开朗了不少。还有，钟老师待人热情，见人必握手，握起手来特别有力。我第一次和钟老师握手，感觉好像被一个铁钳夹住，疼得手直发麻。
>
> 刚读钟老师的研究生，经常到他家里去，那时钟老师的家很小，但是钟院士跟李老师两个人一人一张桌子，桌子前面就是书架，上面都摆满了书，每次去了都很振奋，感觉50多岁的人每天还都这么勤奋地工作，我觉得我自己现在跟他们相比差得很大。①

人们常说，患难见真情，张峥和钟老师的情谊还真在一次灾难中得到了验证。2008年5月11日，钟老师带张峥几个学生去空军5719厂进行交流，到了四川彭州，原计划5月12日下午2:30开始交流汇报。两点多，张峥来到钟院士的房间，打算一起去会场，然后就发生了汶川大地震。张峥刚走进钟院士的房间，突然感觉到一阵地动山摇，张峥没有经验，没想到是地震，钟院士说了一声："地震了！"张峥下意识地就拉着钟老师趴在了地上，感觉墙上的挂件都要坠落下来，就一下扑到钟老师身上，张峥是下意识想着去保护钟院

图8-10　2024年，钟群鹏在生日座谈会上与张峥合影（有移亮提供）

① 张峥访谈，2020年11月11日，北京。资料存于采集工程数据库。

士，根本没想那么多。

好在彭州的地震没那么严重，最后钟群鹏一行都安全脱险。后来，每每提到这件事，钟群鹏很是感激和得意，常对别人说："看看我的这些学生！"

王宏伟是钟群鹏 2006 年收的博士研究生，如今在中国检验检疫科学研究院工作。作为钟院士门下少有的女博士，钟群鹏对王宏伟的学业指导更耐心、细致。第一次见面的时候，钟院士就对她提了一个要求——老老实实做人，踏踏实实做事。

> 印象特别深，现在这句话也成为我的人生信条。接触过钟院士就知道，他渊博的学识，敏锐的思维，真正让人感觉到学者的风范，特别是他的那种求学务实的精神让我终身受益。[1]

日常学习，钟院士对王宏伟要求很严格，平常是每周开一个组会，大概两三周会单独去钟院士家里去汇报。钟院士给王宏伟讲问题不会照本宣科，而是用生动的例子或者详细的数据来说，每次都很风趣。"钟院士的笑声也很爽朗，听起来很亲切，跟他握手的时候每次都感觉特别有力，整个人都充满活力。"

这其中，最让王宏伟印象深刻的有一件事。当时她做的课题是声发射检测，但觉得声发射的就业面特别窄，思想产生了一些波动。钟群鹏了解情况后对她说："你不要考虑那么多，把自己的事踏踏实实做好，不管是做声发射还是别的研究项目，理论和思路是共通的。就业的事情，你专业强的话，老师还是能帮你的。"钟老师的话让王宏伟觉得豁然开朗，之后也如钟老师所言，专业过硬，毕业和就业都很顺利。

王宏伟是毕业前遇到了瓶颈，钟群鹏另一个博士生孙永庆则是毕业后遇到了发展瓶颈。孙永庆 2006 年毕业后进入钢铁研究总院工作，两三年后，自己承担的几个项目遇到了材料性能研究方面的困难，一时进行不下去，就去拜访钟老师，寻求帮助。孙永庆遇到的问题和钟群鹏失效分析研

---

[1] 王宏伟访谈，2020 年 9 月 6 日，北京。资料存于采集工程数据库。

究不太相关，但钟群鹏作为一个学问大家，很能触类旁通，立刻从技术、专家推荐、管理、材料应用和评价方面，给出了几条颇有建设性的建议。孙永庆对此感受颇深：

> 那个时候钟老师已经七十多岁了，但我感觉他的脑力相当充沛，就像一个精密的机器一样，钟老师渊博的知识储备，还有对整个问题的站位很高的战略性考虑，一下子就让我豁然开朗。[①]

肇研是钟群鹏 1996 年招收的在职博士研究生，如今已经是北京航空航天大学材料科学与工程学院教授、博士生导师，她对钟老师最深的印象就是坚持原则。肇研毕业留校时，钟群鹏已经是北航学术委员会主任，肇研评选高级职称时，连续三次才评上，钟群鹏一点没有给自己的学生开方便之门。肇研第二次评选时，大家都觉得她应该评上了，因为从教学、科研、获奖、专利、文章等方面，肇研都有较为出色的表现。但当时评选的人较多，最终肇研再次落选。钟老师对肇研说："按照评选的条条框框，你确实够格，但评的人很多，大家都在排队，你要做得比别人多才能排到前面，你才能先上，不然只能再慢慢努力。"[②] 后来，肇研按照钟老师的要求，第三次才评上教授职称。

还有一件事对肇研很有触动。一次，肇研做碳纤维的研究，请钟老师做顾问，提供了一些数据资料。那时钟老师的眼睛已经不太好，拿着放大镜认真地看，数据中有一个纵横坐标，是肇研从文献上摘的。钟老师就问肇研：这个横坐标是什么？纵坐标是什么？你这条曲线是什么意思？肇研一时无法回答。这件事给了肇研一个特别大的教育。如今，肇研自己也带学生，她也要求他们对自己论文中每一个数据、每一个图标都要知其然还要知其所以然：数据、曲线自己做的还是引用的？实验数据是怎么样？你引来的是怎么回事？所有一切都要清清楚楚，这也算是钟群鹏治学精神的一个传承了。

---

① 孙永庆访谈，2020 年 9 月 6 日，北京。资料存于采集工程数据库。
② 肇研访谈，2019 年 11 月 7 日，北京。资料存于采集工程数据库。

当然，由于都在北航工作，日常接触较多，肇研和钟群鹏师生间的感情就显得尤为深厚，互相都会关心家里的事情，各自身体的状况。尤其是钟群鹏的小孙子和肇研的女儿还是小学同班同学，钟老师日常都会关心一下两个人的学习情况，即便如今两个人都上大学了，钟老师还会时不时问一下。

贾国栋也是钟群鹏的得意弟子之一。在贾国栋眼中，钟老师不仅是学识渊博的导师，更是慈爱的家长。贾国栋记得毕业时找工作，想要找到专业对口的单位非常不容易。当时钟老师就亲自写了一封推荐信，向特检院的前身锅炉压力容器安全检测中心的领导推荐贾国栋，很快贾国栋就收到了面试通知，当时正是1997年机构改革，检测中心已经有七八年没有进过新人了，而贾国栋因为专业出色，再加上钟群鹏的推荐，很快顺利入职，此后在单位兢兢业业干了二十多年，如今成为中国特检院副院长。

贾国栋接受专访时对钟群鹏有一个评价，颇能代表钟群鹏弟子们对老师的共识：

我认为钟老师是一个"大家"，主要体现在他的思维、他的见识比我们要高出一头。他看问题的高度和角度总是比较高，比较独特，有自己的见解。他总是能透过现象看到事物的本质，这个能力太强了，水平总是很高，不是一般人能够达到的。即便是我们有一些生活上的问题请教，他也能站在一个更宏观的视角上为你解惑。

钟老师对事业非常执着热情，他有一种家国情怀。即使他现在的视力不好，但是依然勤奋，这是一般年轻人都做不到的。他经常一两星期就想一件事，就是科研、课题、学校或是国家的事，非常专注。一个人不仅要有水平，格局也很重要。

钟老师是一个非常

图 8-11　2024年，钟群鹏在生日座谈会上与贾国栋合影（有移亮提供）

严谨务实的人。他做事情非常实在，从来不搞表面功夫和形式上的东西。我经常说钟院士做事情顶天立地。"顶天"就是想问题很高，站位高，"立地"就是做事情脚踏实地。[①]

有移亮也是钟老师的博士生，他于 2005 年 4 月研究生毕业留校开始担任钟群鹏的秘书，先后有 19 年时间，对钟云鹏晚年的情况最为了解。他也是采集小组的核心成员，对采集工程做了大量的工作。谈及钟群鹏对自己的关心，有移亮也是感慨万千：

> 毕业留校，钟先生那时候刚好要招秘书，钟老师知道我家里比较困难，就特意将我招为他的秘书。这个秘书是学校特批给钟院士的，有编制、有津贴。而且，后来我妻子从北京师范大学硕士毕业之后，钟老师还十分关心她找工作的情况。我母亲有轻微脑梗，钟老师知道了就特别关心，买什么药、吃什么药都给了很多建议。[②]

除了生活上的帮助，钟群鹏更关注有移亮的学业。硕士毕业前的一次聚会，有移亮对钟老师说希望以后有机会能读他的博士。硕士毕业找工作的时候，钟老师就问有移亮："你不是说要读博士吗？"有移亮有些尴尬，

图 8-12　2024 年，钟群鹏在生日座谈会上与有移亮合影（有移亮提供）

那时他家里条件确实不好，不允许他再专职读博士，所以想先工作。钟群鹏了解了情况，在后来自己找秘书的时候就特意选了有移亮。2008 年，有移亮考上了钟群鹏的在职博士，就一边继续给钟群鹏当秘书，一边读钟群鹏的博士。这个过程

---

① 贾国栋访谈，2021 年 2 月 23 日，北京。资料存于采集工程数据库。
② 有移亮访谈，2019 年 5 月 27 日，北京。资料存于采集工程数据库。

中，有移亮和钟群鹏接触的就更多了，天天在一起，到钟老师家里吃饭也是最多的，受钟老师教诲也是最多的。对于钟群鹏的治学理念，也是深有体会。

钟老师工作是个急性子，一刻也等不得。有时想起什么事情，常常是一个电话就把我叫到家里，一谈就是大半天。我在钟老师家里蹭饭，大多都是因为上午的工作没谈完，要吃了饭继续谈。

钟老师眼睛不好，我给他准备的资料，一开始是三号字，后来二号字、一号字，越来越大。钟老师准备稿子，基本上都是先写手稿，我替他打印出来，然后老师再校稿，钟老师校对非常认真，每一个稿子基本上都要七八次才能定稿。后来，钟老师眼睛基本看不清楚了，就自己口述，让我打印出来，读给他再校对。而且，每次讲话，他都能把讲话稿基本背下来。有一次在晨兴音乐厅他一口气讲了45分钟，80多岁的老人站着一动不动讲完，别人帮他放着PPT，他讲的和PPT上几乎一字不差，这种认真的个性和超强的记忆力真的不是凡人能比的。①

图 8-13　2024 年，钟群鹏在生日座谈会上与学生合影（有移亮提供）

① 有移亮访谈，2019 年 5 月 27 日，北京。资料存于采集工程数据库。

在钟群鹏的学生中，有一个人比较特殊，就是分配到中国特检院的左尚志博士。对于这个学生，钟群鹏十分看重，常说"这是我最爱的一个学生"。不幸的是，左尚志因意外英年早逝。钟群鹏的其他弟子都说，如果左尚志不发生意外，会是钟院士弟子中最优秀的，应该是学生里最有可能成为院士的人。钟群鹏平时对左尚志照顾有加，就像对自己孩子一样。这件事发生后，钟群鹏受到打击，好久都没能走出来，时常念叨，有时候还会伤心落泪。人们说"落红不是无情物，化作春泥更护花"。钟老师对自己的学生，同样也有一种护花之情，春风化雨，其情更甚！

佼佼苍松凛巍峨

图8-14　2024年1月10日，钟群鹏获评第七届"感动北航"榜样人物（钟卫提供）

2024年1月10日下午，第七届"感动北航"榜样人物和群体颁奖典礼在北航晨兴音乐厅隆重举行，钟群鹏院士获评第七届"感动北航"榜样人物。颁奖词这样写道：

解密失效，他是航空航天安全事业中的"火眼金睛"，攻坚克难，一句祖国的需要就是他的铿锵誓言。"银丝映日月，热血沃新花"，是他几十年如一日的注脚。

此时，钟群鹏已经九十高龄，满头白发的他在学生搀扶下走上了讲台接受颁奖。尽管眼神不济，脚步蹒跚，但在接受奖项的那一刻，钟群鹏还是习惯性地挺直了腰板，颇有几分"青松不老，巍然屹立"的气势，讲起话来，依然是声如洪钟，条理清晰。

我是一个在北航学习、工作、生活和北航同龄的老学友，我是北航办学的受益者、北航发展的参与者、北航辉煌历史的见证者。我对北航有深厚的感情，我希望北航在过去的基础上达到"四高"——高文化、高质量、高影响、高贡献。"四高"加"一高"，那就是高等院校。

鲐背之年，钟群鹏心心念念的还是北航的发展，话里话外透露的是老一辈北航人执着奋进的精神。而这种精神，也是感动北航、促进北航不断发展的动力。颁奖礼上，北航党委书记赵长禄对这种精神进行了阐释：

一届届"感动北航"获奖者是一代代北航人拼搏奋进的精神写照，也是指引后来者创新进取的行为示范。要传递精神的力量，秉承"德才兼备、知行合一"的校训，向"感动北航"榜样人物和群体学习，学习他们的家国情怀，学习他们的师者匠心，学习他们的敢为担当，学习他们的大爱善行。

回顾钟群鹏与北航共同奋进的 72 年历史，有着无数"感动北航"的点点滴滴。

感动之一，钟群鹏是一个不折不扣的"工作狂"。

在北航读书的时候，钟群鹏就被同学们称为"拼命三郎——钟三"，日常学习，"工棚里上课，路灯下读书"是常态；为了体育达标，原本不擅长体育的他，日夜苦练，硬是获得了班里"唯二"的劳卫制优秀奖章奖励；突击毕业论文时，点灯熬夜，甚至为此身体严重受损，还得了夜盲症。

走上工作岗位，钟群鹏是同事眼中的"工作狂"，即便年岁已高，依旧奋战在学术科研第一线。用同事们的话来说，他是在用"一只眼睛、一个肾、一条腿"来工作。

钟群鹏因工作罹患青光眼，左眼视力已经为零，常常借助放大镜加班到深夜。其间做过两次青光眼手术，一次白内障手术。从 2014 年开始接受中西医综合治疗，维持微弱视力，后期靠听力和反复记忆达到工作的基本要求，用超出常人的毅力和青光眼斗争。大夫建议他多休息、少工作，

图 8-15　钟群鹏使用过的 8 个放大镜（钟群鹏提供）

但他从来没有遵从医嘱。2002 年，刚做完第一次青光眼手术，戴着眼罩就参加了北航学术委员会的换届选举；"985 工程"二期校内验收评审会召开前两周，钟群鹏刚做过青光眼手术，大夫一再叮嘱他要静养，可他作为专家组组长却放不下学校的工作，会前请人讲解，会上集中听汇报，坚持参加了全程评审，圆满完成了专家组工作。

钟群鹏的右肾先天性偏小，只有红枣大小，还患有肾上腺增生，导致高血压、低血钾，即使在这样的身体状况下，他依然在坚持工作。

钟群鹏的一条腿走路非常不稳。那是"文化大革命"期间在"五七"干校"搬石头、扛大个"时留下的痼疾。那时候，钟群鹏的腰和腿都因繁重的体力劳动受到极大的损害，还曾经因此瘫在床上一个月，不能动弹，最后靠自己的毅力恢复了走路功能。腿脚不好，加上一只眼失明，钟群鹏走路经常会摔跤，家人和朋友常劝他减少外出，他却说："这是工作需要，只要我还能走路，我就会坚持走下去。"

感动之二，是钟群鹏的执着和坚持。

小时候的苦难生活，造就了钟群鹏坚毅执着的性格，心中认定的事情，九头牛也拉不回。

1951 年 8 月，作为优秀团干部，钟群鹏被浙江省团省委保送到中央团校第四期短训班学习，毕业后，组织初步分配钟群鹏留在团中央办公厅工作。大好机会，他却放弃了，因为从小就有"科学救国"的家训，这是钟群鹏一直坚持的信念。最终，钟群鹏放弃团中央的工作，通过补习投考大学。

"文化大革命"后期，党中央提出"复课闹革命"，钟群鹏很快提出了"复课闹革命"的计划，却受到"红教工"的批判，认为是"沉渣的浮起"。但钟群鹏仍然坚持这一计划，认为年轻人一定要学会科学知识。他冒着危险和"红教工"进行争辩，最终，不仅带领1963年入学的材料学院本科生补习专业课程和实验技能，还带他们去了洛阳高速柴油机制造工厂（407厂）实习，用劳动指导实践，还开设了金属材料力学性能课程。最终成功带领这批学生毕了业。

在处理1997年北京东方化工厂爆炸的特大事故时，钟群鹏作为专家组组长系统分析了事故的原因，给出了科学的结论。而结论一时却得不到北京市的认可，钟群鹏据理力争，坚持自己的科学观点。在后期，他甚至因此被开除出了专家组。但思来想去，反复论证，他认为自己的结论是正确的，就坚持到底。这期间，钟群鹏甚至亲自给朱镕基总理写信，最终，钟群鹏的坚持得到了回报，他的论断得到了国家的认可。

不仅仅是工作上，在生活上，钟群鹏的坚毅执着也是大家所共知的。"五七"干校劳动造成了钟群鹏腰腿的损伤，后来去医院检查，医生告诉他，腰椎的损伤连带了一条腿部神经的损伤，长此以往，一条腿的肌肉会逐步萎缩，瘸腿甚至是丧失腿部功能都是大概率的事情。要缓解这一问题，就要坚持锻炼和复健，加强腿部力量。于是，钟群鹏下定决心，一定要加强受损腿的肌肉训练。怎么练呢？由于日常工作非常繁忙，钟群鹏采取的方法就是单腿跳，利用一切时间进行锻炼。上下班的路上跳着走，上下楼梯也跳着走……那段时间，钟群鹏的单腿跳成了北航一景，"独腿神功"可以说是家喻户晓。这一

图8-16　2003年，钟群鹏（右3）会见诺贝尔物理学奖
获得者丁肇中教授（钟群鹏提供）

点，钟群鹏的儿子钟卫也是记忆犹新。"我那时候年纪小，别的事情印象不深，就记得父亲在宿舍楼的楼梯上单腿跳上跳下，觉得特别有趣。这个印象让我觉得父亲特别强壮。"[1]

由于坚持不懈地进行单腿跳，钟群鹏腿部功能得到了有效的恢复，年纪大了之后，尽管走路还是有点瘸，一条腿比另一条腿要细上三厘米，有些不协调，但走路的功能却没有丧失，工作生活受到的影响不大，这也是对钟群鹏执着毅力的一种回报。

感动之三，是钟群鹏的人生智慧与豁达的性格。

回忆自己这一生，钟群鹏曾经说：

人在世就做一段事，做了一点点成绩就走了，生老病死是规律，要利用好这个规律，使得自己对人民有更大的贡献。我的追求是做好人，我努力一辈子追求的目标就是做个好人。

谈到自己对"做好人"的追求，钟群鹏说：

第一，要做干净的人，身体要干净清洁，衣服要整洁，行为要廉洁，思想要纯洁。

第二，要做善良的人，以善为本，乐于助人，体贴他人。

第三，要做快乐的人，要苦中求乐，乐于助人，万事求乐。好坏都要从好的方面再分析，克服坏的方面，要有积极性。

第四，要做勤奋的人，要跟懒惰做斗争，不懈怠，不撂挑子，不退缩，奋勇前进，不断努力。

第五，要做自强的人，要自立、自理、自律、自勉，动态自强，要在任何环境、任何事情上都要最大限度地发挥主观能动性，并多方争取外援，完成交给我的任务和使命。

最后，要做感恩的人，我感恩每一个人，帮助我的每一个细节，

---

① 钟卫访谈，2024 年 8 月 28 日，北京。资料存于采集工程数据库。

帮助我成人，帮助我成事，帮助我做好每一件事。没有他们，我就做不好每一件事。我感恩，铭记一辈子，我对恩人是记忆在心，总要有回报。[①]

钟群鹏追求的这"六种人"是他独特的人生智慧感悟。其中，做到的要努力保持，做不到的也爽快承认差距，留待继续努力。字里行间，也透露出一种对待人生豁达与幽默的态度。

对于钟群鹏的幽默，他的秘书有移亮深有感触：

钟院士退休之后，有一年暑假在学校里边不慎摔倒了一次，较为严重，当时北航的李未院士也看到了。这引起了时任北京航空航天大学党委张军书记的关注，要求钟院士身边要时时有人，对我也提出了多关注钟老师的要求。但钟老师自己对这个事却没有看得太重，还私下和我说，他已经研究了怎么摔倒会对自己的损伤最小，他说他将这招取名"就地十八滚"，只要一摔倒就蜷成一个团，然后往前"骨碌"，这样的话就不会摔到自己的头。这当然是笑话，钟老师和我说的时候，把我逗得直乐，但我从中也感受到钟老师是非常乐观、非常幽默的人。[②]

感动之四，是钟群鹏的奉献精神。

老一辈北航人，筚路蓝缕，创建北航，身上都有一种对事业、对祖国的奉献精神。他们往往更看重的是自己付出了多少，而不求有什么回报。这一点，在钟群鹏身上有着集中的体现。

钟院士曾经说过："党的需要就是我的志愿。"1955年，他接受组织安排，离开热爱的飞机施工专业，调到了材料科学与工程学院，在艰苦的环境下发奋学习，通宵达旦，获得了全优的成绩。大学期间，他一直担任班级的团支部书记，所在团支部被评为优秀团支部，并于1954年9月加入中国共

---

① 钟群鹏：成长过程要点简述。2024年，未刊稿。资料存于采集工程数据库。
② 有移亮访谈，2019年5月27日，北京。资料存于采集工程数据库。

产党。这期间他不仅自己努力学习，还尽力帮助其他同学的学习和生活。

创业阶段，钟群鹏事业有成，被评为中国工程院院士。原本可以享受成功，但他却在身体不好的情况下，毅然担任了北航学术委员会主任，在专业之外，为北航提供管理服务，积极参与学校发展战略规划，以其远见卓识、创新思维，在北航发展理念、战略定位、远景目标、文化传承等关键性的战略选择过程中，都提出了宝贵的具有战略思维的咨询意见，为学校的重大战略决策和战略规划制定作出了不可替代的贡献。他也因此成为北航科学与管理两大领域都卓有建树的老科学家。2009 年，习近平到北航视察时，钟群鹏也作为代表受到了习近平的接见。

2014 年 10 月 25 日，北航材料科学与工程学院举行了纪念钟群鹏院士从教 60 周年大会。在会上，怀进鹏校长回顾了钟群鹏从教 60 年和担任学术委员会主任的 12 年历程，对钟群鹏的奉献精神深有感触：

> 钟先生对教育的激情、科研的激情和国家的忠诚令人敬仰与感动。正是以钟先生为代表的一代代北航人，凝聚了一种杰出的品质，汇总形成了一种继往开来的力量，汇聚成了北航"爱国奉献、敢为人先、开放包容、笃行坚卓"的精神。这种精神和品质必将激励我们以面向未来的胸怀去思考和行动，也将帮助我们进一步认清发展中的重大问题，从困惑中找到发展的机遇，赢在转折点，最大限度地激发师生的内在动力，推动学校综合改革，全力打造强大的"北航发展"，为实现"建设空天信融合特色的世界一流大学"而努力奋斗。庆祝钟先生从教 60 年，就是传递他的精神，传送他的品格，从而融汇成为北航精神，北航品格。

功成名就，收入增多，钟群鹏却从不在意金钱。2019 年，他将课题结题经费 100 万元捐出，在材料科学与工程学院设立"成才金奖"奖学金，旨在激励当代材料学子立志、立德、立言、立学、立业、立行，最终成人、成才、成事，投身"两个一百年"奋斗目标的伟大事业中。2021 年，钟群鹏又捐出 100 万元课题结题经费，设立北航管理服务贡献奖，作为学校首个设立的管理服务工作校级荣誉，激励那些"扎根基层、爱岗敬业、实绩突出、师生满意"的管理服务一线人员。另外，在获得2022年北航"立德树人成就奖"之后，钟群鹏和陈懋章院士一起，捐出全部奖金，设立了"青出于蓝"奖学金。

2018年，钟群鹏按照组织的安排退休。他在退休感言中谈得最多的还是对北航的奉献以及对北航未来的期望：

> 我今年84岁，今年组织安排我退休，我从内心感觉到很欣慰，因为我的前半生就跟北京航空航天大学系在一起，荣辱与共，共同奉献，我希望北航能够在未来的征程当中，克服一个一个的困难，踏实、持续、不断地取得进展。我们北航有着很好的基础，在这个基础上，我们一定要在世界一流学科当中做出努力。我们现在有那么大的人才基础，我们一定要在人才基础上更进一步地发展。我们有那么多院士，我们一定要在最高奖上作出贡献，使得航空航天成为我们国家强盛的一个基础、一个显示度、一个立足点。

正直、无私、严谨、豁达、幽默，这是钟群鹏留给所有跟他共事过的人的印象。一路走来，他的人生始终凝聚着对科学的执着、对事业的热爱、对真理的坚持、对正义的勇气、对人生必胜的信念、对党的忠诚、对祖国无私的奉献。

白首一生最相知

中国当代知名作家冯骥才有一首诗：

> 择一城终老，遇一人白首。挽一帘幽梦，许一世倾城。写一字诀别，言一梦长眠。我倾尽一生，因你无期。

图 8-17　新冠疫情期间，钟群鹏夫妻走在北航校园内（钟卫提供）

择一人相爱，等一人终老。痴一人深情，留一世繁华。断一根琴弦，留一曲离别。我背弃一切，共度朝夕。

诗里描述了对爱人的执着深情："我要在一个城市度过余生，与一个人白头偕老。我要与你一起分享美好的梦境，承诺一生中只爱你一个人。"对钟群鹏而言，那个可以共度一生、白首相知的人，只能是李敏。

从 1965 年结婚至今，钟群鹏和李敏已经一起走过了 60 年的岁月，两人的爱情，已经成了北航的一段传奇。

这段传奇始于 1963 年。那时钟群鹏已经是近 30 岁的大龄青年了。一次，在北航饭厅吃饭时，他看见一个穿黄夹克、扎辫子的小姑娘，让他眼前一亮，顿时有了心动的感觉。多方打探，得知姑娘名叫李敏，1955 年入学北航飞机设计专业，目前留校在北航飞机设计系 505 教研室工作。

怕贸然接触会被直接拒绝，钟群鹏采取了"迂回战术"，三路分进向李敏发起试探性进攻。第一路是在饭厅打打照面、混个脸熟，并且请李敏宿舍斜对面的万翛如老师吹吹耳边风，去说和。第二路是找机会通过她室友"套瓷"。室友陈星煌（演员陈冲的姑姑）是李敏的好朋友，文学和唱歌都挺好，李敏也爱唱歌，两人兴趣相投。李敏自己胆小也没经验，就通过室友考察了解钟群鹏。钟群鹏当时看了些书，有时候谈谈苏联小说，虽然五音不全还挺爱唱歌，拿着外国民歌 200 首，跟她俩一起唱，大家都是学过俄语的，《喀秋莎》《莫斯科郊外的晚上》等优美的旋律，唱起来很有共鸣，这份通过室友带来的好感，让李敏觉得钟群鹏这人开朗，性格还不错，文采也可以。第三路就是领导撮合。说来也巧，钟群鹏所在党支部委员陈美芳老师的爱人张汉滨，正好是李敏的系主任，钟群鹏就托他俩推荐介绍。

三路进攻，颇见成效，李敏对钟群鹏渐渐有了感觉，觉得可以交往。其实，当初聪明漂亮的李敏是不乏追求者的。李敏哥哥有一个同学，十分英俊，留苏回国在郑州工作，就曾经追求过李敏；一个在国防部工作的同学也曾经追求李敏，但李敏都没有动心。当时别人介绍钟群鹏，李敏觉得钟群鹏是党员，在教研室当主任，能力挺强，又一直在积极追求进步，而且人长得也不错，又幽默又健谈，接触几回，觉得挺有共同语言。而钟群鹏则觉得李敏心态平和、心地纯洁、待人亲切，正是自己心目中的良配。于是，1963年的一个夏天，两人有了第一次单独散步的机会，就此逐渐拉开了交往的序幕。

不过，两个人热恋的日子没过多久，就被时代的大潮打断了。1964年，钟群鹏被分配到北京郊区搞"四清"，之后一年多的时间，两人聚少离多。虽说见面少了，但感情却是越来越深厚了。

那时候，钟群鹏基本一个月回学校一次。知道他在乡下吃得不好，每次见面李敏总给他满满装一大盒饭菜，上面放着猪头肉、蹄髈等。钟群鹏吃着香喷喷的饭菜，工作上的辛苦也一扫而空，心里也越发离不开李敏，就想尽快结婚。

中国人结婚讲究"父母之命，媒妁之言"。于是在1964年"四清"期间，钟群鹏抽空和李敏一起回老家见了各自的家长。

李敏家在南京，父母都是医务工作者。父亲李宜春是医生，毕业于河南大学医学院，为人很热心，还当了医院的工会主席，母亲雷祖英是药剂师，两人都在南京红十字医院工作，对于钟群鹏的情况，李敏父母已经有了基本的了解，见面后更是觉得这个小伙子不错。只是李敏母亲对长相有些敏感，随口问了句："脸色咋这么黑？"钟群鹏赶紧解释说："搞'四清'晒的。"其实，钟群鹏从小和弟弟在四野乱跑，脸就晒得黝黑，长大了也没有白过来。好在"黑脸女婿"能说会道，会讨丈母娘的欢心，李敏父母这一关算是顺利通过了。

其后，钟群鹏和李敏又从南京去往钟群鹏的老家上虞。时间紧迫，紧赶慢赶，到老家下车后已是深夜，离家日久，又是走夜路，路也不熟了，钟群鹏带着李敏沿曹娥江走了很久，才找到家门。这次归家没提前打招呼，算是给了父母一个大大的惊喜。父母见了准儿媳，自然是万分满意。而钟群鹏见到日渐衰老的父母，也是感慨万千。钟群鹏的父亲历来少言寡语，但这一次，却破天荒地提出来要带儿子看看上虞的风景。父亲带他到田里转，一路没说几句话，只是默默地流泪。回来和母亲说起这事，母亲告诉他："你爸爸带你去看的是祖田。"人世沧桑、风雨飘摇，千亩祖田如今只剩下四分薄田，"你爸爸也许是觉得没能给你留下什么东西，感到难过吧！"

征得父母的同意后，1965 年 6 月 12 日，钟群鹏与李敏办理了结婚手续，买了些喜糖发给同事，就算结婚了。

钟群鹏倒是难得对婚礼穿戴费了一些心思，花了几元钱，把一条旧裤子请裁缝翻了个面重新缝制一下，权作"婚服"，还特意到平安里的一个理发店理了个发。回忆婚礼的筹办，李敏说："我母亲当时寄给我 100 元钱，我们买了一辆凤凰牌自行车。"而钟群鹏此时却悄悄欠着 100 多元的外债，没敢告知新娘。"从 1956 年读研究生时开始，我就寄钱回家维持家用。工资从 28 元涨到 51.75 元，那算很多钱了，给爸爸 15 元，弟弟 10 元，平时又不知节省，结婚时穷困潦倒，欠了一屁股债。"别看平时账目糊涂，但结婚时钟群鹏却留了一个心眼："我不跟李敏说，她知道了，不跟我结婚可就麻烦了。"

当时住房普遍紧张，但学校给新婚夫妻却有一个特殊的政策，在招待所安排半个月的住宿，相当于今天的"蜜月"了。到了年底，钟群鹏已经是讲师了，学校就给他们分了一间房子。思源楼对面的 7 住宅 301 室，是一套三居室，钟群鹏夫妇被分在了其中最小的一间 9 平方米的房间，一住就是 9 年。

图 8-18　1964 年，钟群鹏与李敏结婚照（钟群鹏提供）

1968 年 9 月 12 日,李敏在南京老家生下了他们的儿子钟卫。一岁之前,钟卫留在南京由李敏父母养育。1969 年,李敏父母因"文化大革命"受牵连下放劳动,只能把钟卫接回北京。

图 8-19　1970 年,钟群鹏全家合影(钟群鹏提供)

孩子接回北京,钟群鹏夫妻的生活一时有些乱套。

第一就是没时间带孩子。夫妻两人是双职工,日常工作都忙,李敏当时一年至少需要出三次差,钟群鹏出差就更没数了,基本没时间带孩子。孩子还不到上幼儿园托儿所的年纪,只好托到别人家里带。后来,两口子商量坚决不要第二个孩子,也是因为实在没时间。

第二就是经济变得更紧张。两人当时的工资差不多有 125 元,每月要分别给两家父母寄钱,钟卫的托儿费 20 多元,加上喝牛奶,要 30 多元。再扣去日常的房租水电,剩下的也只有 50 多元了,这点钱也就只够一家人日常吃饭,基本没什么零用钱。这个时期,家里基本没添什么大件,连收音机都没有,钟群鹏记得自己最奢侈的一次就是买了刚上市的"的确良"衬衫。而且结婚时钟群鹏还欠有 100 多元外债,也得慢慢还。

第三就是生活条件艰苦。夫妻两住的那间 9 平方米的房间位于西北角,一到冬天漏风阴冷,只能用棉被当窗帘挂起来挡风,整个屋黑乎乎的。那段时间,钟卫年年得肺炎。直到几年后,他们换到了六号楼,虽然是一个只有 12 平方米的筒子楼单间,但冬天再也不那么冷了,还能在家工作了。李敏后来回忆说:"换到筒子楼,感觉一下解放了。我当时在筒子楼里完成了写书、写论文、画图。那时房子的书桌老钟和儿子用,我正在设计航天器返回舱的舱门,就把画图板拿回家,趴在床上画,钟群鹏当时还老笑话我。"[1]

好在随着时间的推移,钟群鹏夫妻的事业越来越好,收入也逐渐增

① 李敏访谈,2021 年 9 月 8 日,北京。资料存于采集工程数据库。

加。1989 年，一家人又搬到了一个两室一厅的房子，后来钟群鹏升为教授、院士，住宿条件也得到了改善，终于不再为生活而操心了。

但是，随之而来的，是钟群鹏越来越忙。这时的钟群鹏身体已经不太好，尤其是一只眼睛已经接近失明。1996 年，李敏也已经评上了教授，还有机会评博士生导师，这时恰逢钟群鹏在申请院士的关键时刻，李敏思虑再三，决定退休，专心照顾家里。李敏对钟群鹏说："我们家只能有一个人忙，如果两个人忙就不成家了，我就牺牲一下顾家吧。"①

此后 20 多年，因为有李敏做后盾，钟群鹏的事业得以蒸蒸日上，家庭也更加美满和睦。钟群鹏后来说："李敏的这个大爱，我一辈子感恩在心。而且，李敏一辈子培养了三个'钟'，她是我们家的大功臣。"

钟群鹏所说的三个"钟"，实际上就是指钟群鹏爷孙三个。

第一个"钟"就是钟群鹏。李敏对钟群鹏的支持和照顾，尤其是晚年，可谓是无微不至。

评上院士之前，钟群鹏的眼睛已经不太好了，那时候，李敏就开始为钟群鹏读资料，承担了秘书工作。评上院士之后，钟群鹏眼睛的情况每况愈下，就更离不开李敏的照顾。2002 年之后，钟群鹏先后住了五次院，前后加起来共 100 多天，几乎每次都是李敏陪护，同仁医院没有护工，只能李敏陪住。当时家里有小孙子，李敏每天在学校和广安门医院之间坐地铁通勤，十分辛苦。对于李敏的付出，钟群鹏十分感激：

> 我这辈子对李敏绝无二心。但是相对她来说，我的付出还是太少，家里里外事都靠她，我的眼睛不行，现在李敏就是我的眼睛，是我的家庭秘书，非常重要。②

老两口一辈子没吵过架，当然，矛盾还是有的。两人处理矛盾的方式颇有科学家风范，那就是两个人摆道理，谁正确就服从谁。比如 1982 年，钟群鹏承接了"北京民用在役液化石油气瓶 YSP-15 质量测定试验研究及

① 李敏访谈，2021 年 9 月 8 日，北京。资料存于采集工程数据库。
② 钟群鹏访谈，2018 年 11 月 23 日，北京。资料存于采集工程数据库。

普查制度标准"的课题。当时这个项目费用少，还很危险，需要用1000多个煤气罐做爆炸试验。李敏觉得危险，不想让钟群鹏干。但钟群鹏当时正处在推广失效分析、筹办失效委的关键时期，他认为这个事情对自己的事业有极大帮助，而且实验规划严密，出危险的概率很低。最终两人协商，李敏做了让步。钟群鹏最终平平安安地干出了成果。

再比如1980年，系里推荐钟群鹏去英国克兰菲尔德大学做访问学者。李敏虽说也支持他出国，但当时钟群鹏国内失效分析的事业刚有起色，平时特别忙，再加上上学时学的是俄语，改学英语也挺吃力，李敏觉得此时出国未必是最好的选择。这件事钟群鹏听了李敏的建议，最终放弃出国的机会。

类似的事情还很多，两个人几乎都是这么解决的。如果一时谈不下来，那就搁置一下再谈。当然，生活上的事情一般都是李敏做主。老两口就这样相互扶持，携手走过了60年。

第二个"钟"是培养了儿子钟卫。

钟卫基本上是李敏一个人带大的。那时候，住宿条件不好，儿子年年得肺炎，都是李敏带着上医院。钟群鹏去"五七"干校学习，一走一年，李敏边上班边带孩子。当时李敏一次买一个礼拜的菜，为保证孩子营养，除牛奶之外，每个礼拜买一次带鱼，当初最好的带鱼是

图 8-20　钟群鹏夫妻和儿子、儿媳、孙子合照（钟卫提供）

图 8-21　钟群鹏夫妻和孙子钟舸通合照（钟卫提供）

图 8-22 2021年李敏去医院，钟群鹏陪在身边（钟卫提供）

6毛3一斤，次好的是4毛5一斤，再次一点的是3毛3，最次的是2毛5，她一般买最好的或者次好的，切成块做好了，每天细心地照顾儿子吃一块带鱼，自己吃馒头加咸菜。钟卫小时候脾气不好，李敏耐心地教，后来脾气越来越像妈妈。日常学习也是李敏辅导。后来，钟卫大学被保送北航，免试读硕士，都是李敏关注的更多。

第三个"钟"是钟群鹏的孙子钟舸通。

钟舸通上小学的时候接送都是李敏负责。李敏整理钟舸通的档案非常细心，儿子儿媳都称赞不已，什么时候生的、体重的变化、得病的经历、什么时候得了奖状、什么时候主持了活动、哪天犯了错误……全都仔细记了下来。她以言传身教，教育了钟舸通。

钟群鹏退休之后，李敏的身体也不太好，儿子钟卫便给他们请了保姆照顾日常生活。这一下，老两口真正过起了不离不弃、相知相守的日子。2021年，李敏意外摔伤，这回轮到钟群鹏陪老伴儿去医院。尽管在医院他也干不了什么，只能陪在李敏身边说说话、递个水，但就是步步紧跟，不想离开老伴儿半步。儿子钟卫忙里偷闲给两人拍了张照片，李敏倒看不出什么忧愁的情绪，钟群鹏在一边却是一脸的担心。这一刻，60年的夫妻之情尽在不言之中。

耄耋犹有凌云志

2018年9月10日，钟群鹏正式退休。耄耋之年，按说应该在家颐养天年，好好休息，但是忙碌了一辈子的他却闲不下来，组织上不给派任务，那就自己找事干。退休至今，从国家大事到北航的大事小情，甚至是老家上虞的文化建设，钟群鹏都积极关注和参与，颇有几分"老夫聊发少年狂，耄耋犹有凌云志"的气势。

一方面，钟群鹏一直积极参与北航的许多工作。

退休后，钟群鹏回到原来的材料学院党支部，开始关心所在支部和退休老同志。他提议召集院里8位年纪80岁以上的老同志，发起一个"640工程"（8个80岁就是640岁），发挥自己的余热，关注离退休老同志的各种事宜，当年就被离退休党支部评为优秀党员。

北航每年都会举行院士咨询会，退休后的钟群鹏也是次次不落，而且每次都在会上发言，提出自己对北航发展的建议。学校的各种重要咨询工作和相关的活动，他也积极参与。

2020年，钟群鹏参加了由中国特种设备检测研究院博士后科研工作站和北京航空航天大学博士后流动站联合培养的第一批博士后出站报告会；撰写了《对我校学科建设的一点认识和建议》一文，并提交校暑期工作会。2021年，在北航学科建设大会上做了《对我校"双一流"建设的再认识和再思考》的发言。2022年，在北航成立七十周年之际，接连撰写了《对2022年我校"工作要点"的几点建议》《对我校立德树人使命的一点认识和思考》《对〈校史馆简明大纲汇总版〉的补充修改建议》等文章；2023年，又撰写了《对我校"双一流"建设要素矩阵系统的初步思考》。

另一方面，钟群鹏还积极参与家乡的各项事业发展。

退休之前，从担任上虞的科技顾问，到建立院士工作站，从春晖中学百年校庆，到上虞在北京的各种推介活动，钟群鹏都积极参加。2011年，钟群鹏还参与了家乡知名景点"起凤塔"的重建工作。

起凤塔始建于万历五年（1577年）。民间传说，塔建成之后，上虞便十分兴旺繁盛，人们把起凤塔看作一支神笔，蘸取周边乡野田间之水为墨，书写出了上虞的宏伟篇章。几百年间，起凤塔几经磨难，至解放初，古塔仅剩外廊三层。钟群鹏小时候就常在起凤塔周围玩耍，对夕阳残塔的

图 8-23 郝竞存书写的"起凤塔"牌匾
（采集小组提供）

景象记忆犹新。2010 年初，在杭虞籍乡亲、近代史专家胡国枢①曾建言："起凤塔乃南山五峰之前卫，丰惠古城之象征，巽山舜山之支点，起凤塔之与上虞，如宝塔山之与延安，不可或缺也……"2011 年，上虞起凤置业公司投巨资重建起凤塔。钟群鹏听到这件事，就号召全家为重建起凤塔捐资。起凤置业公司的老总龚信潮还托钟群鹏筹办为起凤塔撰写牌匾、传记一事。

后来，钟群鹏委托自己的好友、国家一级美术师郝竞存为起凤塔撰写牌匾、传记。重新修建的起凤塔占地 118 平方米、高 33 米，气势磅礴，蔚为壮观。

退休当年，钟群鹏特意携全家回上虞参观上虞乡贤馆，与家乡人共叙家乡情谊，同谋家乡发展。2019 年，钟群鹏与丰惠上市公司"康隆达"签订院士专家工作站协议，为企业提供技术支撑。不仅如此，钟群鹏还出钱出力，积极参加家乡文保点建设工作，真正将同谋家乡发展落在了实处。

另外，钟群鹏退休后还积极参加国家和部门的重要咨询工作。

2018 年，钟群鹏以《机械工程学报》的发展为背景，凝练多年期刊工作的体会和感受，与宋天虎主编、王淑芹常务副主编共同撰写了《对建设世界一流期刊的认识和思考》研究报告。报告上报给了期刊的主管部门中国科协，时任中国科协党组书记、常务副主席的怀进鹏同志对报告做了批示："钟先生等同志的报告很好，认真分析了科技期刊建设的机遇与挑战，不仅阐明了其重要意义，而且提出了有益的对策建议，对我们推动世界一流期刊建设具有实际价值。请期刊建设专题的同志阅研，推进！"报告获得期刊主管部门的认可，对我国科技期刊建设有积极的促进作用。

---

① 胡国枢（1928-2014），浙江省上虞市人。长期从事史学理论教育研究，曾任省社科院历史所所长、省史学会副会长、省辛亥史会副会长、省陶行知研究会常务副会长等。

图 8-24　2018 年，钟群鹏（左 7）携全家回上虞参观乡贤馆（陈秋强提供）

　　2020 年初，新冠疫情暴发。钟群鹏认为，自己从事的机械（电）装备失效分析预测预防技术属于传统的生产安全领域，与新冠疫情这一非传统安全领域有相通之处，自己有责任就新冠疫情的分析、研究等方面为国家提出建议，便于国家应对新冠疫情，并对此后类似危机失效事件的防控积累经验。疫情期间，钟群鹏先后八易其稿，写成了《对新型冠状病毒感染肺炎疫情防控阻击战的关键和重点的一点思考》一文，提出了 37 条疫情防控意见和建议。2020 年 4 月 16 日，钟群鹏参加了由中国工程院组织的新冠疫情中后期防控对策研究课题的视频咨询会议，参与起草了《关于建立科技叙事架构破解西方对我污名化的建议》（以下简称《建议》），并由中国工程院上报中办和国办。2020 年 7 月 23 日收到中国工程院办公厅关于《建议》被中办信息采纳的通知。

　　2020 年 12 月 11 日，习近平总书记在主持中央政治局第二十六次集体学习时就切实做好国家安全工作提出了通观全局、高屋建瓴、具有重要指导意义的 10 点意见。钟群鹏长期从事安全生产教学和科研工作，并主持和参与了传统安全领域的一些重大事故的分析工作，同时对非传统安全问题也在不断思考，其有关失效分析的研究已经拓展到更广阔的国家安全、质量强国等领域。总书记的报告让钟群鹏深受教育和启迪，对总体国家安全观进行了再领会、再思考、再认识。由此，2021 年，钟群鹏撰写了《对总体国家安全观的几点认识和思考》，文章基于对总体国家安全问题战略重要性、广泛总体性、矛盾转化性和使命艰巨性的认识，建议："强化国家安全委员会的统筹领导作用，研究颁布体现总体国家安全观的战略发展规划和政策引领的指导性文件。""在国家安全法的基础上，强化体现总体国家安全观的制度体系，包括法治体系、协同管理体系和监督监管体系。""强化总体国家安全交叉学科体系、科学研究体系和人才培养体系。"该咨询报告也被报送有关部门参考。

2009 年，中国科协牵头的"老科学家学术成长采集工程"正式启动。主要针对具有突出贡献的老科学家，通过录音录像、实物采集等多种方式，把反映老科学家学术成长历史的重要资料保存下来，丰富新中国科技发展的历史资料，推动形成新中国的学术传统，激发科技工作者的创新热情和创造活力。2018 年钟群鹏退休之后，也参与了采集工程。几年间，钟群鹏认真收集了大量资料，接受参访 50 小时。2024 年 5 月 30 日，钟群

图 8-25　2024 年 5 月 30 日，中国科协主席万钢向钟群鹏颁发采集资料捐赠证书

鹏参加了中国科学家博物馆开馆典礼和首赠仪式，将采集工作中收集的资料，包括录音录像、书信、手稿、工作笔记、日记、证书、照片以及使用过的仪器设备等捐赠给了中国科学家博物馆。

在参与各种事务之余，钟群鹏还在积极与疾病作斗争，尽可能保持乐观健康的状态，积极充实地过好退休生活。每天上午，他都会在家锻炼身体，尽管现在眼睛不好、一条腿肌肉萎缩，但一直没有放弃锻炼。他常说："只要还能走路，我就会坚持走下去。"如今，90高龄的钟群鹏还能出席相关活动，在北航的院子里和老伴儿散步，这得益于其坚持不懈的锻炼。

到了下午，钟群鹏的日常工作就是打电话，而且一打就是三四个小时。他会结合近期自己计划的工作，分别和助手、北航相关的领导、同事、学生打电话。因为视力不好，无法看书、读报、看电视，日常就通过打电话的方式，获取外界的信息，了解具体工作的进展，以及关心亲朋故旧的情况。通过这种方式，让自己保持工作节奏，融入社会。

退休之后的所作所为，充分体现了钟群鹏忧国忧民的家国情怀，也展现出了一个老党员对祖国的无私奉献。对此，钟群鹏常说：

> 我是一名老党员，我的前半生是党的培养、组织的教育、同志们的帮助，加上我自己努力奋斗的结果，与时代的发展同呼吸、共命运，我把自己融入革命的浪潮、时代的洪流和发展的步伐，遵循"党的需要就是我的志愿"，努力觉悟，刻苦学习，不断提高。我还要继续努力提高自己，把自己的一切献给祖国复兴强大的光辉事业，献给党的教育事业。[①]

---

① 钟群鹏：成长过程要点简述。2024年，未刊稿。资料存于采集工程数据库。

结　语

通过对钟群鹏本人及相关人员的访谈，结合相关资料进行综合分析研究，我们对钟群鹏院士学术成长经历以及在科研、教学、管理服务等方面的成就有了较为系统的认识。

首先，从失效分析学术成长角度来看，钟群鹏作为我国失效分析领域的开拓者之一，为我国失效分析工作的开展与学科体系的建立作出了贡献。

钟群鹏从 1958 年右手食指的工伤断口诊断受到启蒙，以 1970 年接触断裂力学原理和开展断口分析为启迪，以 1975 年发起全国失效分析学会组织为起步，以 1986 年中国机械工程学会失效分析工作委员会成立为启动，以参加各部委委托的 40 多个失效安全事故为重点、500 余起事故分析为实践。曾作为两位嘉宾之一，参加了凤凰卫视 "潍柴视野大空难事故" 系列电视报道（2004 年 4 月 26 日—5 月 1 日，共 5 集）。为了培养失效分析人才，从 20 世纪 70 年代开始，在全国举办了多个进修班。参与发起成立 "安全科学与工程" 一级学科，出版材料失效分析预测预防教材，作为副主编组织出版了《机械产品失效分析丛书》。举办或参与了十多次国内学术会议和两次国际会议。2007 年作为大会主席，组织召开了第九届工程结构完整性国际会议。此外，钟群鹏还征集了 24 个院士签名的 "加强我国空军飞行安全失效分析工作的建议"，得到空军司令部的肯定，并担任了空军科技发展和人才建设顾问、空军人才研究中心顾问和空军飞行安全科研工作专家委员会副主任等职务。

钟群鹏的科研工作得到了师昌绪先生的高度肯定。他在提名钟群鹏为中国工程院院士的提名书中提到，"钟群鹏30多年来一直在机械装备失效分析和预防工作进行了系统的、有开创性的研究……为我国失效分析工作的开展与学科体系的建立作出了贡献"。1979年，钟群鹏将数学模型用于断口形貌分析，撰写了《金属疲劳断口的数学模型》一文。20世纪七八十年代，液化石油气钢瓶爆炸事故时有发生，他受北京市委托，对液化石油气钢瓶的安全使用和再检验评定进行了系统研究，爆破了1079个钢瓶，参考了8个国家的液化石油气钢瓶标准，制定了我国第一个液化石油气钢瓶标准"GB8334—1987"，劳动部锅炉压力容器检测研究中心评价认为："该标准为国家节约了2000多吨钢材，简化了检验标准，提高了钢瓶的制造和使用安全性，是压力容器安全研究的典范。"

钟群鹏还在20世纪70年代研究了低温脆性，用片状珠光体钢的组织定量分析代替了系列冲击试验确定冷脆转变，其可靠性达到了99%以上，并在歼-8战机空中起火爆炸事故分析中得到了成功的应用。

钟群鹏提出由失效认知学、失效矛盾论、失效系统论和失效方法论等组成的失效分析哲学理念雏形，提出"失效是从失败入手着眼于成功与提高的科学技术，是从过去入手着眼于未来与发展的科学技术"等理念。

钟群鹏的失效分析科研、教学和实践得到了诸多的奖励。论文获得《金属学报》李薰奖金一等奖和《机械工程学报》创刊60周年优秀论文奖。荣获中国科协首届科技成果奖二等奖，全国失效分析预测预防战略研讨会（24个一级学会联合召开）科技成果奖一等奖，中国特种设备安全与节能促进会"终身成就奖"等荣誉，并被收录为《中国大百科全书：安全科学与工程技术卷》典型"人物"。

其次，从科研拓展角度来看，钟群鹏还是一名跨学科的科技工作者。

钟群鹏院士以航空科学与技术和材料科学与技术为基础，进行了航空航天失效和空难事故分析工作，担任了国家安全生产应急专家组综合组组长、国防工业质量与可靠性专家组组长。20 世纪 70 年代，他将工作范围扩展到锅炉压力容器等特种设备领域，担任了全国安全生产委员会副理事长，发起成立中国特种设备安全与节能促进会并担任首届副会长。80 年代又拓展到机械工程领域，担任了中国机械工程学会副秘书长、学术工作委员会主任委员、组织委员会主任委员和副理事长。21 世纪初，他又将自己的工作范围拓展到质检领域，担任质检总局科技委委员，中国质量检验协会副理事长，中国进出口商品风险评估专家委员会顾问，并于 2013—2015 年担任了中国工程院重大咨询项目"制造强国战略研究"下设的综合课题"制造质量强国战略研究"负责人，于 2016 年出版了质量强国战略文集。

钟群鹏曾先后获国家级奖励 2 项（三等奖和二等奖各 1 项），部委级一等奖 7 项、二等奖 4 项。曾荣获航空部"有突出贡献专家"称号，中华英才科技创新奖，中国机械工程学会"机械工程成就奖"和"特别贡献奖"。

最后，从教书育人的成长历程来看，钟群鹏是卓有成效的教育工作者，尤其是为北航的学科建设作出了积极的贡献。

钟群鹏 1957 年研究生毕业，用了 5 年 4 个月的时间完成了 9 年的学历教育。毕业后留校历任助教、讲师、副教授和教授，于 1993 年被国务院学位委员会批准为第五批博士生指导教师。在教学中，钟群鹏教书育人、爱生如子，培养了 50 多名硕士、博士和博士后。曾开设基础课、专业基础课和专业课共计 16 门，编写教材 11 部。从教 60 多年来，曾经参与了 3 个一级学科的建设或教学科研工作。在他和同事们的努力下，2017 年北航"材料科学与工程学科"在第四次全国学科评估中被评为"A+ 学科"。

钟群鹏是北航办学的受益者、北航发展的参与者和见证者，为了报答北航的培养、教育、信任和支持，退休前夕，他将结余的科研经费 100 万元捐出，设立了"成才金奖"奖学金。钟群鹏从 2002 年开始担任北航学术委员会主任，至 2014 年卸任，历时 12 年。其间忠实履行职责，充分发挥学术委员会在教授治学、学科规划与建设、人才建设、学校发展战略规划咨询等方面的作用，为北航的创新发展和卓越发展贡献了自己的一份力量。

为了表彰钟群鹏院士的贡献，北航学位委员会向他颁发了一枚金质奖章。此外钟群鹏还荣获北京市学位委员会荣誉委员称号，在 1989 年获北京市优秀教师称号，2007 年获教育部先进教师称号，2022 年获北京航空航天大学"立德树人成就奖"。

另外，还要特别强调，钟群鹏是一名老共产党员。

钟群鹏院士曾经说过，"党的需要就是我的志愿"。1955 年，钟群鹏接受组织安排，离开热爱的飞机施工专业，调到了材料科学与工程学院，在艰苦的环境下发奋学习，获得了全优的成绩。大学期间，他一直担任班级团支部书记，所在团支部被评为优秀团支部。1954 年 9 月，他加入中国共产党。

2024 年九十寿辰之际，他总结了自己的人生感悟："智慧来自勤奋，创新基于实践；成功在于坚持，毅力源于理念；做人先于成才，素质优于博才；力量系于集体，功绩归于团队；事业始于足下，伟大寓于平凡；精英出自少年，世界属于青年。"他严格按照一名共产党员的标准要求自己，曾两次被评为北航优秀共产党员，一次被评为北航十杰，2011 年在党的 90 诞辰之际，被评为北京市优秀共产党员。

20 世纪 70 年代，钟群鹏在修复透射电镜时受射线辐射影响，患上了青光眼。等到他评为院士时，左眼已经失明，右眼的视力不断下降，后来靠放大镜学习和阅读文件，其间做过两次青光眼手术，一次白内障手术。后期靠听力和反复记忆达到工作的基本要求，用超出寻常人的毅力和青光眼斗争。在疫情期间，他写成了《对新型冠状病毒感染肺炎疫情防控阻击战的关键和重点的一点思考》一文，送北航党委和中国工程院，以课题总结的形式将成果报送上级部门，并参加了中国工程院"新冠病毒中后期对策研究课题"视频会议。2021 年开始，他又主笔起草《对总体国家安全观的几点认识和思考》。2024 年，钟群鹏被评为"感动北航"榜样人物。这些行为和思想充分体现了钟群鹏院士忧国忧民的家国情怀。

附录一　钟群鹏年表

1934年

10 月 28 日，出生于浙江东阳，祖籍浙江上虞。父亲钟骏元，母亲徐勤，大哥钟一鹏，二哥钟幼鹏，姐姐钟康寿，弟弟钟寿鹏。

1941年

1 月，在乐清私立乐成小学就读。

1945年

1 月，全家搬到乐清县城隍庙暂住。

1947年

2 月，毕业于乐清私立乐成小学。

3 月，在乐清私立乐成中学就读。

1948年

6 月，由于父亲工作变动，全家搬到金华县三牌坊 49 号。

8 月，转学到金华私立作新中学。

1950年

1月9日，在作新中学加入中国新民主主义青年团。同月，毕业于作新中学初中部。

寒假，参加金华地区团干部训练班，为家里挣了一袋小米。

3月，考入金华中学高中部。担任团支部书记兼金华中学对外通讯员和《金华报》通讯员，并参加中苏友好协会。在校期间义务参加修建金华运河工程，被评为勤工俭学模范。

9月，参加浙江省金华、丽水、衢州三个专区的团干部训练班，主要任务是学习团的基本知识、思想改造总结和土地改革政策。

1951年

年初，报名参加抗美援朝飞行员，因身体原因遗憾落选。

2月，参加金华区团干部训练班，主要内容是总结第二次参干运动及今后工作安排。

9月，被共青团浙江省委推荐，到北京参加中央团校第四期短训班。其间听了很多名人的报告，受到了革命的熏陶，得到了锻炼。

10月，加入中央团校成立的土地改革实习队，到皖北宿迁县桃园区开展土改工作。艰苦的条件磨炼了意志品质，提高了政治觉悟。由于表现突出，被评为模范工作者。

1952年

5月，由中国新民主主义青年团中央委员会土改突击队推荐，到北京工业学院干部高考补习班学习。

10月，考入清华大学航空工程学院，住新第四宿舍第11室。不久，转到刚成立的北京航空学院（简称北航）飞机工艺专业。

10月25日，在北京工业学院礼堂参加北京航空学院成立大典。

1953年

参加留苏预备班选拔，由于家庭关系落选。

6 月，参加北京航空学院党支部举办的党训班。

7 月，因体育成绩优秀，获得清华劳卫制优秀奖章。

1954年

参加生产实习，考取了三级车工资质。

9 月 18 日，在北京航空学院成为中国共产党预备党员，介绍人是张凝、吕惠然。次年转正。

1955年

11 月，从北京航空学院飞机工艺专业肄业，进入航空冶金系（后改为航空热加工工艺系）金相热处理专业继续深造，攻读硕士学位。

1956年

5 月 25 日，加入北京市工会联合会。

1957年

3—7 月，跟随苏联专家齐尔彼奇尼科夫做课程设计和毕业设计。

7 月，研究生毕业，由于成绩优异，留在北航航空热加工工艺系（四系）工作，担任金属材料教研室实验室主任。

7 月至次年 2 月，负责捷克淬火机床的安装和调试工作。在安装机床时，右手食指不慎被设备咬断，就医时，大夫根据断口判断一定是被齿轮咬的，从此对"断口"产生了极大兴趣。

9 月至次年 1 月，负责金属学及化学热处理课程的辅导工作和实验课。

1958年

10 月，因参与"响尾蛇"导弹仿制工作，在北京航空学院"大跃进"运动中被评为先进工作者。

筹办新设立的高温陶瓷材料专业，并担任高温陶瓷材料及原子能材料教研室副主任。

1959年

8月，被北京航空学院评为青年积极分子。

1960年

3—5月，到清华大学进修，听了钱伟长讲授的弹性力学课。

1961年

1月，晋升为讲师，所在院系为航空材料系。

8月，参与编写的教材《陶瓷材料学》由北京科学教育出版社出版。

12月至次年7月，主讲高温陶瓷材料学课程。

1962年

2—7月，带队高温陶瓷材料专业的学生去621所进行生产实习。其间，主讲了陶瓷材料学（下）课程，同时指导四名本科生做有关"高温弥散强化材料的研究工作"的毕业论文。

7月至次年2月，为1959年入学的学生主讲金属物理课程。

高温陶瓷材料专业取消，被调回金属材料教研室。

1964年

2月，参加北京市"四清"工作队，任郊区"四清"工作组组长。第一阶段在房山大紫草坞公社前阎村，第二阶段在通州杜柳棵公社大东村。

负责"216"美国无人驾驶高空侦察发动机的金属材料及热处理状态与分析，并进行工艺生产准备工作。

1965年

6月，"四清"工作结束。回到北京航空学院四系工作，职称为讲师。

负责热处理原理及工艺、材料学等课程教改工作。指导金属材料及热处理专业的两名本科生有关"渗碳工艺"毕业论文工作。

被北京航空学院评为"毛选学习积极分子"。

1969年

11月9日，到河南确山"五七"干校劳动，所在连队为六连二班。由于表现突出，被评为"五好战士"。

1970年

8月23日，结束干校劳动，回到北航为"工农兵学员"讲课。

中国钢铁研究院陈篪主任在北航讲授断裂力学，全程跟班学习，获得启蒙，激起了对断裂力学的强烈兴趣。

1973年

主编的讲义《黑色金属材料及其热处理》由北航印刷所油印出版。

9—11月，代表北京航空学院参加三机部组织的斯贝–5W发动机材料工艺分析工作。

1974年

2月，编著（编译）的《电子断口金相文集》《金属的断裂机制和它们的电子断口金相》由北航印刷所铅印出版。

2—5月，主编的《发动机金属材料》由北航印刷所油印出版。

4月，参加西北地区三机部金相技术经验交流会，作了断口分析方法报告。

8月，撰写的北航技术总结BH–F20《金属的裂纹分析初步》、BH–F21《金属的断口分析初步》，由北航印刷所铅印。

12月，在南京参加三机部第一次金相技术经验交流会，作了断口分析方法报告。

1975年

5月，筹办"金属断裂故障金相"进修班，编写《断裂故障分析》和《金属的缺陷及检验》等讲义，担任进修班班主任并主讲金属断裂故障分析课程。

5 月，撰写北航技术总结 BH-38《金属的断裂机理和断口分析的应用》中关于断口分析的部分，由北航印刷所铅印出版。

主编的《金属断裂故障分析》由北航印刷所铅印出版。

7 月 15 日，牵头成立失效分析学会筹备小组。

参加石景山发电厂瑞士发电机转子断裂分析工作。

12 月，面向三机部的航空厂开办"金属断裂故障"培训班，担任班主任并讲授主要课程。

1976年

6 月，参加冶金部第二次高温合金经验交流会，作大会特邀报告。

编写的《金属材料基本知识和断口分析初步》由北航印刷所油印出版，全书 10 万字。

主持国营 372 厂"关于歼-6 旋翼接头摩擦腐蚀疲劳断裂的分析和研究"课题，进行其破坏机理的研究工作，保证了产品生产定型过关，此课题历时两年完成。

参加 407 厂"轻 42-160 高速柴油增压器导风轮叶片断裂分析研究"失效分析工作。

参与编写的《破断故障的金相分析》由国防工业出版社出版。

1977年

6 月，撰写北航技术总结 BH-B302《金属的断裂机理和断口形态》。

6 月，参加华北、东北地区金相技术经验交流会，并作大会特邀报告。

7 月，被北京航空学院评为先进工作者。

7 月，参加三机部华东、中南地区金相经验交流会，并作特邀报告。

1978年

5—6 月，在上海交通大学参加教育部组织的"位错理论及其应用"研修班，研修班由美国里海大学周以苍教授主讲。

5 月，撰写北航技术总结 BH-B346《金属的摩擦腐蚀疲劳机理的探讨》。

9—11月，开设第二届"金属断裂故障金相"进修班，主讲金属断裂故障分析课程的第二章。

11月，参加中国金属学会断口分析学术交流会，并作专题报告。

1979年

1—6月，参加北京航空学院组织的英语提高班，担任班长，结业考试成绩90.5分。

9月，参加三机部辅机产品故障分析金相经验交流大会，并作大会特邀报告。

10月，撰写的北航技术总结BH-B509《金属宏观断口的数学分析》发表在《北航学报》第2期。

参与《金属手册》第9卷"断口金相"分卷的翻译稿校审工作，此书由国防出版社出版。

1980年

1月，担任"金属微观断裂机理"课题组组长。

4月，参加中国铁道学会材料工艺委员会断口分析学组成立大会，并作特邀报告。

10月，参加中国宇航学会材料工艺故障分析交流会，并作特邀报告《金属断裂故障分析的重要性判断依据和几点意见》。

11月，在北京航空学院被评为副教授。

12月，参加中国机械工程学会材料分会第一届理事会，被聘为失效分析核心组成员。

1981年

9月，担任中国兵工学会材料分会理事，在学术交流大会作特邀报告《各种断裂故障的原因、比较和判断依据》。

11月，参加中国机械工程学会材料分会召开的"全国机械产品失效分析技术及应用交流会"。

3 月，与钱友荣共同编译的《材料强度的秘密》由科学普及出版社出版。

4 月，担任北京航空学院材料科学和工程研究室副主任。

4 月，承接"北京民用在役液化石油气瓶 YSP–15 质量测定试验研究及普查制度标准"课题，担任课题组组长。该课题于 1984 年 7 月完成，撰写了 25 万字的科研总结并制定了《液化石油气钢瓶再检验标准》（GB8334—1987），获得北京航空学院科技成果二等奖、北京市科技成果一等奖和国家科学技术进步奖三等奖。

1983年

1 月，担任"航空金属材料断口和定量分析研究"课题组组长。

7 月 6—9 日，参加国防科工委组织的歼 –8 一号喷嘴断口定性"会诊"工作。

1984年

3 月，参加中国机械工程学会召开的全国失效分析会议，论文《金属疲劳断口宏观特征形态与力学参量之间的定量关系》被收入大会论文集。

4 月，担任"歼–7 主起落架排故及延寿"课题组组长。

6 月，主编的《金属的断裂机理》由北航印刷所出版。

11 月 15 日，被聘为全国气瓶标准化技术委员会液化石油气瓶标准化技术分委员会委员。

12 月 4—10 日，赴印度新德里参加国际断裂力学会议，并发表会议论文。

1985年

2 月，成为北京发明协会会员。

7 月 16 日，担任中国机械工程学会全国失效分析工作委员会筹备组组长。8 月 15 日，"中国机械工程学会失效分析工作委员会"（简称失效委）

正式成立。

8月，在北京航空学院作专题报告，首次提出"机械失效学"的基本内容及其应用概况。

10月，参加全国第四届断裂力学学术会议，并在大会上宣读论文《失效评定图 FAD 在估算液化石油气钢瓶缺陷容限中的应用》《金属断裂韧性估算方法的评述》的论文。

11月，代表失效委向国家经委作题为《机械产品失效及其分析工作的管理暂行条例》的专题汇报。

1986年

1月9日，加入机械部和水电部联合成立的大同电厂2号机组事故调查委员会。1月底提交失效分析报告。

3月7日，参加国家能源局、机械局、质量局组织的电机、电工技术、机械学会专家汇报会，向李鹏副总理汇报大同电厂2号机组事故调查情况。

8月15—16日，主持中国机械工程学会失效分析工作委员会全体会议。

9月8日，主持完成的"大同电厂2号机组事故失效分析"项目被中国机械工程学会授予"学会工作成果奖"。

9月，担任中国机械工程学会第五届理事会常务理事。

1987年

8月，在失效委召开的全国机械装备失效分析评比交流会上，正式提出了"机械失效学的诞生和它的基本内容"，受到有关部门和同行的重视。

10月，被聘为北京航空学院人体科学研究会理事。

1988年

3月2日，被国家经委聘为秦岭发电厂5号机组"2·12"事故国家专家调查组组长，赴陕西华阴县进行调查。

10月，被聘为北京航空航天大学第三届学术委员会委员。

4月，论文《北京市民用在役钢瓶质量检测及验证》获中国土木工程学会城市煤气学会和液化石油气专业委员会1981—1988年度学会学术论文一等奖。

5月，主编的《失效分析基础》由机械工业出版社出版，此书是全国金属材料及热处理专业的统编教材。

9月，被评为北京市高教系统优秀教师。

12月18—19日，中国科学院金属研究所"材料疲劳断裂和失效分析国家实验室"在沈阳成立，被聘为实验室学术委员会委员。

12月21日，被聘为全国安全生产委员会专家。

12月30日，被航空航天工业部聘为航空装备失效分析冶金人员资格认证委员会委员。

1990年

3月，参加国务院安全生产委员会组织的安庆港水上特大交通事故分析。

4月10日，被聘为中国机械工程学会失效分析分会常务委员会失效分析专家。

9月，指导硕士研究生张峥，最终完成题为《钢的冷脆断裂的诊断和工程控制技术的研究》的硕士论文。张峥后来留校，成为北航教授、博导，是钟群鹏课题团队的中坚力量。

11月，主编的《机械产品失效分析丛书》第二分册《失效分析的基础知识》由机械工业出版社出版。该丛书获得中国机械工程学会"学会工作成果奖"和中国航空工业总公司科学技术进步奖三等奖。

1991年

5月3—4日，参加"钢的冷脆断裂诊断和控制技术研究"项目成果鉴定会。

6月18日，"秦岭5号机组'2·12'事故分析"项目被中国机械工程学会授予"学会工作成果奖"；因担任第五届理事会常务理事期间作出了重要贡献，被中国机械工程学会授予感谢奖状；连任第六届理事会常务理事，并任副秘书长。

7月24日，报告《采取措施防止家用液化石油气钢瓶严重质量问题可能造成爆炸危险》被中国机械工程学会授予中国科协首届优秀建议奖二等奖。

10月，国家自然科学基金项目"钢的冷脆断裂诊断和控制技术研究"历时11年结题。

1992年

3月，被聘为北京航空航天大学第四届学术委员会委员。

5月6日，"钢的冷脆断裂诊断和控制技术研究"项目获得北京航空航天大学科学技术进步奖一等奖。

5月，中石化总公司重大设备国产化办公室与荆门石油化工总厂、中国机械学会失效分析分会签订了"进口德国GHH烟机事故分析及国产化提高的研究"攻关合同，作为课题负责人开展试验研究。

5月，担任"涡喷七系列发动机Ⅰ级涡轮叶片断裂故障研究专家组"组长。

9月10日，参与的"研究生金属材料的断裂机理选修课教学"被北京航空航天大学授予1992年度优秀教学成果二等奖。

12月6—9日，参加全国机电装备失效分析预测预防战略研讨会，作为中国机械工程学会副秘书长作了大会总结报告。

受航空航天工业部606所委托，主持涡喷14涡轮盘爆裂原因分析。

1993年

2月，赴阎良西安飞机制造公司参加"歼–7飞机疲劳载荷谱成果鉴定会"。

5月，主持的项目"锅炉压力容器失效分析研究"获劳动部科学技术进步奖二等奖。

6月，论文《关于Petch韧–脆转移温度估算公式的工程表达式》获第三届《金属学报》"李薰奖金"优秀论文一等奖。

8月，受空军技术装备部邀请，担任"涡喷六发动机II级涡轮盘榫槽故障研究专家组"组长。

11月，被国务院学位委员会批准为博士生导师。

11月，主持的项目"烟气轮机转子用材A-286质量控制研究"获中国石油化工总公司科学技术进步奖三等奖。

12月17日，主持的项目"钢的冷脆断裂诊断和控制技术研究"获中国航空工业总公司科学技术进步奖二等奖。

12月至次年6月，受北京燕山石油化工公司委托，对高压聚乙烯装置中的超高压套管冷却器的开裂进行研究和安全评估。

1995年

1月30日，被劳动部聘为国家安全生产专家组交通组专家。

6月20日，项目"歼-7主起落架充气嘴断裂原因分析和提出改进措施"获得中国航空工业总公司科学技术进步奖三等奖。

担任"中国－加拿大失效分析和预防培训中心"主任。

1996年

5月，受国家质监局委托，对春海餐厅卡式炉爆炸事故进行原因分析诊断。

9月17日，参加完成的"中国机械工程学会组织工作委员会组织发展工作项目"被中国机械工程学会授予1991—1996年度"学会工作成果奖"。连任中国机械工程学会第七届理事会常务理事及副秘书长。

10月29日，被聘为《机械工程学报》第七届编委会委员。

受国家质监局委托，对山东莱州太阳城大酒店卡式炉爆炸事故进行原因分析诊断。

受总参兵种部委托，主持"62轻型坦克齿轮传动箱箱体断裂"和"坦克钢丝绳吊环体断裂"的失效分析和预防专家会。

1997年

3月4日，被聘为中国机械工程学会失效分析分会专家。

4月21日，被国际材料检测和评价协会执行委员会聘为荣誉会员。

6月19日，被劳动部锅炉压力容器检测研究中心聘为第二届科技委特邀委员。

9月17日，参加完成的"300兆瓦机组低压转子'851'叶片的安全评估"项目获得中国机械工程学会1991—1996年度"学会工作成果奖"。

12月，参加全国第二届航空装备失效分析会议，作特邀报告《断裂失效的模式和原因的特征判据的对比分析》。

1998年

11月24日，论文《含缺陷压力容器安全等级评定》被国家质监局锅炉压力容器安全监察局评为第三届全国锅炉压力容器安全技术会议优秀论文。

12月25—28日，组织、主持"第三次全国机电装备失效分析预测预防战略研讨会"并主编了《第三次全国机电装备失效分析预测预防战略研讨会论文集》。主持完成的"卡式炉丁烷气罐爆炸事故分析""北京东方化工厂'6·27'特大火灾失效分析"被研讨会授予一等奖。

1999年

6月9—10日，参加空军装备部订货部及航空工业总公司发动机局在贵州黎阳机械公司召开的涡喷七系列发动机Ⅳ级压气机盘破裂故障研究分析会，并被聘为专家组副组长。

10月25日，被聘为北京航空航天大学第一届教学指导委员会委员兼教学建设工作委员会委员。

11月，被北京航空航天大学授予1999年度"华为奖"二等奖。

12月，当选中国工程院院士。

2000年

3月，被中国机械工程学会聘为《金属热处理学报》编委会委员。

3 月，项目"机电装备的重大事故原因分析诊断和安全评定技术研究"获得国家经委安全生产科学技术进步奖一等奖。

10 月 17 日，被中国人民解放军军械工程学院聘为兼职教授。

9 月 3 日，担任三峡工程"九·三"重大伤亡事故调查专家组组长，调查工作于 2001 年 2 月结束。

11 月 20 日，被聘为《机械工程材料》第五届编委会委员。

2001年

3 月 6 日，被聘为国防科工委安全标准化技术委员会副主任委员。

7 月 4 日，参加"十五"国家科技攻关计划"城市公共安全与矿山重大事故防范技术研究"项目论证会。

9 月 27 日，被聘为北京航空航天大学第六届学位评定委员会委员。

10 月 18 日，被聘为中国工程院"我国安全生产的形势、差距和对策研究"项目专家组副组长。

11 月，被聘为中国机械工程学会第八届理事会副理事长、学术工作委员会主任。

2002年

4 月，被总装备部综合计划部聘为装备再制造技术国防科技重点实验室第一届学术委员会委员。

4 月 15 日，被聘为北京航空航天大学学术委员会主任。2014 年卸任。

6 月，被国务院安委会聘为第三届国家安全生产专家组专家。

7 月 9 日，被国家自然科学基金委聘为第九届工程与材料学部专家评审组成员。

7 月 27 日，被合肥通用机械研究所聘为博士后科研工作站学术委员会副主任。

12 月 25 日，被聘为《机械工程学报》第八届编委会主任。

2003年

4月11日，被聘为北京航空航天大学高等工程学院导师。

4月，被聘为中国科协遴选中国工程院院士候选人委员会机械与运载工程学部组委员。

10月，《金属疲劳断口的数学模型》被评为《机械工程学报》创刊50周年优秀论文。

11月29日，在深圳参加《机械工程学报》创刊50周年纪念大会暨第八届编委会、董事会。

12月2日，被聘为国家质检总局特种设备安全技术委员会副主任委员。

2004年

4月24日，参加《中国院士治学格言手迹》出版暨手迹原件捐赠仪式。

6月16日，被聘为《机械强度》期刊第三届编委会副主任委员。

11月26日，被聘为北京航空航天大学第七届学位评定委员会委员。

2005年

4月，被合肥工业大学聘为顾问教授。

4月，被聘为《机械工程材料》杂志第六届编委会顾问,《中国安全生产科学技术》编委会主任委员。

4月6日，被聘为中国科协遴选中国工程院院士候选人委员会机械与运载工程学部组委员。

6月，被中国职业安全健康协会聘为副理事长。

7月1日，被评为2003—2005年度北航优秀共产党员。

9月，主持的项目"WP13F发动机Ⅱ级涡轮叶片断裂故障研究"获总装备部军队科技进步二等奖。

10月28日，参加国家安全监管总局召开的《中华人民共和国安全生产法》实施三周年座谈会，并在会上作主题发言。

11月20日，主持的项目"压力管道安全检测与评价技术研究"获国家科学技术进步奖二等奖。

1月，被北京发明协会聘为第三届理事会副理事长。

2月18日，参加《中国材料工程大典》丛书首发式。

5月24日，项目"城市埋地燃气管道重大危险评价与风险评估技术研究"获国家质检总局颁发的"科技兴检奖"一等奖。

5月29日，被国家标准化管理委员会聘为中国标准化专家委员会委员。

5月，参与撰写的论文《我国安全生产工作的体制、机制和自主创新的若干思考和建议》获得中国职业安全健康协会优秀论文奖。

10月12日，"GB/T19624—2004在用含缺陷压力容器安全评定"项目获国家标准化管理委员会授予的中国标准创新贡献奖一等奖。

12月21日，参加并主持国家质检总局特种设备安全技术委员会工作会议。

2007年

3月27日，参加全国安全生产规划和科技工作会议，并被国家安全监管总局聘为第四届国家安全生产专家。

4月18日，被国防科工委聘为第三届质量与可靠性专家组组长。

4月，被聘为中国科协遴选中国工程院院士候选人委员会机械与运载工程学部组委员。

10月15—19日，作为主要策划人组织的第九届工程结构完整性国际会议在北京航空航天大学举办。

12月，由于在重点学科建设中作出的杰出贡献，被北京航空航天大学授予荣誉证书。

2008年

5月7—12日，赴中航工业成都飞机设计研究所参加两院院士航空科技咨询会。

9月16日，自愿缴纳2000元党费，用于支援汶川地震救灾工作。

12月，被北京航空航天大学聘为航空科学与技术国家实验室（筹建）理事会理事。

2009年

1月，被聘为《机械工程学报》第九届编委会主任。

2月，"埋地钢质管道风险评估技术体系研究与工程示范"项目被国家安全监管总局授予安全生产科技成果一等奖。

7月，被中共北京航空航天大学委员会评为2007—2009年度优秀共产党员。

10月，被中国航空学会聘为第八届理事会理事。

11月17日，被中国质量检验协会聘为第三届理事会副理事长。

2010年

7月26日，参加中国模具失效分析学术会议。

11月，被上虞市人民政府聘为科技顾问。

12月，被装备再制造技术国防科技重点实验室聘为学术委员会委员。

2011年

5月，被浙江工业大学聘为名誉教授。

6月，被中共北京市委员会授予优秀共产党员称号。

7月，被中共北京航空航天大学委员会评为2009—2011年度优秀共产党员。

10月26日，被中国特种设备安全与节能促进会聘为第一届理事会副会长。

11月15日，参加中国机械工程学会第十次全国代表大会，并被聘为第一届监事会监事。

2012年

7月，被聘为《中国表面工程》期刊第四届编委会委员。

8月3日，接受凤凰卫视采访，相关采访被专题片《问天：北京航空航天大学60年纪事》收录。

2013年

1月24日，参加并主持中国工程院"制造质量强国战略研究"课题启动会。

7月，被中共北京航空航天大学委员会评为2011—2013年度优秀共产党员。

10月，被聘为《机械工程学报》第十届编委会主任；《我国安全生产（含安全制造）的科学发展若干问题》被评为《机械工程学报》创刊60周年优秀论文。

12月3日，被浙江特种设备检测研究院聘为杭州市院士专家工作站特聘院士。

2014年

4月25日，参加国家质检总局召开的"产业质量基础战略研究"课题启动会。

主持的"超临界机组管系应力在线监测系统研发"项目获得中国电力科学技术进步奖二等奖。

10月25日，北航材料科学与工程学院参加"纪念钟群鹏院士从教60周年大会"。

2015年

4月21日，参加中国工程院"制造强国战略研究"咨询项目一期总结暨二期启动会议。

9月29日，在浙江特种设备检测研究院作报告《特种设备全寿命周期可靠性、完整性和安全性保障关键技术》。

2016年

5月26日，被中国安全生产科学研究院聘为《中国安全生产科学技术》期刊第三届编委会委员。

12月，参加《特种设备2025科技发展战略研究报告和"十三五"科技发展规划》高层专家论证会。

2017年

8月28日，赴浙江特种设备检测研究院海宁基地，参加特种设备安全科普系列展示项目鉴定会，担任鉴定委员会组长。

11月，被绍兴市人民政府聘为咨询委员会成员。

2018年

6月1日，参加中国商用飞机发展院士专家汇报会，并发言。

12月1日，参加《机械工程学报》第十一届编委会、《中国机械工程》第二届编委会成立大会暨编委会、董事会工作会议，在会上获得中国机械工程学会"特别贡献奖"。

2019年

11月3日，参加中国特种设备检测研究院成立40周年院士报告会，并发言。

将结余的科研经费100万元捐出，设立北航材料学院"成才金奖"奖学金。12月26日上午，参加首届"成才金奖"奖学金颁发仪式。

2020年

3月29日，撰写文章《对新型冠状病毒感染肺炎疫情防控阻击战的关键和重点的一点思考》报送中国工程院，稿件被中办国办专报采用。

5月9日，参加由中国特种设备检测研究院博士后科研工作站和北京航空航天大学博士后流动站联合培养的第一批博士后出站报告会。

8月28日，撰写文章《对我校学科建设的一点认识和建议》，提交北航暑期工作会。

12月30日，获得中国特种设备安全与节能促进会"终身成就奖"。

2021年

1月14日，捐赠100万元经费，设立北航"管理服务贡献奖"。

5月，在北航学科建设大会上作报告《对我校"双一流"建设的再认识和再思考》。

6月26日，撰写文章《对总体国家安全观的几点认识和思考》报送中国工程院。

2022年

7月，参加长征五号发动机壳体焊缝裂纹事故分析鉴定会。

9月，获北航"立德树人成就奖"。获奖后，与另一名获奖的陈懋章院士一起捐出全部奖金，设立"青出于蓝"奖学金。

2023年

6月，撰写文章《对我校"双一流"建设要素矩阵系统的初步思考》。

12月，撰写文章《关于特种设备地位作用、要素矩阵和研究系统的初步认识和思考》。

2024年

1月10日，获评第七届"感动北航"榜样人物。

5月30日，参加中国科学家博物馆开馆典礼和首赠仪式。

10月27日，参加北航材料科学与工程学院70周年院庆活动和"钟群鹏院士九十寿诞庆祝座谈会"。

附录二 钟群鹏主要论著目录

一、著作

[1] 姜伟之，钟群鹏. 陶瓷材料学［M］. 北京：北京科学教育出版社，1961.

[2] 钱友荣，钟群鹏. 材料强度的秘密［M］. 北京：科学普及出版社，1982.

[3] 钟群鹏，王仁智. 机械产品失效分析丛书［M］. 北京：机械工业出版社，1986.

[4] 钟群鹏，田永江. 失效分析基础知识［M］. 北京：机械工业出版社，1990.

[5] 钟群鹏，田永江. 失效分析基础［M］. 北京：机械工业出版社，1991.

[6] 钟群鹏，金星，洪延姬，等. 断裂失效的概率分析和评估基础［M］. 北京：北京航空航天大学出版社，2000.

[7] 师昌绪，钟群鹏，李成功. 中国材料工程大典：第一卷 材料工程基础［M］. 北京：化学工业出版社，2006.

[8] 钟群鹏，张峥，骆红云. 材料失效诊断、预测和预防［M］. 湖南：

中南大学出版社，2009.

[9] 师昌绪，钟群鹏，李成功. 材料工程基础要览 [M]. 北京：化学工业出版社，2009.

[10] 钟群鹏，周煜，张峥. 裂纹学 [M]. 北京：高等教育出版社，2014.

[11] 钟群鹏，赵子华. 断口学 [M]. 北京：高等教育出版社，2014.

[12] 制造质量强国战略研究课题组，国家质检总局质量管理司组. 制造质量强国战略研究 [M]. 北京：中国标准出版社，2016.

二、论文

[1] 钟群鹏，李洁. 金属韧−脆转移温度的定量研究 [J]. 金属材料与热加工工艺，1983（3）：39−51+89.

[2] 钟群鹏. 金属断口的定量反推分析法 [J]. 现代机械，1987（2）：8−13.

[3] 钟群鹏，李洁，王守凯，等. 关于 Petch 韧−脆转移温度估算公式的工程表达式 [J]. 金属学报，1988，24（增刊）：SA159.

[4] 初飞，钟群鹏. 金属韧脆转移评定标准的本质及其相互关系 [J]. 北京航空航天大学学报，1992（2）：120−126.

[5] 钟群鹏，张峥，徐光宪，等. 二种三维冷脆控制图和机制图的研究 [J]. 自然科学进展，1992，2（6）：505−512.

[6] 钟群鹏，张峥，李洁，等. 材料韧脆转移过程的数学模拟 [J]. 机械工程学报，1992，28（5）：1−7.

[7] 钟群鹏，张峥，王守凯，等. 钢的韧脆转移显微组织诊断技术和方法的研究 [J]. 机械工程学报，1992，28（5）：8−13.

[8] 钟群鹏，张峥，徐光宪，等. 三维冷脆断裂控制图和机制图的研究 [J]. 机械工程学报，1992，28（5）：20−25.

[9] ZHONG Q P, ZHANG Z, WANG S K, et al. A Research on The Quantitative Relationship between Ductile−Brittle Transition Temperature and the Size of Cleavage Fracture Unit in Steels(钢的韧脆转变温度与解理断裂单元大小

定量关系研究）[J]. Chinese Journal of Mechanical Engineering, 1992, 5（4）：233-238.

[10] ZHONG Q P, ZHANG Z, WANG S K, et al. A Study on the Engineering Conversion Relationships among Ductile-Brittle Transition Temperature in Steels（钢的韧脆转变温度工程换算关系研究）[J]. Chinese Journal of Mechanical Engineering, 1992, 5（4）：239-245.

[11] ZHONG Q P, ZHANG Z, WANG S K, et al. Researches of A New Three Dimensional Cold Short Fracture Controlling and Mechanism Diagram for Steel 38CrA（38CrA 钢新型三维低温短裂纹控制及机理图研究）[J]. Chinese Journal of Mechanical Engineering, 1992, 5（4）：246-251.

[12] 钟群鹏，张峥，田永江，等. 38CrA 钢的冷脆断裂控制图和机理图的研究 [J]. 航空学报，1993，14（2）：90-95.

[13] 钟群鹏，张峥，初飞，等. 三维冷脆断裂控制图和机制图的研究 [J]. 兵工学报，1993，14（4）：58-63.

[14] 钟群鹏，张峥，徐光宪，等. A Research on Two Kinds of Three-dimensional Cold Short Fracture Controlling Diagram and Mechanism Diagram（三维冷脆断裂控制图和机制图的研究）[J]. Progress in Natural Science, 1994，4（3）：341-350.

[15] 钟群鹏，张峥，李洁，等. 材料韧脆转移模式和机理的理论推导及实验验证 [J]. 自然科学进展：国家重点实验室通讯，1996，6（1）：105-112.

[16] 武淮生，钟群鹏，应郁平. 机件服役载荷的断口反推 [J]. 北京航空航天大学学报，1996，22（2）：121-125.

[17] 应郁平，钟群鹏，武淮生. 含缺陷结构完整性的概率评定方法 [J]. 兵器材料科学与工程，1996，19（3）：56-60.

[18] 钟群鹏，张峥，武淮生，等. 金属疲劳扩散区和瞬断区的物理数学模型 [J]. 航空学报，2000，21（C00）：11-14.

[19] 钟群鹏，宋光雄，张峥，等. 机械失效模式、原因和机理的诊断思

路和主要依据［J］. 北京航空航天大学学报，2004，30（10）：913-918.

［20］钟群鹏. 失效分析基础知识［J］. 理化检验：物理分册，2005，41（1）：44-47.

［21］骆红云，张峥，钟群鹏，等. 声发射技术在大型装卸设备安全评定中的应用［J］. 起重运输机械，2005（1）：36-39.

［22］宋光雄，张峥，钟群鹏. 基于网络的腐蚀失效模式和原因识别诊断系统及其应用［J］. 机械工程学报，2005，41（2）：182-186.

［23］钟群鹏，傅国如，张峥. 失效分析预测预防与公共安全［J］. 理化检验：物理分册，2005，41（z1）：14-23.

［24］张玉波，骆红云，钟群鹏. 国内外失效评定曲线（FAC）的发展以及现状［J］. 理化检验：物理分册，2005，41（z1）：50-54.

［25］左尚志，张峥，钟群鹏，等. 城市埋地燃气管道的失效树建立与风险评估［J］. 理化检验：物理分册，2005，41（z1）：88-90.

［26］钟群鹏. 失效分析与安全［J］. 理化检验：物理分册，2005，41（5）：217-221.

［27］钟群鹏，赵子华，张峥. 断口学的发展及微观断裂机理研究［J］. 机械强度，2005，27（3）：358-370.

［28］骆红云，钟群鹏，张峥. 在役钢结构概率安全评定方法［J］. 北京航空航天大学学报，2005，31（8）：925-929.

［29］孙永庆，张峥，钟群鹏. 燃气管道风险评估的关键技术和主要进展［J］. 天然气工业，2005，25（8）：132-134.

［30］孙永庆，钟群鹏，张峥. 城市燃气管道风险评估中失效后果的计算［J］. 天然气工业，2006，26（1）：120-122.

［31］钟群鹏，李培宁，李学仁，等. 国家标准《在用含缺陷压力容器安全评定》的特色和创新点综述［J］. 管道技术与设备，2006（1）：1-5.

［32］骆红云，张玉波，钟群鹏. 国产压力容器用钢的概率失效评定曲线［J］. 北京航空航天大学学报，2006，32（4）：450-454.

［33］钟群鹏，吴素君，骆红云，等. 我国安全生产工作的体制、机制和自主创新的若干思考及建议［J］. 中国安全生产科学技术，2006，2（3）：3-8.

［34］钟群鹏，有移亮，骆红云，等. 没有"万能"的材料，只有"最好"的材料——浅谈热处理技术与工艺的作用和地位［J］. 金属热处理，2006，31（z1）：9-10.

［35］钟群鹏，张峥，有移亮. 我国安全生产（含安全制造）的科学发展若干问题［J］. 机械工程学报，2007，43（1）：7-18.

［36］钟群鹏，张峥，吴素君，等. 使用效能在材料研究、开发和产业化中的地位和作用［J］. 热处理，2007，22（4）：1-5.

［37］王宏伟，骆红云，钟群鹏. 汽车前轴的疲劳试验及其疲劳寿命的预测［J］. 金属热处理，2007，32（z1）：56-58.

［38］有移亮，张峥，钟群鹏. OCrl8Ni9 不锈钢短接管开裂原因分析［J］. 金属热处理，2007，32（z1）：181-183.

［39］赵子华，张峥，钟群鹏. 风机叶片断裂原因分析［J］. 金属热处理，2007，32（z1）：156-158.

［40］孙永庆，张峥，钟群鹏. 基于物元和可拓集合理论的燃气管道风险等级评定［J］. 天然气工业，2009，29（2）：102-104.

［41］胡燕慧，张峥，钟群鹏，等. 金属材料超高周疲劳研究进展［J］. 机械强度，2009，31（6）：979-985.

［42］钟群鹏. 与青年科技工作者谈"人才失效"和自觉成才问题［N］. 科技导报，2010，28（12）：3-3.

［43］钟群鹏，张峥，傅国如，等. 失效学的哲学理念及其应用探讨［J］. 机械工程学报，2011，47（2）：25-30.

［44］胡燕慧，钟群鹏，张峥，等. 超声疲劳试验方法对 S06 钢疲劳性能及裂纹萌生机制的影响［J］. 材料工程，2011（2）：26-30.

［45］李晓红，叶雷，钟群鹏，等. 合金 TLP 扩散焊等温凝固过程研究［J］. 航空材料学报，2011，31（6）：1-6.

［46］李晓红，钟群鹏，曹春晓，等. 不同取向 DD3 单晶合金扩散连接接

头组织及性能 [J]. 材料工程，2011，39（12）：1-59.

[47] ZHOU Y, ZHANG Z, ZHONG Q P. Improved Reliability Analysis Method Based on the Failure Assessment Diagram（基于失效评估图形的改进可靠性分析方法）[J]. Chinese Journal of Mechanical Engineering, 2012, 25（4）：832-837.

[48] 钟群鹏，有移亮，张峥，等. 机械装备构件轻量化主要技术途径的探讨 [J]. 机械工程学报，2012，48（18）：2-6.

[49] 李晓红，叶雷，钟群鹏，等. 冷却速率、保温时间对 DD3 单晶合金 TLP 连接接头组织和性能的影响 [J]. 航空材料学报，2015，35（1）：1-7.

[50] 钟群鹏，李培宁，李学仁，等. "在用含缺陷压力容器安全评定"的创新点 [J]. 油气储运，2005，24（B12）：138-143.

[51] 钟群鹏，有移亮，张峥，等. 深化失效学的哲学理念探索，强化材料失效交叉技术研究 [J]. 航空学报，2014，035（10）：2683-2689.

参考文献

[1] 中共丰惠镇委员会，丰惠镇人民政府.丰惠老台门探秘［M］. 杭州：浙江工商大学出版社，2018.

[2] 徐芳.上虞钟氏宗谱续修启动［N］. 上虞日报，2016-11-25.

[3] 北航文化与艺术传播研究院. 精神的见证［M］. 北京：北京航空航天大学出版社，2012.

[4] 张峥. 三峡工程"九·三"重大伤亡事故原因分析［C］// 中国机械工程学会. 2006年全国失效分析与安全生产高级研讨会论文集.北京：北京航空航天大学，2006：5.

[5] 金华市教育志编撰委员会. 金华市教育志［M］. 杭州：浙江人民出版社，1993.

[6] 袁天锡，李宝国. 青春如歌：中央团校五十周年纪念文集（1948-1998）［M］. 北京：国家行政学院出版社，1998.

[7] 北京航空航天大学校志编委会. 北京航空航天大学校志：1952-1992［M］. 北京：北京航空航天大学出版社，2000.

[8] 钟群鹏：我国失效分析学科的拓荒者［N］. 浙江日报，2019-10-07.

[9] 着眼于未来和成功——访失效事故分析专家钟群鹏［N］. 光明日报，1994-07-11.

[10] 钟群鹏：为了成功而挑战失败［N］. 华夏英才，2000-02-15.

［11］与五百多起灾难事故连在一起的钟群鹏院士［N］. 人民日报（海外版），2000-07-19.

［12］钟群鹏. 中国失效分析首席科学家［N］. 上虞日报，2001-10-27.

［13］中国院士手迹捐赠国家博物馆［N］. 科学时报，2004-04-28.

［14］钟群鹏. 我和我的母校［EB/OL］.［2022-03-23］. https://ysg.ckcest.cn/ysg News/1744797.html.

［15］钟群鹏机械"法医"做出彩，父子同是北航人［N］. 北京晚报，2017-11-01.

［16］此心安处是吾乡［N］. 上虞日报，2019-02-05.

后 记

　　读完沉甸甸的钟院士传记，掩卷沉思，感触良多，久久沉浸于过往时光的画卷中。

　　钟群鹏院士不凡的人生历历在目，无数个历史瞬间有无数次感动：为制定钢瓶"体检"质量检验标准，他与团队战争冒着危险做了1079次模拟爆炸试验，获取可靠的数据；他与专家组进行多项专题研究，制定了分阶段的预防改进措施和工作步骤，解除了数十万片飞机发动机叶片的报废停用禁令；1997年在东方化工厂特大爆炸案事故调查中，他坚守专家组不辞辛劳获得的几大箱的调查分析材料和结论，历时三年半终于结案，最终科学与良知胜出；2000年在三峡工程的塔带机坠落事故调查中，他与专家组成员通过细致全面科学的调查分析计算，发现塔带机的设计和制造工艺的严重缺陷，为中方向美国罗泰克公司索赔提供了最有力的科学证据；2004年他受命调查包头东方航空客机失事事故，在满地疮痍的事故现场，不禁悲从中来……

　　钟院士幼年因战乱颠沛流离，立志要发奋读书报效国家，在金华中学被选拔参加了中央短训班，面对留干的机会毅然选择报考清华大学航空系。入学后由于全国院系调整，成为北京航空学院首届本科生，自此与航空结下不解之缘，在科技之路求真探索。在退休之际被评选为中国工程院院士，迎来人生巅峰。一路走来，面临重大抉择之际，他总是毫不犹豫地以国家和社会利益为重、以坚持科学真理为本。当问他为什么这样选择时，他总是平淡地说，这都是自己应该做的。正是这份平淡让我们感动，让我们看到老一辈科学家把报效祖国、到祖国最需要的地方去当成自己的使命，转化为个人对祖国义不容辞的责任。

2018年6月初承接此项目，随着工作的推进和深入，采集小组的每一个成员都意识到这项工作的重要意义。在采集过程中，钟院士每次接受访谈时总是声如洪钟、思路清晰、细节准确，背后是他长时间的精心准备，有时候甚至数夜难眠，在脑海中一遍遍重复要讲述的内容。访谈后他总是如释重负，脸上浮现出轻松、释然的微笑。我们对钟院士的亲人、同学、好友、课题合作伙伴以及学生进行访谈，每位受访者无不表示对钟院士采集工程的大力支持并情真意切地讲述与钟院士交往的逸事，从中我们感受到大家对钟院士朴实真挚的情感。

在资料整理过程中，我们根据项目要求分类做好采集清单，编制年表和资料长编，不放过任何线索，推断出一些有价值的资料、照片的时间和由来，确保采集资料完整、准确。在此，向对钟院士采集工程给予大力支持的所有相关人员表示诚挚的感谢！

由于新冠疫情，传记写作进度受到严重影响，赵亚辉、杨建峰老师临危受命，接手传记写作工作。他们消化了海量资料，高效查阅并学习了与失效分析相关的专业知识，最终写出了《问效人生：钟群鹏传》，圆满完成任务。感谢两位老师为钟群鹏院士采集工程所作的卓绝努力。

2020年以来，钟院士先后撰写《新冠病毒诱发肺炎的关键和重要问题的一点思考》《对总体国家安全观的几点认识和思考》两篇专家建议上报中国工程院，参加了北航各种重要咨询工作和相关活动，这些对于几近失明、腿脚不便的他实属不易，但他却总是说："尽管现在我精力不够了，心有余而力不足，但我仍然力所能及地做好自己应该做的工作，站好最后一班岗，希望新的一代尽快成长壮大，扛大旗、做大事。"这句话正是"对科学的执着、对事业的热爱、对真理的坚持、对正义的勇气、对人生必胜的信念、对党的忠诚、对祖国无私的奉献"的最好诠释。

有一股力量由心而发，扩散开去……希望这种力量能被新一代科研才俊所传承，成为国家昌盛、民族复兴的精神力量，不断续写时代华章。若能如此，方不负钟院士在此项目中付出的心血，也不负中国科协立项采集工程之初心。

钟群鹏院士学术成长资料采集小组

2024 年 10 月 6 日

老科学家学术成长资料采集工程丛书
已出版（170种）

《卷舒开合任天真：何泽慧传》　　《此生情怀寄树草：张宏达传》

《从红壤到黄土：朱显谟传》　　　《梦里麦田是金黄：庄巧生传》

《山水人生：陈梦熊传》　　　　　《大音希声：应崇福传》

《做一辈子研究生：林为干传》　　《寻找地层深处的光：田在艺传》

《剑指苍穹：陈士橹传》　　　　　《举重若重：徐光宪传》

《情系山河：张光斗传》　　　　　《魂牵心系原子梦：钱三强传》

《金霉素·牛棚·生物固氮：沈善炯传》《往事皆烟：朱尊权传》

《胸怀大气：陶诗言传》　　　　　《智者乐水：林秉南传》

《本然化成：谢毓元传》　　　　　《远望情怀：许学彦传》

《一个共产党员的数学人生：谷超豪传》《没有盲区的天空：王越传》

《含章可贞：秦含章传》　　　　　《行有则　知无涯：罗沛霖传》

《精业济群：彭司勋传》　　　　　《为了孩子的明天：张金哲传》

《肝胆相照：吴孟超传》　　　　　《梦想成真：张树政传》

《新青胜蓝惟所盼：陆婉珍传》　　《情系梁菽：卢良恕传》

《核动力道路上的垦荒牛：彭士禄传》《笺草释木六十年：王文采传》

《探赜索隐　止于至善：蔡启瑞传》《妙手生花：张涤生传》

《碧空丹心：李敏华传》　　　　　《硅芯筑梦：王守武传》

《仁术宏愿：盛志勇传》　　　　　《云卷云舒：黄士松传》

《踏遍青山矿业新：裴荣富传》　　《让核技术接地气：陈子元传》

《求索军事医学之路：程天民传》　《论文写在大地上：徐锦堂传》

《一心向学：陈清如传》　　　　　《钤记：张兴钤传》

《许身为国最难忘：陈能宽传》　　《寻找沃土：赵其国传》

《钢锁苍龙 霸贯九州：方秦汉传》

《一丝一世界：郁铭芳传》

《宏才大略 科学人生：严东生传》

《虚怀若谷：黄维垣传》

《乐在图书山水间：常印佛传》

《碧水丹心：刘建康传》

《我的气象生涯：陈学溶百岁自述》

《赤子丹心 中华之光：王大珩传》

《根深方叶茂：唐有祺传》

《大爱化作田间行：余松烈传》

《格致桃李半公卿：沈克琦传》

《躬行出真知：王守觉传》

《草原之子：李博传》

《我的教育人生：申泮文百岁自述》

《阡陌舞者：曾德超传》

《妙手握奇珠：张丽珠传》

《追求卓越：郭慕孙传》

《走向奥维耶多：谢学锦传》

《绚丽多彩的光谱人生：黄本立传》

《此生只为麦穗忙：刘大钧传》

《航空报国 杏坛追梦：范绪箕传》

《聚变情怀终不改：李正武传》

《真善合美：蒋锡夔传》

《治水殆与禹同功：文伏波传》

《用生命谱写蓝色梦想：张炳炎传》

《远古生命的守望者：李星学传》

《探究河口 巡研海岸：陈吉余传》

《胰岛素探秘者：张友尚传》

《一个人与一个系科：于同隐传》

《究脑穷源探细胞：陈宜张传》

《星剑光芒射斗牛：赵伊君传》

《蓝天事业的垦荒人：屠基达传》

《善度事理的世纪师者：袁文伯传》

《"齿"生无悔：王翰章传》

《慢病毒疫苗的开拓者：沈荣显传》

《殚思求火种 深情寄木铎：黄祖洽传》

《合成之美：戴立信传》

《誓言无声铸重器：黄旭华传》

《水运人生：刘济舟传》

《在断了 A 弦的琴上奏出多复变
　　最强音：陆启铿传》

《化作春泥：吴浩青传》

《低温王国拓荒人：洪朝生传》

《苍穹大业赤子心：梁思礼传》

《仁者医心：陈灏珠传》

《神乎其经：池志强传》

《种质资源总是情：董玉琛传》

《当油气遇见光明：翟光明传》

《微纳世界中国芯：李志坚传》

《至纯至强之光：高伯龙传》

《弄潮儿向涛头立：张乾二传》

《一爆惊世建荣功：王方定传》

《轮轨丹心：沈志云传》

《继承与创新：五二三任务与青蒿素研发》

《淡泊致远　求真务实：郑维敏传》

《情系化学　返璞归真：徐晓白传》

《经纬乾坤：叶叔华传》

《山石磊落自成岩：王德滋传》

《但求深精新：陆熙炎传》

《聚焦星空：潘君骅传》

《逐梦"中国牌"心理学：周先庚传》

《情系花粉育株：胡含传》

《情系生态：孙儒泳传》

《此生惟愿济众生：韩济生传》

《谦以自牧：经福谦传》

《世事如棋　真心依旧：王世真传》

《大地情怀：刘更另传》

《一儒：石元春自传》

《玻璃丝通信终成真：赵梓森传》

《碧海青山：董海山传》

《追光：薛鸣球传》

《愿天下无甲肝：毛江森传》

《以澄净的心灵与远古对话：吴新智传》

《景行如人：徐如人传》

《材料人生：涂铭旌传》

《寻梦衣被天下：梅自强传》

《海潮逐浪　镜水周回：童秉纲
　　口述人生》

《采数学之美为吾美：周毓麟传》

《神经药理学王国的"夸父"：
　　金国章传》

《情系生物膜：杨福愉传》

《敬事而信：熊远著传》

《恬淡人生：夏培肃传》

《我的配角人生：钟世镇自述》

《大气人生：王文兴传》

《历尽磨难的闪光人生：傅依备传》

《思地虑粮六十载：朱兆良传》

《心瓣探微：康振黄传》

《寄情水际砂石间：李庆忠传》

《美玉如斯　沉积人生：刘宝珺传》

《铸核控核两相宜：宋家树传》

《驯火育英才　调土绿神州：
　　徐旭常传》

《通信科教　乐在其中：李乐民传》

《力学笃行：钱令希传》

《与肿瘤相识　与衰老同行：
　　童坦君传》

《没有勋章的功臣：杨承宗传》 《科学人文总相宜：杨叔子传》

《百年耕耘：金善宝传》 《一生情缘植物学：吴征镒传》
《耕海踏浪谱华章：文圣常传》 《一腔报国志　湿法开金石：
《守护女性生殖健康：肖碧莲传》 　　陈家镛传》
《心之历程：夏求明传》 《"卓"越人生：卓仁禧传》
《仰望星空：陆埮传》 《步行者：闻玉梅传》
《拥抱海洋：王颖传》 《潜心控制的拓荒人：黄琳传》
《爆轰人生：朱建士传》

《献身祖国大农业：戴松恩传》 《一位"总总师"的航天人生：
《中国铁路电气化奠基人：曹建猷传》 　　任新民传》
《一生一事一方舟：顾方舟传》 《扎根大地　仰望苍穹：
《科迷烟云：胡皆汉传》 　　俞鸿儒传》
《寻找黑夜之眼：周立伟传》 《锻造国防"千里眼"：毛二可传》
《泽润大地：许厚泽传》 《地学"金钉子"：殷鸿福传》

《锲而不舍　攀登不息： 《经年铸剑垂体瘤：史轶蘩传》
　　於崇文传》 《氟缘笃志：陈庆云传》
《摘取皇冠上的明珠：林浩然传》

《铮铮有声：保铮传》 《中国光学事业的基石：
《领航 AI　启智润心：张钹传》 　　王之江传》
《再上一个高度：张恭庆传》 《为水之昌明：刘昌明传》